iCourse·教材

《教师教育课程标准（试行）》教材大系
教师教育国家级精品资源共享课配套教材

学前教育原理

Xueqian Jiaoyu Yuanli

主　编　李少梅
副主编　于开莲
编写者　王　慧　史慧楠　何蓉娜
　　　　李宏超　李焕霞　罗　喆
　　　　赵　敏

高等教育出版社·北京

内容提要

本教材立足于学前教育师资培养的实际，夯实学习者学前教育的基本理论和基本能力，培养和造就符合时代要求、具有贯彻实施《幼儿园工作规程》、《幼儿园教育指导纲要（试行）》《幼儿园教师专业标准（试行）》专业素养的新型幼儿园教师。全书包括理论篇和实践篇两部分。

理论篇为学前教育基础知识，包括四章内容：学前教育基本理论、学前教育的基础、学前教育目标、学前儿童的全面发展教育，为学前教育师资培养打下理论基础；实践篇为学前教育的实施，包括六章内容：幼儿园教师、幼儿园游戏、幼儿园课程、幼儿园教学、幼儿园环境以及学前教育的衔接与合作，为学前教育师资实践能力奠定基础。本教材的突出特色在于具有丰富的数字化资源，供学习者进行拓展学习。

本教材可作为高等院校学前教育专业教材，也可作为学前教育管理者、幼儿园教师的继续教育教材和参考资料。

图书在版编目（CIP）数据

学前教育原理 / 李少梅主编. -- 北京 ： 高等教育出版社，2016.5（2023.5 重印）
iCourse.教材
ISBN 978-7-04-044511-4

Ⅰ. ①学… Ⅱ. ①李… Ⅲ. ①学前教育－教育理论－高等学校－教材 Ⅳ. ①G610

中国版本图书馆CIP数据核字(2015)第308867号

策划编辑 刘晓静　责任编辑 刘晓静　封面设计 张申申　版式设计 于 婕
插图绘制 杜晓丹　责任校对 刘丽娴　责任印制 赵义民

出版发行	高等教育出版社	网　址	http://www.hep.edu.cn
社　址	北京市西城区德外大街 4 号		http://www.hep.com.cn
邮政编码	100120	网上订购	http://www.hepmall.com.cn
印　刷	北京中科印刷有限公司		http://www.hepmall.com
开　本	787mm × 1092mm 1/16		http://www.hepmall.cn
印　张	15.75		
字　数	300 千字	版　次	2016 年 5 月第 1 版
购书热线	010-58581118	印　次	2023 年 5 月第 6 次印刷
咨询电话	400-810-0598	定　价	32.00 元

物 料 号 44511-00

前　言

随着国家对学前教育的高度重视，社会对于幼儿园教师的专业素质与能力也提出了更高的要求。在高等师范院校的学前教育专业建设中，“学前教育原理”作为一门理论与实践相结合的专业理论课，不仅是培养合格幼儿园教师和学前教育工作者的必修课，也是突出教师教育特色的重要课程之一。同时，也为国家和有关部门制定学前教育政策、措施和进行学前教育改革提供理论依据。

学前教育学是一门研究0—6岁儿童教育规律和学前教育机构的教育工作规律的科学，它是人们从教育儿童的实践经验中总结、提炼出来的教育理论。与学前教育学相比，学前教育原理的研究范围相对较小，以教育原理、儿童心理学、生理学等相关学科为基础，关注学前教育特点，关注学前儿童全面发展，关注学前教育理论与现实，实现理论与现实的结合。

本教材为教师教育国家级精品资源共享课“学前教育原理”的配套教材，主要定位于高等师范院校学前教育专业的学生，教材编写既注重培养学生的专业理论能力，又注重提高学生的综合实践能力，体现“学以致用”的原则，在阐释、揭示主要理论发展的基础上，增加实践活动分析，强化实践活动组织能力的培养，同时注重提升未来幼儿园教师的实践意识和创新意识。

本教材的内容主要包括理论篇与实践篇两部分：理论篇为学前教育基础知识，包括学前教育基本理论、学前教育的基础、学前教育目标、学前儿童的全面发展教育四章内容；实践篇为学前教育的实施，包括幼儿园教师、幼儿园游戏、幼儿园课程、幼儿园教学、幼儿园环境以及学前教育的衔接与合作六章内容。

理论篇中，我们吸收了近年来国家大力发展学前教育的指导思想和最新理念，融入了《国家中长期教育改革和发展规划纲要（2010—2020年）》《3—6岁儿童学习与发展指南》等文件的相关思想和内容，阐述了现代学前教育的基本观念，学前教育与儿童、社会发展的关系，学前教育目标的价值取向，幼儿园的教育目标，以及幼儿体育、智育、德育、美育的特点、形成和培养。理论篇基于“以幼儿为本”的教育理念，希望从学前教育的宏观领域把握学前教育的功能与社会效益，凸显现代学前教育的发展趋势。只有真正意识并理解了“以幼儿为本”的理念，才能将理论的精髓融入现代学前教育的实践，实现理论在实践中的贯彻，实现个人在实践中的成长。

实践篇从实际应用出发，阐述了幼儿园教师的基本素养，幼儿游戏的特点及各类游戏指导，幼儿园课程的特点、目标、内容与实施，幼儿园环境创设的原则及教师在环境创设中的作用，学前教育的衔接与合作等，围绕学前教育的核心要素“幼儿”“教师”“教育环境”之间的交互展开研究，在建构性的教学观念指导下，从现实与理想的维度诠释教育活动中的师幼关系，在遵循“游戏是幼儿园的基本活动”等基本原则下，通过多样化的学习方式、实践平台，帮助学习者更好地形成实践智慧和创新意识。实践篇的内容设计注重引导性与启发性，学习者只有将教材知识、教师讲授和自己的自学、讨论、幼儿园见习与实习等结合起来，才能把书本知识转化为自己的教育实践，形成和提高自己的实际工作能力。

整体而言，本教材的编写力求体现“扎实基础，突出应用”的学习理念。理论方面，深入浅出，突出重点，掌握最新的学前教育理念；实践方面，增加互动，注重引导，重视学生在学习活动中的参与和合作。学习者通过教材的基础理论铺垫和实践中的教学活动案例分析、模拟教学情景、参与社会调查、网络查寻学前教育相关信息等多元化方式，可以掌握学前教育的基本原理，形成多视角的学前教育观点，学会运用学前教育原理解决教育教学中的实际问题。本书还配有丰富的数字化资源，扫描二维码即可获得相应的拓展性资源，如视频、案例、拓展阅读材料等。学习者也可登录“爱课程”网（http://www.icourses.cn），学习“学前教育原理”课程。本教材在编写中部分结合了幼儿园教师资格证的考试大纲，还可作为资格考试的参考资料。

本教材各章节编写分工如下：第一章和第四章由石家庄工程技术学校李宏超撰写；第二章由中北大学王慧撰写；第三章由陕西师范大学李少梅、李焕霞撰写；第五章和第十章由李少梅、罗喆撰写；第六章由包头市青山区民族幼儿园史慧楠撰写；第七章和第九章由吾师教育赵敏撰写；第八章由西北工业大学幼儿园何蓉娜撰写。本教材由李少梅和首都师范大学的于开莲负责统稿。

本教材参考引用了国内外学者的一些著述和学前教育一线教师的实践案例，在此一并表示感谢。

成书在即，喜悦之情难掩，我们期盼着它能对我国学前教育理论与实践的发展产生积极的影响，但毕竟囿于自身水平，问题在所难免，欢迎专家、学者提出宝贵意见！

编　者

2016年3月

目 录

理论篇 学前教育基础知识

实践篇 学前教育的实施

理论篇

学前教育基础知识

第一章 学前教育基本理论

【学习目标】

知识目标：

- 了解学前教育的年龄范围和概念。
- 熟悉学前教育的实施形式、特点和价值。
- 了解学前教育原理的任务、内容。
- 领会学前教育理论的各个发展阶段及其特点。
- 掌握夸美纽斯、福禄贝尔、蒙台梭利、陈鹤琴的学前教育思想，以及现代各理论流派对学前教育的启示。

能力目标：

- 能结合实践思考学前教育的特点及重要性。

【知识导图】

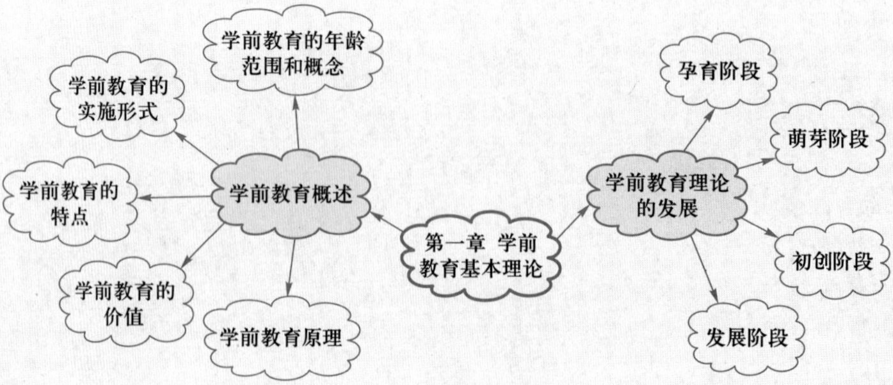

中央电视台“心理访谈节目”报道了一个事件“我家有个小神童”。一个四岁的小女孩，“能识三千多个字”，可以轻松阅读初中课本。父母认为小女孩是个神童，应该直接去上小学。但是经过专家的测试，认为她的识字能力只是像和妈妈在做一个识字的游戏，她的社会交往能力与同龄孩子相比还有很大的差距。

学前教育对幼儿一生的发展至关重要，是人发展的开端，是整个教育的起点。在遗传和环境的相互作用下，幼儿由自然人逐步成为社会人。学前教育不仅影响幼儿当下的发展，更为其一生的成长奠定根基。无视学前教育的基础性，对幼儿进行过度的知识教学、能力开发，只能给幼儿的发展带来消极影响。《3—6岁幼儿学习与发展指南》在“说明”的第一点中强调“关注幼儿学习与发展的整体性”。所以，应发挥好各方面的教育力量，促进幼儿全面、和谐的发展。

第一节　学前教育概述

学前教育是对0—6岁学龄前儿童进行的教育，其对儿童身心健康、习惯养成、智力发展具有重要意义。学前教育是终身学习的开端，是为儿童学习与未来发展奠定基础的教育。

一、学前教育的年龄范围和概念

教育是培养新生一代准备从事社会生活的整个过程，也是人类社会生产经验得以继承发扬的关键环节，它是人类社会特有的一种社会现象和社会活动。从广义上讲，凡是增进人们的知识和技能、影响人们的思想品德的活动，都是教育。狭义的教育主要指学校教育，是根据一定社会的现实和未来的需要，遵循年轻一代身心发展的规律，有目的、有计划、有组织、系统地引导受教育者获得知识、技能，陶冶思想品德，发展智力和体力的一种活动，以便把受教育者培养成为适应一定社会（或一定阶级）的需要和促进社会发展的人。

人的一生按年龄可以分为婴儿期、幼儿期、儿童期、少年期、青年期、成年期、老年期。不同年龄阶段的人有着不同的年龄特征和需要。因此，教育必须分阶段进行，以适合不同年龄阶段的人。随着历史的发展，人们对“学前教育是指哪个年龄阶段的教育”这个问题有着不同的认识。

根据《礼记·内则》记载，我国在西周时期的学前教育阶段是指 10 岁以前。在古代家庭教育思想中，有“教子婴孩”“早欲教”等记载，其含义是指对怀抱着的男女儿童，当他们心中无所知、无所疑时，便要开始教育了，这时是最容易接受教育的。捷克教育家夸美纽斯曾提出“母育学校”的教育，即从出生到 6 岁的儿童应在母亲的身旁接受教育。在我国，新中国成立前的幼稚园，主要接收 4—8 岁的儿童；1902 年的“壬寅学制”规定儿童从 6 岁起受蒙养教育四年；1904 年的“癸卯学制”规定蒙养院招收 3—7 岁的儿童。新中国成立后，我国分别建立了托儿所和幼儿园，学前教育则指幼儿园年龄阶段的幼儿教育。近年在世界范围内，学前教育的年龄概念有了新的变化，其变化的整体趋向是向小的年龄推延。学前教育年龄概念的向前延伸，不仅是科学与教育发展、社会进步对学前教育的必然要求，也体现了人们对于学前教育的重视与关注。

☞什么是学前教育

当今学前教育研究的年龄对象，应为出生到入学前的儿童。广义的学前教育主要指从出生到六岁前儿童的教育。它包括两种类型：学前家庭教育、学前社会教育。狭义的学前教育是指由正规的学前教育机构对学前儿童实施的有目的、有计划、有组织的教育。在本书以后章节中，若无特别说明，所使用的均为狭义的学前教育概念。

二、学前教育的实施形式

学前教育的实施主要有两种形式，即学前家庭教育和学前社会教育。从历史发展来看，学前家庭教育伴随人类发展的历史早已存在，学前社会教育则是近代社会的产物。现代社会中这两种形式并存并重，但各有其教育特征。理想的学前教育应该是两种教育实施形式的统一和协调，发挥互助互补的功能。

1. 学前家庭教育

学前家庭教育主要指在家庭中由父母或其他年长者对其子女进行的教育。它以家庭为主要基地，以父母为主要实施者，是一种随着人类社会发展而发展、历史悠久的学前教育形式。

学前家庭教育的主要特点是：

（1）领先性和延续性。人降生后进入的第一个生活环境就是家庭环境，父母及其他长辈是儿童的第一任教师。因此，儿童最早、最先接受的是家庭保育和教育，而家庭也是对儿童实施教育的最初场所。即使在儿童进入专门的教育机构接受教育以后，家庭的教育影响仍在不断延续并发挥作用。

（2）单独性和多样性。家庭教育是一种个别的、单独的、有很强针对性的教育方式。在教育方法上，父母通过言传身教、批评赞扬、惩罚奖励、启发诱导等多样化的方法，在家庭生活的情境中对子女进行日常生活、技能、习惯、情感、态度等方面的教育。

（3）随意性和随机性。家庭教育由于受到父母及长辈的意愿及能力水平的制约，显现出较大的随意性。这种随意性具体表现为目标性、计划性较少，施教的效果差别显著，尤其是父母在儿童观、教育观、价值观及实际教育能力方面的差异，对家庭教育的水平和质量会产生很大影响。此外，家庭教育多寓教于各种具体的生活活动之中，随时随处、潜移默化地影响着儿童的发展，表现出一定的随机性。

2. 学前社会教育

学前社会教育主要指由家庭之外的社会（包括国家、社区、企事业、私人）指派专人组织实施的、旨在促进学前儿童身心全面和谐发展的活动的总和。它包括学前机构教育、学前社区教育等重要形式。

（1）学前机构教育。学前机构教育主要指由正规的学前教育机构对学前儿童所实施的有目的、有计划的教育。它分为两个阶段：1.5—3 岁阶段的教育称为婴儿教育，也称托儿所教育；3—6 岁的教育称为幼儿教育，也称幼儿园教育。正规的学前教育机构除了托儿所、幼儿园外，还包括学前班、混合班。学前班是一种受经济条件制约而开设的学前教育机构，为没有条件接受幼儿园三年教育的学前儿童提供半年、一年或两年的教育。混合班主要是受人口分布等因素影响，把学前儿童集中起来混合编班，多在一些居住分散、同龄儿童较少的农村地区采用。

（2）学前社区教育。学前社区教育主要指由社区组织在社区中加以实施的学前教育。它是与学前家庭教育、学前机构教育并存的教育形式，属于家庭和专门教育机构以外的非正式教育。

学前社会教育的主要特点有以下几个方面：

（1）群体性。社会开设面向众多学前儿童的、有教育性的机构，儿童参与其中可获得与同伴接触、交往的机会，并在群体性、娱乐性的活动中拓展经验、获得发展。

（2）目标性与计划性。各类学前社会教育机构，依据其创办的条件与宗旨，均有一定的教育发展目标。而目标的实现，需要有计划地落实在每个活动中，落实在参与活动的儿童个体中。尤其是一些固定接收儿童的学前教育机构，具有多层次的教育目标，在国家有关法规、政策的约束和指导下，由专业人员承担教育工作，对儿童进行有目的、有计划的教育，以促进儿童身心的全面和谐发展。

（3）多样性。学前社会教育有正式与非正式等形式，分别由正规的学前教育机构和非正规机构实施。正规的学前教育机构是指幼儿园、托儿所、学前班、混合班等；非正规机构是指社区中一些具有一定教育功能的文化、娱乐机构，如儿童游乐室、儿童图书馆、儿童科技馆、儿童影剧院、儿童玩具城、儿童游泳池、儿童之家等。此外，随着学前社会教育机构的不断延伸，还出现了社区服务中心、游戏小组、儿童指导站、流动图书馆等非正规机构。这些形式对儿童发展有着专项的教育功能，儿童可以灵活自由地参与，同时也弥补了正规学前教育机构在时间、活动形式等方面的不足。

三、学前教育的特点

1. 基础性

学前教育的基础性是指学前教育所具有的奠基性特征。学前教育不仅是个人发展的开端，而且是整个教育链条的起点。

（1）学前教育的基础性是由其对象的特殊性决定的。学前教育主要是对 0—6 岁的儿童所实施的教育，这一阶段是个人发展的基础阶段、开端时期。美国在 20 世纪 60 年代推出一项学前教育计划——“开端计划”（Head Start），英国于 1997 年推出了一项学前教育计划——“确保开端”（Sure Start）。英、美两国均使用“开端”来称呼其学前教育方案，反映了他们将学前期视为个人发展的基础和起点阶段的思想。在个体的生命历程中，从受孕分娩开始，个体历经新生儿期、乳儿期、婴儿期、幼儿期、儿童期、少年期、青年期、成年期等阶段，其中，新生儿期到幼儿期属于学前教育时期，这是人生成长的基础阶段，没有人能够逾越。在此期间，个体的身体迅速发育，心智逐渐萌生，个性开始萌芽，逐渐从自然人向社会人转化。这一阶段所获得的学习经验，不仅影响着个体当时的发展，更为其一生的成长奠定根基。

（2）学前教育的基础性体现在学前教育的内容方面。学前教育强调“保教结合”，在做好对婴幼儿看护、照料的基础上，通过游戏等多种形式的活动，让学前儿童获得行为习惯、探索环境等方面的初步经验，体现了基础性。学前教育的“保”即保育（care），指的是对学前儿童日常生活的照料、看护，着眼于饮食、睡眠、盥洗、卫生、疾病预防、安全等工作。这些工作旨在保证儿童身体的发展、生理的成长，相对于教儿童读写算的知识而言，无疑是更基础性的工作。学前教育的“教”即教育（education），不论是身体锻炼，还是知识教学、行为习惯养成，或者美术、音乐等艺术教育，首要的是培养兴趣、获得基本经验，以便为他们日后入小学进一步学习奠定基础。如果无视学前“教育”的基础性，对学前儿童进行过度的知识教学、能力开发，只能导致学前教育“小学化”，给他们的发展带来消极影响。学前儿童的“教育”主要在日常保育、游戏等活动中实行，专门的课堂教学活动只是学前教育的活动方式之一，当前学前教育领域保教一体化的出现，正是学前教育中“教育”特殊性的必然要求。

（3）学前教育的基础性体现在国民教育制度的地位上。在现代国民教育体系中，学前教育位于教育链条的起点，是国民教育制度的基础。《幼儿园工作规程》总则第二条规定：“幼儿园是对三周岁以上学龄前幼儿实施保育和教育的机构，是基础教育的有机组成部分，是学校教育制度的基础阶段。”《幼儿园教育指导纲要（试行）》总则第二条也明确指出：“幼儿园教育是基础教育的重要组成部分，是我国学校教育和终身教育的奠基阶段。城乡各类幼儿园都应从实际出发，因地制宜地实施素质教育，为幼儿一生的发展打好基础。”可见，学前教育名副其实地充当了国民教育制度的基石。

2. 福利性

学前教育不同于中小学教育的特点在于，在“教育”之外具有提供“托幼服务”、鼓励和促进就业的社会公共服务功能。学前教育在国际上通常被称为“早期教育与托幼服务”（Early Childhood Care and Education，简称 ECCE。这里的 care 指的是 child Care，即我们通常所说的托幼服务）。近年来，英、美等国政府对学前教育事业发展的关注，主要来自于对学前教育这两种功能的认识。大量研究表明：早期教育对于社会和教育的健康发展具有重要的作用。一方面，托幼机构为儿童和家庭提供的托幼服务具有鼓励和扩大就业的功能；另一方面，高质量的托幼机构教育能够促进幼儿认知和社会性发展，为儿童的后续学习和发展奠定良好的基础。

由于学前教育在功能上的这种特点，决定了学前教育事业兼具“教育性”和“社会公共福利性”。不少西方发达国家，如德国、美国，已经把学前教育视为民族竞争力的重要组成部分，纷纷制定详细的教育大纲、标准，政府也编列了学前教育的发展规划。英国已经启动了学前教育变成义务教育的工作，日本也开始着手推动学前教育免费化的进程。1987 年，《国务院办公厅转发国家教委等部门关于明确幼儿教育事业领导管理职责分工请示的通知》中指出：“幼儿教育是社会主义教育事业的重要组成部分，是我国学校教育的预备阶段，同时又是一项社会公共福利事业。”这就明确说明了学前教育所具有的福利性。

3. 保教并重

1996 年我国颁布的《幼儿园工作规程》强调，幼儿园要“实行保育与教育相结合的原则，对幼儿实施体、智、德、美全面发展的教育，促进其身心和谐发展”。这一任务涵盖两层意思：工作内容包括“教育”与“保育”，称为“保教结合”，强调教中有保，保中有教；工作目标是“实施体、智、德、美全面发展的教育”，概括说是促进幼儿“生理”与“心理”的和谐发展，二者是相互关联的。保教结合的原则是根据育人规律和总结实践经验提出的，既强调保育中的教育性因素，又重视教育中的保育工作。只关心幼儿心理健康而不问其生理健康，或者反之，都不能全面促进幼儿身心的和谐发展。因此，学前教育只有将保教结合作为行为准则，才能自觉落实到行动中，才能真正将教育“寓于一日生活之中”。

四、学前教育的价值

1. 学前教育对于人的发展的价值

（1）学前教育对于人的社会性、人格发展的重要性

社会性、人格是个体素质的核心组成部分，它是通过社会化的过程逐步形成与发展的。学前期是个体社会化的起始阶段和关键时期，在后天环境与教育的影响下，在与周围人的相互作用的过程中，婴幼儿逐渐形成和发展着最初也是最基本的对人、事、物的情感、态度，奠定着行为、性格、人格的基础。研究表明，6 岁前是人的行为习惯、情感等基本形成的时期，是儿童形成良好社会性行为和人格品质的重要时期，并且这一时期儿童的发展状况具有持续性影响，其影响并决定着儿童日后社会性、人格的发展方向、性质和水平。同时，儿童在学前期形成的良好的社会性、人格品质有助于儿童积极地适应环境，顺利地适应社会生活，从而有助于他们的健康成长、成才。

儿童社会性、人格的健康发展需要成人提供良好、适宜的教育环境。学前期适宜的教育能够有力地促进儿童社会交往能力、爱心、责任感等的发展。而不良的教育则容易使儿童形成消极的社会性行为及人格品质。诸多事实和研究均反映，学前期是儿童形成良好行为习惯和性格的重要时期，而该时期所受到的环境和教育影响则是其行为、性格形成的基础。

（2）学前教育对于人的认知发展的重要性

学前期是人的认知发展最为迅速、最重要的时期，在人一生认识能力的发展中具有十分重要的奠基作用。在关键期内，个体对于某些知识经验的学习或行为的形成比较容易，如果错过这一时期，在较晚的阶段再来弥补则是很困难的，有时甚至是不可能的。

处于学前期的儿童虽然发展变化迅速，具有巨大的学习潜力，但是这种发展特点只是说明了婴幼儿具有很大的发展“可能性”。要将这种发展的可能性变为现实性，需要成人提供适合儿童发展的良好环境，尤其是良好的教育影响。已有研究证明，早期教育对于儿童的认知发展具有重要影响。单调、贫乏的环境刺激和学前教育的缺乏，会造成儿童认知方面的落后，而为儿童提供丰富的感性经验并给以积极的引导、帮助和教育则能够促进其认知的发展。学前教育的质量还直

接关系到儿童能否形成正确的学习态度、良好的学习习惯和强烈的学习动机，从而对个体的认知发展和终身学习产生重大影响。适宜的、遵循儿童身心发展规律的学前教育能够促进儿童各种智力和非智力因素，包括语言能力、思维、想象、创造性、学习动机、求知欲、自我效能感等的发展，而不适宜的学前教育如单纯对儿童进行机械的学业知识和技能的训练，不但会损害儿童的学习兴趣、学习积极性和内在的学习动机，降低其自我效能感，而且会使儿童逐渐丧失独立思考的能力和创新精神，从而对儿童的认知发展产生长远的消极影响。

2. 学前教育对于教育事业的价值

学前教育作为我国学制的第一阶段、基础教育的有机组成部分，必然对我国教育事业的整体发展、尤其是基础教育的发展具有重要的作用与影响。学前教育可以帮助儿童做好上小学的准备，有助于儿童顺利地适应小学的学习和生活。我国教育部和联合国儿童基金会历时 5 年合作进行的“幼小衔接研究”，通过儿童入学前半年和入学后半年的连续实验研究发现，对学前儿童做好入学前准备，包括学习适应方面的准备（如培养幼儿小学学习所需要的抽象思维能力、观察能力、对言语指示的理解能力和读写算所需要的基本技能等）以及社会适应方面的准备（如培养幼儿任务意识与完成任务的能力、规则意识与遵守规则的能力、独立意识与独立完成任务的能力以及主动性、人际交往能力等），能够使儿童入小学后在身体、情感、社会性适应和学习适应等方面都有良好的发展，从而顺利地实现由学前向小学的过渡。我国已将普及九年制义务教育作为教育事业发展的重要目标，学前教育则可为有效提高义务教育的质量与效益、促进这一目标的实现做出积极的贡献。

3. 学前教育对于家庭和社会的价值

家庭是社会的最基本的单位，每一个幼儿都连接着一个或几个家庭，因此学前教育的发展，关系着亿万儿童的健康成长，关系着国家和民族的未来。当前我国幼儿的入园率正在逐步上升，学前教育机构不仅承担着从实践上为家长参加工作和学习提供便利的任务，而且在家长普遍重视孩子发展和早期教育的当今时代，学前教育质量更成为家长关注的核心，直接关系着家长能否放心地工作、安心地学习。学前教育及其质量对家庭生活、国民经济发展和社会秩序的稳定等具有重要的作用。

五、学前教育原理

（一）学前教育原理的任务

学前教育原理的任务是总结我国学前教育的经验，研究学前教育理论，并引进国外学前教育的理论和实践，以探讨我国学前教育的规律及今后发展趋势；通过学前教育理论研究，提高学前教育科学水平，指导学前教育实践，帮助幼儿园和家庭科学地对儿童进行教育，为培养一代新人打好基础；为国家和有关部门制定学前教育政策、措施和进行学前教育改革提供理论依据。

（二）学前教育原理的主要内容

本书所谈及的学前教育原理的课程结构主要包括“学前教育基础知识”和“学前教育的实施”两部分，主要内容包括：

（1）学前教育基本理论；

（2）学前教育的基础；

（3）学前教育目标；

（4）学前儿童的全面发展教育；

（5）幼儿园教师；

（6）幼儿园游戏；

（7）幼儿园课程；

（8）幼儿园教学；

（9）幼儿园环境；

（10）学前教育的衔接与合作。

（三）学前教育原理的学习方法

“学前教育原理”是学前教育专业的核心课程。通过学习这门课程，学习者可以了解掌握学前教育的基本理论和基本技能，以及开展学前教育科学研究的初步方法，了解托幼机构的实际，培养热爱儿童、热爱学前教育工作的专业思想。

学习“学前教育原理”应以相邻学科，如生理学、心理学、教育学、社会学、生态学的基本理论及最新科研成果为科学基础，注意把握学科间的交叉性与逻辑性；探讨学前教育理论及学前教育领域中的新问题时，重视合作性学习；遵循理论联系实际的方针，既要努力掌握学前教育基本理论，又要注意联系幼儿园实际以及与学前教育有关的社会现象和问题，参加一些调查研究和教育实践活动，注重实践性学习和研究性学习；在学习过程中还应注意培养各种能力，如自学能力、分析问题和解决问题的能力、独立思考能力、实践能力以及口头表达能力等。

第二节　学前教育理论的发展

学前教育理论是对有关学前教育问题所做的解释性与解决性的阐述，是有关学前教育现象和学前教育问题的思想、观念，由一系列有关学前教育的概念、范畴、命题、推理、判断构成。学前教育理论的类型包括学前教育科学理论、学前教育哲学理论（学前教育思想）以及学前教育规范与技术理论。研究学前教育理论的发展，可以使我们更透彻地认识学前教育的现状和面临的问题，预测将来发展的趋势，明确今后研究的方向。

学前教育理论的发展主要分为以下几个阶段：

一、孕育阶段

这一阶段从原始社会开始至 15 世纪前，其主要特征是学前教育思想散见在各种论著之中，尤其是散见在相关的哲学论著中。代表人物有柏拉图、亚里士多德、昆体良。

（一）柏拉图的学前教育思想

柏拉图（公元前 427—347），古希腊唯心主义哲学家，在其著作《理想国》与《法律篇》中，阐述了他的教育思想，其中包含了学前教育。他指出学前教育的重要性："凡事之开始，为最重要之点。而于教育柔嫩之儿童，则更宜注意。盖其将来人格之如何，全在此时也。"[①] 他第一次提出了"学前社会教育"的主张，即儿童出生后交给国家特设的养育所，在 3 岁以前，由女仆专职负责饮食起居，教育则由国家最优秀的公民来监督实施；3—6 岁的儿童要集中到神庙的儿童游戏场上，由国家选派公民监督教育，饮食起居由女奴负责。教育内容主要是体育、音乐、故事、游戏等。柏拉图对学前教育很重视，提出体育是为了锻炼身体，音乐是为了陶冶心灵；在给幼儿讲故事方面，要经过挑选并剔除不健康的故事，选择那些能激发幼儿勇敢、正义和高尚品德的故事；在组织游戏时，方式和内容要精心安排，不要经常变化，否则会影响幼儿成人时对国家和法律的忠诚。柏拉图认为孩子 6 岁以前，其本性是需要游戏的，应该用游戏的方式引导他们学习，这样可以更了解每个孩子的各种自然的才能。

柏拉图的上述主张，标志着学前公共教育思想的诞生。他所提出的一些适合

① 柏拉图．理想国［M］．吴献书，译．北京：商务印书馆，1957：92.

学前儿童年龄特点的学前教育观点虽然十分可贵，但由于历史的局限，这些学前教育的观点在当时并未得以实现。

（二）亚里士多德的学前教育思想

亚里士多德（公元前 384—322），古希腊哲学家，其教育思想主要散见于他的《伦理学》和《政治学》等著作中。亚里士多德十分重视对青少年身心自然发展特点的研究，首次提出了按儿童年龄划分受教育的阶段并根据不同的年龄阶段实施不同的教育。他认为人的教育按年龄分为 3 个阶段，从 0—7 岁为第一个阶段；7—14 岁为第二个阶段；14—21 岁为第三个阶段。亚里士多德对第一个阶段即学前教育做了深入而具体的论述。

在《政治学》中，亚里士多德将学前教育又分为儿童出生前的胎教、0—5 岁的婴幼儿教育、5—7 岁的儿童教育三个阶段。他从生物学、解剖学、医学的观点出发，首先谈到胎教的问题。他认为：父母具有何种体格对其子女最为有利，是我们讨论儿童教育时将充分考虑的问题。他经过长期考察，认为介于运动家和虚弱者之间的体格为好。随之要考虑的是孕妇保健问题。他认为：孕妇应自己保重，她们应当从事运动，要有富于营养的食物，每日步行到一神庙礼拜生育之神，另在心理上应保持安定和平静。他还提出婴幼儿出生后，其食物以含乳成分最多的最好。婴幼儿的体育活动也很必要，成人可以协助婴幼儿做一些他们能掌握的动作，但应注意保护他们脆弱的肢体。此外，亚里士多德认为使儿童在幼年习惯于寒冷是一种很好的锻炼方法，有助于儿童的健康并使他们坚强。从出生到 5 岁这一阶段，亚里士多德反对让儿童进行课业学习或劳作，儿童应有充足的活动，以免肢体不灵。他认为这可以用许多方法获得，游戏就是这些方法中的一种。让 5 岁前的儿童听故事也是件喜闻乐见的事，但故事内容应由负责教育工作的官员做出精心的选择。不管是游戏还是讲故事，最好是为儿童将来的事业做准备。5—7 岁这一阶段，亚里士多德认为应以儿童良好习惯的养成作为主要任务。他认为这一时期的家庭环境对儿童性格的形成至关重要，所以要特别防止对他们造成不良影响。在亚里士多德看来，决定儿童道德品质的构成有三个因素：天性、习惯、理智。良好习惯的形成就是在日常言行中，让他们最先遇到美好的东西，经常接触好人好事，并让他们身体力行，反复练习。久而久之，良好的道德品质也就自然形成。

（三）昆体良的学前教育思想

昆体良（约 35—95），古罗马时期的著名律师、教育家和皇室委任的第一个修辞学教授，也是 1 世纪罗马最有成就的教育家。昆体良非常重视学前教育，他曾在著作《雄辩术原理》中指出“婴儿时期的所得就是青年时期的收获，凡是每个儿童应该学习的东西就应早点开始”。他认为学前教育可以在德行和知识方面为雄辩家的培养打下初步的基础。学前教育是在家庭里进行的，父母、保姆、家庭教师都是儿童的教育者。尤其强调保姆必须是一个具有良好品德和说话准确的人，因为她们的一言一行都会影响儿童。在学前教育内容方面，昆体良主张教儿童认识字母、书写和阅读。他在教育史上第一次提出了双语教育，希望儿童先学母语希腊语，然后学拉丁语，最后两种语言的学习同时并行。在学前教育方法上，昆体良认为应该注意两点：其一，应特别当心不要让儿童在还不能热爱学习的时候就厌恶学习，以致在儿童时代过去以后还心有余悸；其二，应使最初的教育成为一种娱乐，在向孩子提出问题时，对他们的回答予以赞扬。有时也要让孩子与其他孩子进行比赛，用那个年龄所珍视的奖励去鼓励他在竞争中获胜。

以上是反映在古代欧洲哲学著作中有代表性的学前教育思想。自 5 世纪后，欧洲进入中世纪，文化和教育几乎为教会所垄断，教育处于停滞和衰退状态，当时宗教教义认为儿童天生有罪，儿童在“棍棒”下接受教育，要求儿童驯服，学前教育思想发展缓慢。

二、萌芽阶段

这一阶段为 16 世纪后期至 18 世纪初期，随着教育学的独立，有关学前教育的理论逐渐丰富起来。在西方，对学前教育理论形成起重要影响作用的是文艺复兴运动。这是一场思想解放运动，人文主义思想的旗帜在这场运动中得以高扬。随着文艺复兴运动的兴起及其思想的传播，教育实践和教育理论也获得了发展，出现了许多著名的教育家及其教育著作，代表人物有夸美纽斯、卢梭、欧文。

（一）夸美纽斯的学前教育思想

夸美纽斯（1592—1670），捷克教育家，其代表作有《大教学论》《母育学校》《世界图解》等，其中《母育学校》一书是历史上最早论述学前教育的专著，《世界图解》是历史上第一部看图识字的课本。

☞夸美纽斯的学前教育思想

夸美纽斯对于 0—6 岁儿童进行了专门的研究，并把学前教育看作整个学制系统的最初阶段。他认为儿童有非常强的可塑性，早期教育对儿童来说是非常重要的。所以，细心和正确地组织好儿童的早期教育，是防止儿童沾染不良恶习和预防人类堕落的一个重要手段，同时，儿童及早获得一些必要的粗浅知识，可以为入学以后的教育奠定成功的基础。

1. 重视儿童体育、德行和智力的培养

夸美纽斯要求家庭要注意儿童的身体健康，有节制、合理地安排运动与休息，儿童的生活与学习要有规律。他恳切地要求每一位母亲应该首先关心的是保证孩子的身体健康。此外，夸美纽斯还很强调儿童道德的培养，希望德行的实践能够成为儿童的第二天性。与此同时，他还要求进行智力的培养。父母的明智不仅在于使儿童健康地生活，而且也要尽力做到使他们的头脑充满智慧，这样才能使儿童成为一个真正幸福的人。他还指出，成人不应该认为儿童无需多大的努力就自行获得知识，就能使智力发展起来，父母应该尽最大的努力去启发儿童养成学习的习惯，并对他们进行初步的智力教育。

2. 拟订了百科全书式的启蒙教育大纲

关于初步智力教育的内容，夸美纽斯为儿童拟订了一个百科全书式的启蒙教育大纲。要求儿童从物理学、天文学、地理学、光学、年代学、修辞学、数学以及经济学等方面逐步去了解和掌握一些初步的概念。

3. 进行教学方法的改革

夸美纽斯主张发展儿童的感觉，让儿童在大自然中通过观察学习。他把感觉形象地比喻为"记忆的最可靠的仆役"，认为人只有通过感觉的直观，才会获得深刻的印象，从而有助于记忆的发展。因此他要求教师在可能的范围内，把一切事物都尽可能地放到儿童的感官面前，以期让儿童真正地看到、听到、接触到外部世界。

4. 提出了循序渐进的原则

夸美纽斯要求教师不仅在教学内容方面采用循序渐进的原则，而且要在儿童的学习过程中按其发展特点循序渐进地进行教导。教师应采取一切可能的方法去激发儿童的求知愿望；选择适合的教学内容；注意教学的艺术，使课程富有吸引力；利用教具进行教学，以引起儿童的好奇心与学习兴趣，从而使儿童在轻松愉快的情绪下进行学习。

（二）卢梭的学前教育思想

卢梭（1712—1778），法国伟大的启蒙思想家、哲学家、教育家、文学家，启蒙运动最卓越的代表人物之一。他出版过很多著作，但以《爱弥尔》一书最为著名。在这部书中，他明确地阐述了自己的学前教育观点。

1. 教育思想

卢梭主张教育应遵循自然，顺应人的本性，以儿童为本位，反对成人不顾儿童的特点，按照传统偏见强制儿童接受违反自然的教育方式。要想让儿童得到发展，就要让儿童受到三个方面的教育：自然的教育、来自周围人的教育和来自外界事物的教育。只有当三种教育的方向一致、又能相互配合的时候，儿童才能受到良好的教育。他还主张爱护儿童，珍视儿童短暂的童年生活。他要求教育者关心儿童游戏，让儿童有充分的自由活动的时间与空间，而不是让儿童不断地读书。

在培养儿童道德时，也要从儿童的天性和儿童的年龄特点出发进行教育，而不只是说教、说教、再说教，只有遵循自然的自由教育才能使儿童得到完满的发展。

2. 教育目的

卢梭认为，人类的最高理想是自然人的生活，教育的目的就是要使人成为自然人。所谓自然人，就是自然状态的人，是绝对自由幸福与善良的人。儿童时期，儿童只关心自己，对社会关系毫不了解，所以应首先教育儿童做人，接受人性的教育，过人的生活。早期教育的目的就在于教人生存。由于他主张以儿童为本位进行教育，遵循自然原则，因而大力主张给予儿童自由，重视儿童生活的权利，培养真正的自然人。

3. 教育内容和教育措施

卢梭根据其自然教育主张，将人的发展和教育划分为四个阶段，每一个阶段都有其独特的教育内容和方法。其中0—2岁为第一阶段，这一阶段的教育，以儿童身体的养护为主，必须注意儿童的健康。父亲为教师，母亲为保姆。如果父母在这一阶段不能对儿童进行良好的教育，则会毁坏儿童的天性。凡是违反儿童天性，妨害儿童身体发育，限制儿童心灵自由的教育均应避免。2—12岁为第二阶段，对这一阶段的儿童，应进行感官训练，让儿童多摸、多看、多嗅，多接触外界事物，最好利用自然界的种种问题，使儿童学习有关轻重、大小、长短、远近等方面的知识，切忌进行知识和道德方面的灌输教育。12—15岁为第三阶段，主要进行智育和劳动教育。15岁到成年为第四阶段，必须施以道德教育。

4. 教育方法

（1）给予行动的自由。为了使儿童的身体能够得到自然的发展，从儿童一出生就要给予他们充分的活动自由。但是在给儿童的身体绝对自由的同时，成人必须小心地照顾他们、观察他们、跟随他们，以防出现意外。

（2）合理地养护和锻炼。对儿童的养护与锻炼也应该遵循自然规律。在饮食上要合乎自然，衣着要以便于儿童活动为原则，睡眠要充足；在养护的同时还要让儿童进行锻炼，使他们可以生活在各种环境中，经受自然的考验，也包括在品质上的锻炼，使他们养成忍受痛苦的本领，具有克服一切困难的勇气。

（3）注意语言的发展。卢梭认为，人的教育是同人的生命一起开始的。婴儿从出生的那一天起，就开始受到自然的教育。他们一生下来就听到人们在说话，因此，为了使儿童的语言得到更好的发展，成人要发一些儿童听得懂的声音。此外，成人在儿童面前说话应当是正确的，使他们觉得与成人谈话很高兴，不要孩子一出现错误就出面纠正。

（4）感觉教育。在人的自然发展中最先成熟的就是感觉器官，因此首先要对儿童的感官进行训练。在感觉教育中，应当同时发展儿童的视觉、听觉、嗅觉、味觉等。

（5）自然后果法。卢梭说过，我们不能为了惩罚孩子而惩罚孩子，应该使他们觉得这些惩罚正是他们不良行为的自然后果。这也就是我们所说的“自食其果”的道理。

（三）欧文的学前教育思想

罗伯特·欧文（1771—1858），英国空想社会主义者，也是一位企业家、慈善家。1816 年，他在苏格兰纽兰纳克创办了“性格形成新学园”，这是欧洲最早的学前教育机构。欧文在《新社会观》《新道德世界书》《人类思想和实践中的革命》等著作中，阐述了自己独到的学前教育思想。他认为造就适应新社会的人，需要养成良好的性格，消除由于社会愚昧而形成的恶习，而许多好事和坏事都是在人很小的时候被教会或学会的，许多好的或坏的脾气和性情都是在 2 岁以前养成的。为此欧文在书中叙述了他所开辟的游戏场，为培养儿童幸福的情感，在每一个儿童进入游戏场时，都要告诉他们:“决不要伤害跟你一块玩的小朋友，相反的，要尽力使他们快乐。”此外，在有关新社会的分工叙述中，他主张合理的社会划分是按年龄的大小来进行的，每一年龄组的人，要从事最适合这一组人的本性的职业。他提出第一组包括 0—5 岁的儿童，应当把这组儿童的锻炼、培养和教育置于适合他们的气温条件下，用最有营养的食品哺育他们，同时培养他们乐于助人的志趣，并要在他们年龄智力所及的条件下，对看到的和接触到的事物具有确切的认识。欧文称此为幼年受到合乎理性的新式培养。

以上仅对 16—18 世纪具有代表性的学前教育理论观点做了介绍，在此时期，还有很多著名的教育家及其教育理论著作，如英国哲学家洛克（1632—1704）的《教育漫话》，瑞士教育家裴斯泰洛齐（1746—1827）的《林哈德和葛笃德》等。这些著作不仅对教育学的建立和发展有很大的影响，而且都论述了学前教育，并为系统的学前教育理论的建立奠定了基础。

三、初创阶段

这一阶段从 18 世纪后期到 20 世纪前半期，学前教育学从普通教育学中分化出来，开始成为一门独立的学科。学前教育最初的专门机构是幼儿园，它的建立促进了学前教育理论的产生与发展。西方代表人物有福禄贝尔、杜威、蒙台梭利，我国代表人物有陈鹤琴、陶行知、张雪门。

☞福禄贝尔的学前教育思想

（一）福禄贝尔的学前教育思想

福禄贝尔（1782—1852）是德国教育家，现代学前教育的鼻祖，其代表作

《人的教育》(1826)主要论述了有关婴儿期、幼儿期及少年期的发展和教育，他的教育思想迄今仍在主导着学前教育理论的基本方向。福禄贝尔的学前教育思想及实践主要包括以下方面：

1. 创建了世界上第一所幼儿园

受到夸美纽斯和裴斯泰洛齐的影响，福禄贝尔认为家庭和母亲在早期教育中占有重要地位，但又指出，许多母亲没有充分的时间教育自己的子女，而且也没有受过相当的教育训练，不能胜任其子女的教育，因此有必要建立公共的学前教育机构来弥补家庭教育的缺陷。在此思想的影响下，福禄贝尔于1837年创建了世界上第一所幼儿园。他把自己的学校称为“幼儿的花园”(幼儿园)，把幼儿放在生长发芽的种子的位置上，把教师放在细心的有知识的园丁的地位上。

2. 明确提出了幼儿园的任务

福禄贝尔指出幼儿园的任务是：通过直接观察的方法来培养学前儿童；使他们参加各种必要的活动，发展他们的体格，锻炼他们的外部感官，使他们正确地认识人和自然以及增长知识；使儿童在游戏、娱乐和天真活泼的活动中，做好入小学的准备。

3. 创制了“恩物”

为了更好地引导儿童认识自然、增长知识和发展能力，福禄贝尔在幼儿园教育实践中创制了一套供儿童使用的活动玩具，并称之为“恩物”。福禄贝尔创制的“恩物”的基本形状是圆球、立方体和圆柱体。这套“恩物”仿照大自然事物的性质、形状和法则，体现了从简单到复杂、从统一到多样的原则，客观上有助于扩大儿童的认识，发展他们的创造力和想象力。“恩物”作为幼儿认识万物的初步手段，适合学前教育的要求，与儿童天性的发展相适应，从而在欧洲乃至世界各国广泛流行。

4. 强调游戏在幼儿园教育中的地位和作用

福禄贝尔认为，游戏是儿童内部需要和冲动的表现，游戏作为儿童最独特的自发活动，成为学前教育过程的基础。在福禄贝尔看来，一个游戏着的儿童，一个全神贯注地沉醉于游戏中的儿童，正是幼儿期儿童生活最美好的表现。从某种意义上说，幼儿园应当是儿童游戏的乐园。

5. 强调作业的重要性

福禄贝尔提出，作业活动是儿童的体力、智力和道德和谐发展的一个主要方面。通过作业活动，可以对儿童进行初步的教育。他制定了一套详细的幼儿园作业大纲，要求儿童的作业活动严格遵循从简单到复杂的原则。他指出，在作业活动中，教师应当对儿童及时地进行指导和帮助，培养儿童集中注意力和认真制作的习惯，促使其表现和创造能力的发展。

（二）杜威的学前教育思想

杜威（1859—1952）是20世纪最具影响力的教育家，其代表作有《我的教育信条》《民主主义与教育》《经验与教育》《儿童与课程》等，他的教育思想对美国乃至世界现代教育的发展起了重要的作用。杜威的儿童教育及其理论是建立在其儿童观基础之上的，他认为儿童是具有独特生理和心理结构的人，其能力、兴趣和习惯都建立在他的原始本能之上，这些本能与冲动就是儿童教育最根本的基础。因此，儿童具有自我生长的能力，在活动中他们通过与环境作用而获得发展。由此，杜威论述了儿童的发展与教育的关系，提出了他对教育本质的看法。

1. 教育即生长

杜威认为，儿童的发展与成长就是原始本能生长的过程。他说："生长是生活的特征，所以教育就是生长在它自身以外，没有别的目的。"这样，杜威就把生物学上的一个名词"生长"搬用到教育上来了。在他看来，教育绝不是强迫儿童去吸收外面的东西，而是要使人类与生俱来的能力得以生长。儿童教育的目的就在于，通过组织保证儿童继续生长的各种力量发挥作用，以便使教育得以继续进行。

2. 教育即生活

杜威说："生活就是发展，而不断发展，不断生长，就是生活。"① 但是，没有教育就不能生活，所以教育即生活。在他看来，最好的教育就是"从生活中学习""从经验中学习"。教育就是给儿童提供保证生长或充分生活的条件，而不问他们的年龄大小；教育就是儿童现在的生活过程，而不是将来生活的预备。当儿童出生时，教育就在无意识中开始了。这种教育不断地发展儿童个人的能力，熏染他的意识，形成他的习惯，锻炼他的思想，并激发他的感情和情绪。

3. 教育即经验的不断改造

杜威认为，教育是一个过程，即通过儿童活动去体验一切和获得各种直接经验的过程，儿童学习知识、认识外部世界的本质在于儿童通过活动不断去增加、改造自己的亲身经验，这个过程是永无止境的。杜威主张"做中学"的教育方法，即要求教育应遵循儿童本能发展及获取经验这种自然的途径。他认为通过大量实践性活动和运动性活动，可以培养、发展儿童的观察力、想象力、创造力、解决问题的能力以及实际操作能力，甚至可培养儿童的道德观念，因为道德观念是通过各种社会活动得来的，非单纯说教所能奏效。

杜威通过对教育本质的论述，在对传统教育弊病进行批评的同时，继承了教育史上重视儿童问题的卢梭和裴斯泰洛齐的教育思想，提出了"儿童中心论"，即以儿童为中心，尊重儿童本来的面貌，尊重儿童的亲身经验，尊重儿童的独立

---

① 吕达，刘立德，邹海燕．杜威教育文集：第二卷［M］．北京：人民教育出版社，2005：52.

性与自我指导学习。杜威的教育思想为现代教育理论奠定了基础，同时也对学前教育实践产生了巨大影响，确立了人本主义在现代教育中的地位，更为教育理论向着“价值论”和“本体论”方向发展提供了一个重要的理论根据。

（三）蒙台梭利的学前教育思想

蒙台梭利（1870—1952）是20世纪意大利著名的幼儿教育家，其代表作有《童年的秘密》《有吸收力的心灵》《蒙台梭利法》等。早年作为一名医生，她关注智障儿童的学习与发展，为他们设计出一套训练的方案并获得了巨大的成功。1907年，蒙台梭利在罗马开办“儿童之家”，招收3—7岁的贫苦儿童，进行教育实验，逐渐形成了一套比较完整的教育信念和学前教育方法。

1. 蒙台梭利的儿童观

（1）儿童具有“吸收的心智”。蒙台梭利认为6岁之前的儿童本身具有一种吸收知识的自然能力，即所谓的“吸收的心智”。借助这种能力，儿童能通过与周围环境的密切接触和情感联系，于下意识、不自觉中获得各种印象和文化，从而塑造自己，形成自己的个性和一定的行为模式。

（2）儿童发展具有敏感期。蒙台梭利认为儿童对于环境刺激有一定的敏感时期，这种敏感时期与生长现象密切相关，并和一定的年龄相适应。她认为敏感是生物在发展时期所具有的一种特殊能力，是一种积极的活动力量，但这只限于对某一特定的感受能力的获得，一旦获得之后，这种特殊的感受活动便消失了。如感觉发展敏感期为出生到5岁，这时期儿童不仅能有选择地注意周围的环境，而且开始建立并完善各种感觉功能；语言发展敏感期为出生后3个月，即儿童对人的声音产生极大兴趣，然后对词，最后才对语言产生兴趣，并逐渐掌握复杂的人类语言。蒙台梭利要求在儿童心理发展的敏感时期对儿童进行教育、引导和帮助，从而促进儿童心理的正常发展，并避免延误时机带来的儿童心理发展障碍。

（3）儿童发展是在工作中实现的。蒙台梭利认为，儿童由于内在生命力的驱使和心理的需要会产生一种自发性活动，这种自发性活动通过与环境的交互作用使儿童获得有关经验，从而促进儿童心理的发展。但是蒙台梭利不认为儿童最主要的活动是游戏，她认为游戏，特别是假想游戏会把儿童引向不切实际的幻想，不可能培养儿童严肃、认真、准确、求实、责任感和严格遵守纪律的精神和行为习惯。在她看来，只有工作才是儿童最主要和最喜爱的活动，而且只有工作才能培养儿童多方面的能力并促进儿童心理的全面发展。

2. 蒙台梭利的教育方案

（1）教育目的。蒙台梭利的教育目的可以归结为两个方面：帮助儿童形成健全人格和建设理想的和平社会。蒙台梭利认为儿童都具备自我成长发展并形成健全人格的生命力，但这只是一种发展的可能性，教育者头脑中应该具有关于儿童发展的理想形象，将具有健全人格的儿童作为教育应该追求的目标。另外，经历了两次世界大战的蒙台梭利对建设理想和平的社会充满了期望。在蒙台梭利看来，通过教育创造新人，并通过新人类可以创建新社会，这两个目的既相互独立又相互联系。蒙台梭利把前者称为新人类的创造，把后者称为新社会的创建，教育就是对这二者的长期的、连续不断的追求。

（2）教育内容。为了达到上述目的，蒙台梭利沿着儿童敏感期的发展，由浅入深，由具体到抽象，研究、设计出日常生活练习、感觉教育、语言教育、数学教育和文化教育五大领域的教育内容。

蒙台梭利把日常生活练习作为教育内容的重要组成部分，选出符合教育目的而且适合儿童身心发展的活动作为日常生活练习的主要内容；感觉教育是蒙台梭利教育内容中最重要、最有特色的部分，主要包括视觉、听觉、触觉、味觉和嗅觉五大类练习，这些练习分别由相应的教具来完成；语言教育的具体内容主要包括读和写两部分，蒙台梭利认为儿童学习口头语言是靠着其本身的吸收性心智而从环境中吸收的，学习书面语言的最佳时期或敏感期为 4 岁；在数学教育中蒙台梭利把读、写、算看成一个整体，主张通过数学教具进行学习；文化科学教育的内容主要包括简单的历史、地理、动物、植物等几个主要方面，蒙台梭利认为，3 岁至 6 岁是能够轻易地获取文化并自然成熟的时期，因此应该有效地加以利用。

（3）蒙台梭利教育的方法。蒙台梭利教育法由三要素构成：有准备的环境、教师和教具。蒙台梭利认为适合儿童的环境就是“有准备的环境”，应具备秩序、自由、真实与自然、美感与安全等特点。在“儿童之家”中，蒙台梭利把教师称为“导师”，她认为教育不是教师自上而下的教授，而是教师协助儿童自下而上地自我发展，因此教师的角色应为环境的提供者、示范者、观察者、支持者。在蒙台梭利教育法中，教具被称为工作材料，这些工作材料不是教师教学的辅助工具，而是儿童自发工作的操作材料，大体可分为生活训练教具、感官教具、学术性教具和文化艺术性教具四类。其中，以感官训练教具最具特色。

上述的外国教育家所提出的教育思想对于学前教育理论的发展做出了重大贡献，虽然一些理论观点也具有历史局限性，但是其中的精华部分对于建立和发展我国的学前教育理论是非常宝贵的经验。

（四）陈鹤琴的学前教育思想

陈鹤琴（1892—1982），浙江上虞人，著名教育家，我国儿童心理学、儿童教育学的奠基人。陈鹤琴建立并完善了中国化、科学化的现代儿童教育理论体系，构建了完整的中国儿童教育结构体系，被誉为“中国的福禄贝尔”和“中国幼教之父”，其主要著作有《儿童心理之研究》《家庭教育》、《活教育理论与实施》。

“活教育”是陈鹤琴教育思想的核心。“活教育”的内容十分丰富，主要包括目的论、课程论、教学论三大部分。有感于中国传统教育的弊病，以及当时我国所面临的民族生存危机，陈鹤琴明确提出“活教育”的目的在于“做人，做中国人，做现代中国人”。其中，“做现代中国人”包含五个方面的条件：第一，要有健全的身体；第二，要有建设的能力；第三，要有创造的能力；第四，要能够合作；第五，要乐于为社会服务，为人民服务。很显然，这五个方面的条件，体现了德、智、体全面发展的要求。针对传统教育“把书本作为学校学习的唯一材料”，把读书和教书当成了学校教育活动内容的实际状况，陈鹤琴将“大自然、大社会都是活材料”概括为“活教育”的课程论。“活教育”并不是否定书本知识，而是强调儿童在自然、社会的接触中，在亲身观察和活动中获得经验和知识的重要性，主张把书本知识与儿童的直接经验相结合。如给儿童讲鱼，就要让他看到真正的鱼，观察鱼的呼吸、游动，甚至解剖鱼体，研究鱼的各部位。这样获得的知识真实、亲切，而且还能激发儿童的学习兴趣和研究精神。

随着课程内容的改变，其组织形式也因之变更。陈鹤琴认为，“活教育”的课程形式应该符合儿童活动和生活方式，符合儿童与自然、社会环境的交往方式。因此，“活教育”的课程打破以学科组织的传统模式，而改成活动中心和活动单元的形式，具体包括 5 个方面的活动：儿童健康活动（包括体育活动、个人卫生、公共卫生、心理卫生、安全教育等），儿童社会活动（包括动物园、植物园、劳动工厂和科研机关等），儿童艺术活动（包括音乐、美术、工艺、戏剧等），儿童文学活动（包括童话、诗歌、谜语、故事、剧本、演说、辩论、书法等），儿童科学活动（包括栽培植物、饲养动物、研究自然、认识环境等）。这五种活动犹如人手的五根指头，是相连的整体，所以又称为“五指活动”。“活教育”教学论的基本原则是“做中教，做中学，做中求进步”。具体包括 17 条教育原则，“活教育”是一种有吸收、有改造、有创新、有中国特色的教育思想，曾在历史上产生过重要影响，对当前的教育改革依然富有启迪。

（五）陶行知的学前教育思想

陶行知（1891—1946），安徽歙县人，人民教育家、思想家。受杜威影响，陶行知在学前教育方面提出过许多进步的教育主张，在学前教育方面著有《创设乡村幼稚园宣言书》《幼稚园之新大陆》《如何使幼稚教育普及》。

☞陶行知的学前教育思想

生活教育理论是陶行知教育思想的理论核心。他提出了“生活即教育”“社会即学校”“教学做合一”三大主张。“生活即教育”的含义包括三个方面：一是生活有对人的教育作用，二是教育又促进生活的变化，三是教育随着生活的变化而变化。“社会即学校”，用陶行知的话说就是“把整个社会或乡村当作学校”，即认定社会就是一个伟大无比的学校，学校必须和社会生活联系起来，应以社会为课堂，使学校的教育内容更丰富。“教学做合一”是生活教育理论的“方法论”，也是其“教学论”，具体指“教的方法根据学的方法，学的方法根据做的方法，事怎样做就怎样学，怎样学就怎样教。教与学都以做为中心”；“教学做是一件事，不是三件事，是一件事的三个方面”。此外，陶行知也最早注意到乡村教育问题，1927 年 3 月在南京北郊晓庄创办了一所乡村师范学校——晓庄学校，同时他也创办了我国第一个乡村幼稚园——燕子矶幼稚园。生活教育理论在反传统的旧教育上，尤其对当时背景下普及识字教育、扫除文盲以及教育教学方法的改革上，都具有一定的积极意义。

（六）张雪门的学前教育思想

张雪门（1891—1973），浙江鄞县人，我国著名的幼儿教育专家，主要著作有《幼稚园行为课程》《新幼稚教育》《幼稚园的研究》等。

张雪门曾在北平主办香山慈幼院的幼稚师范学校和幼稚园，他对幼儿园教育理论和幼稚园课程进行了较为深入的研究，初步形成了他的“行为课程”理论体系。张雪门认为，生活就是教育，五六岁的孩子们在幼稚园生活的实践，就是行为课程。他认为这种课程完全植根于生活，它从生活而来，从生活而开展，也从生活而结束，不像一般的完全限于教材的活动。它首先应注意的是实际行为，凡扫地、抹桌、养鸡、养蚕、种玉蜀黍和各种小花等，能够让幼儿实际行动的，都应该让他们实际去行动。他还特别说明，“幼童一定先有了直接经验，然后才可以补充想象”，至于游戏、故事、唱歌等教材，虽然也可以给予幼儿模仿和表演的机会，然而并不能代表人类实际的行为。所以，他要求教师一定要注意儿童的实际行为，要“常常运用自然和社会的环境，以唤起其生活的需要，扩充其生活的经验，培养其生活的能力”。可以看到，张雪门的幼稚园行为课程理论的基本思想就是“生活即教育”“行为即课程”，强调通过儿童的实际行为，使儿童获得直接经验；同时要求根据儿童的能力、兴趣和需要组织教学，主张采取单元设计的方法，打破各种学科的界限。这种课程理论，虽然从学校教学的一般规律看来，不是完全无可非议，但对学前儿童的教育来说，则有比较明显的积极意义。

此外，在我国 20 世纪 50 年代前，还有不少具有一定参考价值的学前教育著作，如张宗麟的《幼稚教育概论》、王骏声的《幼稚园教育》等。

四、发展阶段

这一阶段从 20 世纪中期至今，生态学、人类学、社会学、心理学、生理学等相邻学科的发展，给学前教育理论的发展与完善带来了新的契机，提高了学前教育的理论化和科学化水平。随着学前教育理论和相邻学科的关系越来越密切，学前教育形成了相互吸收又各具特色的理论流派。代表理论有精神分析理论、成熟主义理论、社会学习理论、认知发展理论、社会建构主义理论、多元智能理论。

（一）精神分析理论在学前教育中的应用

精神分析学派的创始人是奥地利著名精神分析学家、心理学家弗洛伊德（1856—1939），新精神分析学派的代表人则是美国著名的精神病医生埃里克森（1902—1994）。弗洛伊德的核心思想是主张存在于潜意识中的性本能是人的心理发展的基本动力，并将人格结构分为本我、自我、超我三个要素。埃里克森在受弗洛伊德理论影响的同时，反对其生物本能决定论，强调社会文化生活对人格发展的影响。

精神分析理论对现代学前教育的影响主要有以下几个方面：

1. 强调早期经验对人格发展的重要作用

精神分析学派认为，早期经验会影响、抑制或形成人的某种特殊性格，早期童年生活经验对于个体一生有重大的影响。通过了解一个人过去的生活经验，可以分析他现有行为产生的原因。

2. 应重视健全人格的培养

弗洛伊德将人格分为本我、自我、超我三个层次，同时非常强调自我的重要性。一个性格偏离的人或一个自恋的人，都无法真正体会到人际关系的意义与爱的温暖。可见，如果个体的自我功能不完善，就会直接影响对事实的体验与判断。因此，教育者不应只重视知识的传授，还应更多关注儿童人格的健全发展，避免教育偏差甚至失败。

3. 道德教育应顺应儿童本性，避免教条灌输

精神分析理论在道德教育上，提出了“人格化”的教育方法，认为所有的品德只有在实际活动中获得体验，才能将其内化为具体的心灵力量，陶冶出好的品性。因此，在了解“自我”在人格发展中扮演的角色时，应以儿童发展为前提，根据其认知水平实施道德教育，让其获得成功、安全、自信等体验。

4. 注重良好教育环境的创设，发展儿童的多项能力

教育情境的创设，会直接影响儿童的学习态度和学习效果。精神分析理论认为，开放的气氛可以让儿童获得充分参与的机会，对于儿童主动性、积极性的发挥，以及良好态度、情感、好奇心、想象力、创造力的培养都有重要的推动作用。

（二）成熟主义理论在学前教育中的应用

成熟主义理论的代表人物是美国心理学家格塞尔（1880—1961）。成熟主义理论认为，儿童身心发展的过程有一定的顺序和规律，这种顺序和规律是由物种

和生物进化顺序决定的，是由生物体遗传的基本单位——基因决定的。这种发展规律表现在到一定年龄儿童就会做什么事情。例如，到一定年龄儿童就会走路、爬楼梯；不到这个年龄，儿童机体这方面的能力没有成熟，即便提前训练，也是事倍功半。格塞尔著名的“双生子爬梯实验”说明，成熟是发展中起主导作用的因素。在格塞尔看来，所有儿童都毫无例外地按照成熟所规定的顺序或模式发展，只是发展速度可在一定程度上受每个儿童自己的遗传类型或其他因素所制约。环境可能暂时影响儿童发展的速度，但发展的速度最终还是由生物因素所决定的。

格塞尔的成熟主义理论虽有不足之处，但对学前教育有如下启发：

1. 教育应循序渐进，切不可“揠苗助长”

婴幼儿的发展有一定的顺序，任何学习都需要以机体一定程度的成熟为必要条件。因此，在婴幼儿教育中必须考虑到成熟因素的影响，要按照婴幼儿身心发展的顺序，循序渐进地进行教育，以免事倍功半。在考虑幼儿园的教学内容时，必须了解儿童的身心发展状况与水平，不能超越儿童身心发展的可能性，应循序渐进、结合儿童需要提供适应的刺激。

2. 教育要“适时”

格塞尔的研究表明，当儿童的发展为某一种学习做好了一定准备的时候，去进行这种学习效果最好。这就启发我们教育应当“适时”，要了解儿童的发展状况；同时应掌握儿童发展的“最佳时机”，即“关键期”，在儿童成熟程度最适合学习某种行为的时期，提供适宜的学习环境，使其行为获得最好的发展。

（三）社会学习理论在学前教育中的应用

社会学习理论的代表人物是美国著名的心理学家班杜拉（1925—　）。班杜拉认为儿童社会行为的习得主要是通过观察、模仿现实生活中重要人物的行为来完成的。任何有机体观察学习的过程都是在个体、环境和行为三者相互作用下发生的，行为和环境是可以通过特定的组织而加以改变的，三者对于儿童行为塑造产生的影响取决于当时的环境和行为的性质。按照班杜拉的理解，对于儿童行为的强化方式有三种：一是直接强化，即对儿童做出的行为反应当场予以正或负的刺激；二是替代强化，指儿童通过观察其他人实施这种行为后所得到的结果来决定自己的行为指向；三是自我强化，指儿童根据社会对他所传递的行为判断标准，结合个人的理解对自己的行为表现进行正或负的强化，而自我强化参照的是自己的期望和目标。

社会学习理论对现代学前教育的影响主要有以下几个方面：

1. 重视个人和环境因素对儿童学习的影响

因为个体心理功能的形成和完善是由个人、行为和环境三者交互作用所决定的，因此在组织教学活动或指导儿童学习时，不仅要注重儿童认知、能力、情感的发展，还要重视良好环境的创设，以充分发挥环境对儿童行为发展的渗透作用。

2. 为儿童树立良好的榜样

社会学习理论认为，来源于直接经验的一切学习现象实际上都可以依赖观察学习而发生。因此，榜样的示范对儿童学习起着重要作用。教师和成人，尤其是教师，应成为行为的楷模，以身作则、言行一致，与儿童建立良好的师生关系。同时，也要善于引导儿童进行积极的观察学习和模仿体验，避免消极的观察和模仿。

3. 合理地运用奖惩方式

在社会学习理论中，强化作用是影响儿童学习的重要因素，尤其是替代性强化。合理运用奖惩方式，可以使儿童的积极行为得到强化和巩固，使其消极行为得以抑制和消除。对于儿童，可以多用鼓励、赞赏的方式，使其好的行为得到认可，增加自信心；少用斥责、惩罚等消极方式使其产生自我怀疑或挫败感，尤其要避免体罚。

（四）认知发展理论在学前教育中的应用

认知发展理论的代表人物是瑞士儿童心理学家皮亚杰（1896—1980），其认知发展理论是近几十年来对学前教育影响最大的理论。皮亚杰主要研究人类认知、智力、思维的发生和结构，认为儿童心理发展是先天因素和后天学习相互作用不断发展的过程，主体通过动作对客体的适应是儿童心理发展的真正原因。皮亚杰把儿童的认知发展分成四个阶段：感知运动阶段（0—2 岁）、前运算阶段（2—7 岁）、具体运算阶段（7—11 岁）、形式运算阶段（从 11 岁开始一直发展）。儿童发展的各个阶段顺序是一致的，前一阶段总是达到后一阶段的前提。阶段的发展不是间断性的跳跃，而是逐渐、持续变化的。

认知发展理论对现代学前教育的影响主要有以下几个方面：

1. 强调儿童与环境的相互作用

认知发展理论强调建构主义的发展观，认为发展是一种建构过程，儿童在主客体的相互作用中认识世界，并逐渐地丰富和完善自己的认知结构。教师应该为儿童提供丰富的环境，引导儿童主动探索，亲自参与实践活动，促使他们建构知识。皮亚杰还强调儿童的主动性，他认为从婴儿爬行寻找被藏的玩具建构起“客体永恒性”起，直到自己独立探索解决问题，儿童的学习表现出真实的能动性。因此，儿童的发展主要在于其本身对环境的主动建构，应积极发挥有机体自身对环境的适应能力。

2. 重视儿童的兴趣、需要以及儿童游戏

在皮亚杰看来，兴趣和需要是儿童心理发展的动力，强调应该充分考虑每个年龄阶段儿童的特殊兴趣和需要。为此，他提出了“发现式教学法”，即给儿童提供相应的材料和设备，激发儿童的兴趣，使儿童自由地去探索事物，发现问题、解决问题。他还非常重视游戏的作用，认为儿童游戏的发展和认知发展是相适应的。游戏是儿童在已有经验范围内的一种活动，是对原有知识技能的练习和巩固，是智力（认知）活动的一个方面或表现形式，是思维和行为相结合的一种方式。

3. 强调教育目的在于培养儿童的创造力

皮亚杰曾提出，教育的首要目标在于培养有能力创新的人，教育的第二个目标在于塑造有批判力的人。他所倡导的教育，更关注儿童发现与发展的可能性。换言之，教育应该重视发挥儿童的主动性，鼓励儿童在探索的过程中发现、学习，培养他们的创造力、想象力以及批判、求证的能力。

（五）社会建构主义理论在学前教育中的应用

社会建构主义理论的代表人物是苏联著名的心理学家维果斯基（1896—1934），他也是社会文化历史学派的创始人，主要研究儿童心理和教育心理，着重探讨思维与言语、教学与发展的关系问题。维果斯基的主要贡献是提出“文化—历史发展理论”，强调认知过程中学习者所处社会文化历史背景的作用，并提出了“最近发展区”的理论。

社会建构主义理论对现代学前教育的影响主要有以下几个方面：

1. 重视儿童的社会交往和文化环境创设

维果斯基特别强调在人的发展过程中社会文化历史的作用，尤其强调活动和社会交往对于人的影响。他认为，学校教育作为整体文化影响着学生的发展。在学校这个整体的文化环境中，教师与儿童、儿童与儿童间的相互作用对儿童的认知发展具有促进作用。维果斯基还认为，学校、教室、幼儿园作为影响儿童心理发展的重要环境应该受到充分的重视，而教师或其他成人对儿童的指导作用更不容忽视，同时，应该给儿童提供儿童间相互交往的环境并让他们学会交往的方法。学校、教室、教师、同伴这些社会文化因素的形式、水平直接影响儿童心理的发展。

2. 强调教学应走在发展的前面

维果斯基在说明教学与发展关系时，提出了“最近发展区”概念。在确定发展与教学的可能关系时，要使教育对儿童的发展起主导和促进作用，就必须确立儿童发展的两种水平：一是其已经达到的发展水平；二是在有指导的情况下借助他人启发或帮助可以达到的解决问题或更高的水平。这两者之间的差距，就是“最近发展区”。对教育过程而言，重要的不是着眼于儿童现在已经完成的发展过程，而是关注儿童那些正处于形成的状态或正在发展的过程。教学决定着智力的发展，因此，如果教师在教育过程中只是利用儿童现有的知识水平，那么教育过程就不可能成为儿童发展的源泉，儿童的发展就会受到限制或阻碍。只有走在发展前面的教学才是良好的教学，才能有效地促进儿童的发展。

3. 强调游戏对儿童发展的重要性

游戏是维果斯基非常重视的一个领域。维果斯基强调游戏、认知和情绪发展的关系，认为游戏是发展过程的基础，原因在于游戏属于一种“最近发展区”内的活动。维果斯基认为，在学前阶段，游戏是儿童发展的最重要源泉。游戏中儿童的言语、符号、活动都可以作为中介，促进儿童认知水平的提高。另外，父母或教师的行为对儿童游戏行为也有明显影响，教师和家长应主动参与儿童的游戏，并在适当的时机、以适当的形式对儿童的游戏给予恰当的指导。

（六）多元智能理论

多元智能理论的代表人物是美国著名的教育心理学家霍华德·加德纳（1943—　）。加德纳在1983年出版的《智力的结构》一书中提出关于“智力”的定义，即智力是在某种社会和文化环境的价值标准下，个体用以解决自己遇到的真正难题或生产及创造出有效产品所需要的能力。根据新的定义，加德纳提出了关于智力结构的新理论——多元智能理论。他认为，支撑多元智能理论的是个体身上相对独立存在着的、与特定的认知领域和知识领域相联系的八种智能：语言智能、音乐—节奏智能、数理—逻辑智能、空间智能、身体—动觉智能、自省智能、人际交往智能和自然观察智能。

多元智能理论对现代学前教育的影响主要有以下几个方面：

1. 尊重教育的公平性，形成“有教无类”的教育观念

在传统的智力观中，某种社会主流文化所重视的能力成为衡量所有人“聪明”与否的唯一指标。以多元智能观反思我们的教育，幼儿园应当创设一个宽松、公平、多元文化的环境，让来自不同环境的儿童都能找到自己认同的文化和适合自己的发展条件，在重视社会主流文化所强调的智力的同时，也要发现、尊重、培养儿童其他的智力。教育要真正在儿童身上达到预期的效果，就必须尊重属于儿童自己的儿童文化，取得儿童内心的认同，敏锐地发现其智力潜能，为其提供发展的空间和表现舞台。

2. 尊重儿童的差异性，重视因材施教

受遗传因素和环境因素的影响，儿童之间很早就表现出兴趣爱好和智能特点的不同。教育者的任务应该是向儿童提供多种多样的活动，在充分尊重儿童发展独特性的同时，保证他们的全面发展。在多元智能理论看来，每一位儿童都有相对的优势智能领域（无论是相对于自己还是别人）。我们应该在对儿童进行评价的基础上，注意发现他们的优势智能领域并加以挖掘和发展，尤其应清醒地认识

到，每个儿童都是多种不同智能不同程度的组合，问题不再是一个儿童有多聪明，而是一个儿童在哪些方面聪明和怎样聪明。

3. 帮助儿童将优势智能领域的特点迁移到其他智能领域

多元智能理论强调八种智能在人类认知结构中均具有同等重要的地位，教育应该对不同的智能一视同仁。但它更强调每一个儿童都有自己的智能优势领域和弱势领域，教师应该在充分认识、肯定儿童优势智能领域的基础上，鼓励和帮助儿童将优势智能领域表现出来的智能和意志品质迁移到弱势智能领域，从而使自己的弱势智能领域也得到最大化的发展。

4. 注重儿童创造能力的培养

在多元智能理论看来，现实生活需要每个人都充分利用自身的多种智能来解决各种实际问题，社会的进步需要个体创造出社会需要的物质产品和精神产品，这两种能力的充分发展应该被视作智能的充分发展。从智能的本质上讲，解决实际问题的能力也是一种创造能力。因此，教师或家长应支持儿童参与一些创造性游戏或探索活动，鼓励他们在问题情境中尽可能独立地解决问题，更好地培养儿童的创造力。

【实践训练】

将学前教育纳入免费教育范畴

2015 年，全国政协委员莫言在北京会议中心参加文艺界小组讨论时提到今年他会提交一个关于农村儿童学前教育的提案。莫言告诉记者，这个提案来自高密，比较广泛地征求了家乡朋友和老百姓的意见，提案的建议着眼于农村的学前教育，建议国家将学前教育纳入免费教育的范畴。

莫言认为，学前教育是所有教育的基础，就连广大农村都有了这样的共识。但农村学前教育的普及率不高，存在园舍建设不达标，教材、娱乐器材不配套，教师水平参差不一，教学理念也不符合儿童的心理特点等问题，他建议国家从立法层面等给予农村学前教育发展关注。

案例分析：案例中指出学前教育是所有教育的基础，但是当前城乡学前教育发展存在着差异，农村学前教育的发展得不到保障。目前，我国正在尝试通过各种措施来促进我国农村学前教育的发展。

【做中学】结合学前教育的特点，谈谈你对“将学前教育纳入免费教育的范畴”的看法。

【学而思】你在实践中了解到我国学前教育发展存在哪些问题？

【思而行】请结合本章所学，思考如何均衡城乡学前教育的发展。

【学习自测】

1. 什么是学前教育原理?
2. 学前教育的特点有哪些?
3. 学前教育理论的发展阶段有哪些?
4. 福禄贝尔与蒙台梭利教育思想的异同点是什么?
5. 论述认知发展理论对学前教育的影响。

【理解·反思·探究】

1. 学前家庭教育和幼儿园教育之间是什么样的关系?
2. 我国学前教育的现状及影响因素有哪些?
3. 如何将多元智能理论应用到幼儿园教育中?

第二章　学前教育的基础

【学习目标】

知识目标：

- 了解儿童发展的含义及特性。
- 了解影响儿童发展的因素。
- 掌握皮亚杰、维果斯基和埃里克森关于儿童发展的理论。
- 了解中西方儿童观发展历程，并在比较中树立正确的儿童观。
- 熟悉政治和经济发展对学前教育的影响。
- 了解学前教育与地理环境、文化、人口的关系。

能力目标：

- 能用科学的儿童观来指导教学。

【知识导图】

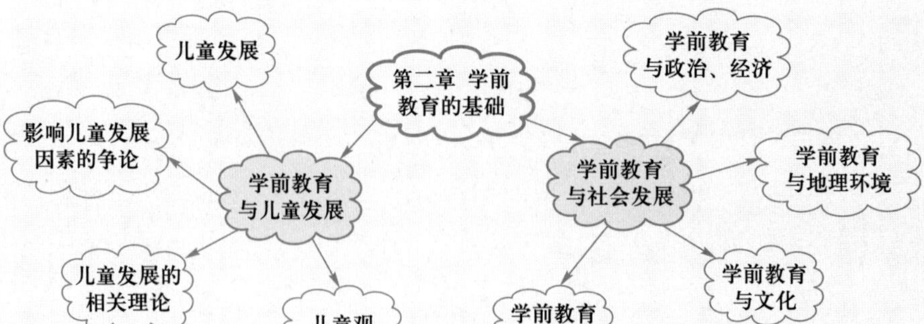

杨杨是某幼儿园大班的一名男孩子。在教师的眼中，他很聪明，但比较顽皮。他在集体教学活动中，有时随意在课堂走动、说话，在听到一个新奇的问题时，没有等到教师提问就会抢着回答；在区角活动中，别的小朋友在“娃娃家”玩游戏时，他想加入，未经同意就会动手去抢夺玩具。教师经常当着全班小朋友的面批评他，久而久之，他被教师贴上了“坏孩子”的标签，越来越多的小朋友不愿意跟他一起玩了。

以上案例中，教师不够尊重、没有了解幼儿，肆意给杨杨贴上“坏孩子”的标签，这将会大大阻碍幼儿的健康成长。教师应如何正确看待和对待幼儿，从而提供促进他们健康发展的教育呢？通过本章的学习，你将会了解儿童发展的特点、规律以及科学的儿童观等。此外，学前教育的基础不仅与儿童发展相关，还与经济、政治、地域、人口、文化等社会条件存在着紧密的联系。

第一节　学前教育与儿童发展

学前教育是一种社会实践活动，其实践对象是学龄前儿童，其科学依据则是儿童生理、心理发育和发展的规律。其中，学前教育与儿童发展之间的规律性关系，就是学前教育首先要面对的一个基本问题。

学前教育与儿童发展之间存在着相当复杂的关系，它们相互依赖、相互制约，是一个动态的互动过程。儿童在生理或心理发展上的进步，既是学前教育实践活动的结果，也为更进一步的学前教育活动提供了前提条件。简言之，学前教育工作者只有在了解了儿童身心发展的特点之后，才可能选择最适当的教育方法，对儿童进行有的放矢的教育，进而促进儿童身心的发展。

一、儿童发展

☞儿童发展

（一）儿童发展的含义

人的发展是指个体从受精卵形成到死亡的整个生命过程中身心状态和机体的变化模式，指人类身心的成长和变化。在人的一生中，每个时期都在经历着发展和变化，只是各个时期发展变化的速度和强度是不同的。

儿童的发展就是指在儿童成长过程中生理和心理方面有规律地进行的量变与

质变的过程。具体来说，生理的发展是指儿童正常的生长、发育；心理发展是指儿童的认知、情感、意志和个性等方面的发展。儿童年龄愈小，身体发展和心理发展的相互影响也就愈大。

（二）儿童的身心发展规律

1. 连续性和阶段性

个体的心理发展是一个逐渐由低级向高级演进的过程，高级的心理是在低级的心理发展的基础上进行的，具有连续性、累积性。同时，心理发展是一个不断从量变到质变的过程，呈现出阶段性。儿童发展的阶段，往往以年龄为标志，所以又称“年龄特征”。年龄特征不是个别儿童或少数儿童偶然表现出来的特征，而是从许多儿童的发展过程中概括出来的普遍事实，是各年龄阶段中大多数儿童心理发展的一般趋势和典型特征。

2. 顺序性和方向性

在儿童发展的过程中，无论是其生理成熟的过程还是心理发展的过程，均表现出一种稳定的顺序，且这种稳定的顺序又总是沿着“由低级到高级，由简单到复杂”的固定方向进行的。

例如，在儿童的身体发展方面，其整体结构的发展遵循着“由上到下，由中心向四周”的发展顺序。即人的头部首先得到发展，而后才是躯干和四肢的发展。在骨骼和肌肉的发展中，遵循着“由大到小”的顺序性，即大骨骼与大肌肉首先得到发展，而后才是小骨骼与小肌肉群的发展与协调。在儿童动作的发展中，首先发展的是粗大动作，然后才发展起精细动作。而在儿童认知和思维能力的发展中，则遵循着“先具体后抽象”的顺序。儿童身心发展过程中表现出来的这种顺序性基本上是固定不变的，而先前的发展变化又是其顺序序列中紧随其后的发展和变化的基础。正是因为顺序性的特点，儿童身心发展成为一种连续的、不可逆转的过程。①

3. 不平衡性

发展的不平衡性是指个体从出生到成熟并不是按相同的速度直线发展的，而是不同年龄阶段儿童的心理发展具有不同的速度、不同的心理特征。

具体表现在：不同系统在发展速度、起始时间、达到的成熟水平不同；同一技能系统特性在发展的不同时期有不同的发展速率。从总体发展来看，幼儿期出现第一个加速发展期，然后是儿童期的平稳发展，到了青春期又出现第二个加速期，然后再是平稳地发展，到了老年期开始出现下降。

从儿童发展的不平衡性来看，儿童各种心理机能的发展有一个最佳年龄段，

---

① 岳亚平. 学前教育原理［M］. 北京：高等教育出版社，2014：51-52.

即关键期。关键期的概念是由奥地利著名的生物学家昆拉多·洛伦兹博士提出的，他认为如果在最佳年龄期间为儿童提供适当的条件，就会有效地促进这方面心理的发展，如果错过了这一时期，将来很难弥补。

☞关键期

4. 个体差异性

发展的个体差异性是指在儿童发展的普遍性规律和整体共同特征的前提下，个体与整体相比较，每一个体的生理和心理发展在表现形式、内容和发展水平与速率等方面，都会拥有自己的独特之处。①

个体差异性包括两层意思：一方面，个体差异性存在于同一个体，指该个体在身心不同方面的发展存在着差异。另一方面，个体差异性存在于不同个体之间，指不同的人在同一方面发展水平、速率不同。

二、影响儿童发展因素的争论

心理学界关于影响儿童发展的相对重要因素的争论——“天性”与“教养”之争至今悬而未决。“天性”是指有机体的生物遗传因素，是人们通过生物遗传而天生具备的某些禀赋和特质。“教养”是指环境因素，是胎儿期和出生后的环境影响和所获得的经验。

遗传因素：指与遗传基因相联系的生物有机体内在的因素。遗传的生物特征主要是指那些与生俱来的解剖生理特征，如机体的构造、形态、感官和神经系统的特征等。

环境因素：就人类个体成长来说分为两大类，一类指生物有机体所共有的维持生存所必需的自然环境；另一类是人类的社会环境，即个体所处的社会生活条件和教育条件，包括家庭、社会、学校等方面的影响。

古今中外，由于不同哲学观和儿童发展观的根本差异，对影响儿童发展的归因见仁见智，争论颇多，但归结起来，主要有以下四种观点。

（一）遗传决定论

这一流派强调天性对儿童发展起决定作用，认为从儿童发展的整个过程来看，遗传因素具有统帅性和决定性的作用。这一流派的代表人物有柏拉图、高尔顿、霍尔等。

柏拉图认为世界的本源是一种叫做“理念”的精神性东西，世上万物都是由“理念”派生出来的，因而都是虚假的、不可靠的，而人的认识只不过是灵魂对

① 岳亚平. 学前教育原理［M］. 北京：高等教育出版社，2014：51-52.

理念世界的回忆而已，人生来就具有一种在发展过程中展现并成为有意识的先天知识，后天环境对人不产生影响，一切研究、一切学习都只不过是对先天理念的回忆，显而易见这种观点是唯心的。

高尔顿认为，一个人的能力是由遗传得来的，它受遗传决定的程度，正如一切有机体的形态及躯体组织受遗传决定一样。继而霍尔提出了“一两遗传胜过一吨教育”的观点。

遗传决定论过分夸大了遗传对人身心发展的作用，遗传因素对人的发展有一定影响，但不起决定作用，它只是人发展的物质基础和前提条件，为人的发展提供了可能性，这种可能性只有在环境和教育的影响下才能转化为现实性。

（二）环境决定论

这一流派强调后天影响对儿童发展的决定作用，认为儿童心理的发展完全是由后天环境决定的。在对遗传和环境进行二分选择的过程中，还有相当多的心理学家、教育学家和哲学家们选择了环境，当然此处的环境包括教育在内。在我国最早提出并回答先天与后天关系问题的是孔子，他强调了后天影响对心理发展的作用。《三字经》中也说：“人之初，性本善，性相近也，习相远也。”就是说，人的先天禀赋是差不多的，人的成就和不同则是后天学习的结果。这一朴素的唯物主义结论，在当时已是难能可贵的了。

环境决定论在西方的主要代表人物有约翰·洛克，洛克提出“白板说”，认为人脑开始只是一张白纸，没有特性也没有观念，人的一切观念都是来自后天的经验，所以儿童发展的原因在于后天，在于教育。

华生认为心理发展就是形成刺激反应链，强调学习和环境在儿童行为形成中的核心作用。他在《行为主义》一书中写道：“给我一打健全的婴儿，我可以保证，在其中随机选出一个，训练成为我所选定的任何类型的人物，医生、律师、艺术家、商人，或者乞丐、窃贼，不用考虑他的天赋、倾向、能力，祖先的职业与种族。”斯金纳指出发展是通过外界环境给予主体一定的刺激而形成的，个性纯粹决定于强化作用，而这里的强化也是一种外在环境条件。

环境决定论片面地强调了外在环境和教育的作用，忽视或否定了遗传因素及人的主观能动性在人的发展中的作用，把社会环境和教育看作影响人的发展的决定性因素。

（三）共同决定论

美国心理学家格塞尔的“成熟势力说”认为，儿童发展是一个有规律的顺序模式的过程，而这个顺序是由物种和生物进化的顺序决定的。所有儿童都按照这个顺序发展，但发展速度则由每个儿童的遗传类型所决定。格塞尔通过“双生子实验”来证明后天教养经验并不影响儿童的发展。他指出，从发展的整个过程来看，遗传因素具有决定性的作用；从发展的结果来看，环境对其影响也是有限的，环境只给发展提供了时机，它可能暂时影响儿童发展的速度，但儿童发展最终还是由遗传因素所控制的。

共同决定论的代表人物是“幅合论”的倡导者斯腾（1871—1938）。“幅合论”的核心是，人类心理的发展既非仅由遗传的天生素质决定，也非只是环境影响的结果，而是两者相辅相成所造就的。这是一种折中主义的发展观。图 2-1 是斯腾说明遗传和环境双重作用的示意图。这里 X_1、X_2 代表不同的机能，它们具有不同程度的遗传和环境的影响。u_1 指的是 X_1 机能的遗传因素，E_1 指的是 X_1 机能的环境因素；同样，u_2 是 X_2 机能的遗传因素，E_2 是 X_2 机能的环境因素。综合可见，X_1 机能的环境影响较大，而 X_2 机能的遗传影响较大。

共同决定论另一个代表人物鲁克森伯格则用图 2-2 来表示遗传与环境的作用。机能 X_1 的遗传因素为 E_1，环境因素为 u_1；机能 X_2 的遗传因素为 E_2、环境因素为 u_2；用 E 与 u 的比例来显示两者的关系。对角线 Eu 的两端是最极端的例子，完全地受遗传或环境的影响。

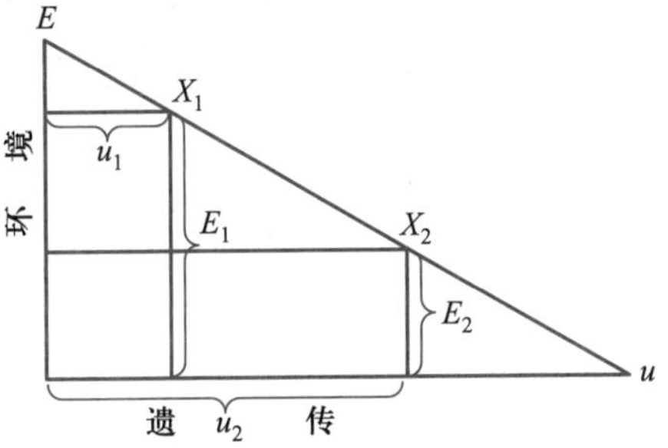

图 2-1　遗传和环境双重作用示意图

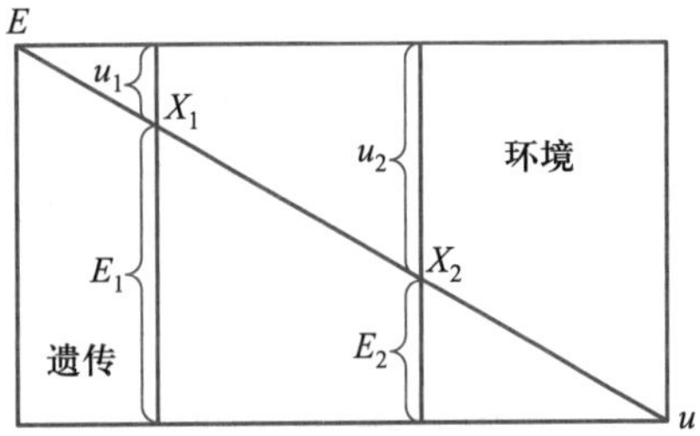

图 2-2　遗传与环境的作用示意图

图 2-1、图 2-2 似乎表示：发展 = 遗传 × 环境，或者发展 = 遗传 + 环境。可是，遗传和环境是不同的两种质。“×”或“+”的结果究竟是什么呢？许多人提出了这种责难。①

这样看来，共同决定论只是把遗传和环境简单地结合起来，是一种折中调和。

（四）相互作用论

相互作用论的观点是现在心理学家们普遍承认的观点。它摒弃了绝对决定论的极端、片面，改变了调和作用论的孤立、机械，以一种辩证的观点来看待遗传与环境的关系。其代表人物有皮亚杰、瓦龙以及苏联的社会文化历史学派，基本思想如下：

① 刘金花．儿童发展心理学［M］．上海：华东师范大学出版社，2001：8-9.

（1）遗传与环境是相互依存、相互制约的，即一种因素作用的大小、性质都依赖另一种因素，它们之间不是简单的相加或调和。“狼孩”就是一个典型的例子。1920 年，在印度米德那波尔地区的狼洞里，人们发现了两个由狼抚养长大的女孩。这两个孩子的行为、习性完全和狼一样，白天睡觉，晚上嚎叫，爬着走路，用手抓食，喜吃生肉，不会说话，因此称她们为“狼孩”。尽管心理学家、教育学家们经过努力，对其进行了精心的培养和训练，但是直到其中一个 17 岁死去时，语言发展也相当滞后，只能够讲一些简单的词语，智商也才相当于正常孩子 3 岁的水平。

（2）遗传与环境的作用是相互渗透、相互转化的。这里包含两层意思：一是指遗传可以影响或改变环境，而环境也可以影响或改变遗传；二是指遗传中有环境，环境中有遗传，二者有时候无法分离。如从个体发展来看，从受精卵形成的一瞬间起，遗传和环境两个因素的作用就交织、纠缠在一起，无法真正分离。遗传改变环境的典型例子是 RH 溶血病，而对苯丙酮尿症的治疗是环境影响遗传作用的典型例子。

☞RH溶血病、苯丙酮尿症

遗传与环境，或说先天与后天的争论随着相互作用论的提出而告一段落，人们越来越认识到遗传只是提供了发展的可能性，这种可能性能否转为现实，关键还在于后天的环境与教育。所以我们现在更为关注的不再是争论遗传与环境在发展中的作用有多大，而是如何切实地使每个孩子具有优异的遗传素质，如何为每个孩子创造充分发挥潜能的优良环境。

三、儿童发展的相关理论

（一）弗洛伊德的“心理社会”阶段理论

弗洛伊德是精神分析学派的创始人。第一次从精神动力学和精神分析的角度对儿童的发展和行为进行了描述。弗洛伊德认为，在人格发展上存在三个主要的、连续的阶段，这些阶段主要反映在本我、自我和超我的发展过程中。

1. 本我

弗洛伊德认为，婴儿的所有活动都是“本能冲动”以及原始的反射，是由大量不受约束的精神能量组成的，这些精神能量几乎不顾一切地追求欲望的满足。因此，“本我”遵循的是快乐原则。

2. 自我

婴儿在生活中并不是所有的愿望都能马上实现，当婴儿因饥饿啼哭时，母亲正在做其他的事情，婴儿愿望的满足就会被推迟，成人与儿童之间会发生冲突，本我的冲动与现实之间的不断冲突导致了人格的第二种水平，即“自我”的发展。“自我”是人类人格中的理性水平，遵循的是现实原则。

3. 超我

“超我”是人格中的最高部分，“超我”在儿童早期已开始发展，并且主要来自于对同性父母的认同，儿童努力像他人一样，接纳别人的价值观与信念，将成人对他的要求转化为自己的行为，形成规则并自觉遵守，如果自己的行为符合自我理想，个体就感到骄傲，否则个体就感到焦虑。因此，“超我”遵循的是道德原则。

同时，弗洛伊德根据不同阶段儿童的集中活动能力，把心理和行为发展划分为由低到高的五个阶段，依次是口唇期、肛门期、性器期、潜伏期和生殖期，本书只阐述前四个阶段。

（1）口唇期（0—1 岁）。新生儿的吮吸动作既使他获得了食物和营养，也使他产生快感。因此，口唇是这一时期产生快感最集中的区域，婴儿常会把手指或其他能抓到的东西塞到嘴里去吮吸。弗洛伊德认为，寻求口唇快感和性欲倾向一直会延续到成人阶段，接吻、咬东西、抽烟或饮酒的快乐，都是口唇快感的发展。

（2）肛门期（1—3 岁）。此时儿童的性兴趣集中到肛门区域，排泄时产生的轻松与快感，使儿童体验到了操纵与控制的乐趣。

（3）性器期（3—6 岁）。在这个时期，儿童开始关注身体的性别差异，开始对生殖器感兴趣，性欲的表现主要在于“俄狄浦斯情结”，即男孩对自己的母亲有性兴趣，而女孩则过分迷恋自己的父亲。这些情结最终要受到压抑，因为儿童惧怕同性父母的惩罚。

（4）潜伏期（6—11 岁）。进入潜伏期的儿童，性欲的发展呈现出一种停滞或退化的现象。早年的一些性的欲望由于与道德、文化等不相容而被压抑到潜意识中，并一直延续到青春期。由于排除了性欲的冲动与幻想，儿童可将精力集中到游戏、学习、交往等社会允许的活动之中。

精神分析学派强调性本能、潜意识与情感在心理发展中所起的作用。心理的发展是存在阶段的，而生命最初几年的发展，对个体具有十分重要的意义，任何成人阶段表现出来的行为都能在个体的早期经验中找到根源，因此，对儿童早期经验的关注显得非常重要。但这个理论也经常由于过分强调性冲动和攻击性的冲动而受到批评。

（二）埃里克森的“心理社会”阶段理论

埃里克森认为个体发展是在社会背景下进行的，是整个人生过程中一直在进行的，而不是在成年早期就结束了。他认为，人的自我意识发展持续一生，他把自我意识的形成和发展过程划分为八个阶段，这八个阶段的顺序是由遗传决定的，但是每一阶段能否顺利度过却是由环境决定的，所以这个理论可称为“心理社会”阶段理论。埃里克森的“心理社会”阶段理论为不同年龄段的教育提供了理论依据和教育内容。学前教育针对 0—6 岁的儿童，在这里主要介绍埃里克森“心理社会”阶段理论的前三个阶段。

1. 婴儿期（0—1.5 岁）：基本信任和不信任的冲突

婴儿期是基本信任和不信任的心理冲突期，因为这期间孩子开始认识人了，当孩子哭或饿时，父母是否出现是建立信任感的重要问题。信任在人格中形成了“希望”这一品质，它能增强自我的力量，形成安全感。具有信任感的儿童敢于希望，富于理想，具有强烈的未来定向。反之则时时担忧，形成对周围环境的不信任感。

2. 儿童期（1.5—3 岁）：自主与害羞和怀疑的冲突

这一时期，儿童掌握了大量的技能，如爬、走、说话等。更重要的是他们学会了怎样坚持或放弃，也就是说儿童开始“有意志”地决定做什么或不做什么。这时候父母与子女的冲突很激烈，也就是第一个反抗期的出现，一方面父母必须承担起控制儿童行为使之符合社会规范的任务，即养成良好的习惯，如训练儿童大小便，训练他们按时吃饭，节约粮食等；另一方面儿童开始有了自主感，他们坚持自己的进食、排泄方式，所以训练良好的习惯不是一件容易的事。这时儿童会反复用“我”“我们”“不”来反抗外界的控制，而父母决不能听之任之、放任自流，这将不利于儿童的社会化。反之，若过分严厉，又会伤害儿童的自主感和自我控制能力。如果父母对儿童过度保护或惩罚不当，儿童就会产生怀疑，并感到害羞。因此，把握住“度”的问题，才有利于在儿童人格内部形成意志品质。

3. 学龄初期（3—5 岁）：主动对内疚的冲突

在这一时期，如果儿童表现出的主动探究行为受到成人鼓励，儿童就会形成主动性，这为他将来成为一个有责任感、有创造力的人奠定了基础。如果成人打击儿童的独创行为和想象力，那么儿童就会逐渐失去自信心，这使他们更倾向于生活在别人为他们安排好的狭窄圈子里，缺乏自己开创幸福生活的主动性。当儿童的主动感超过内疚感时，他们就有了“目的”的品质。

埃里克森虽然也十分强调发展的顺序性，但在他的理论中，并不存在发展与不发展的问题，而只有发展的好坏。发展的成功与否与发展的阶段无关，每个人在自己不同的发展阶段中都可能出现成功或不成功之处，这会影响下一阶段的发展内容，但并不会影响下一阶段的出现。每个人都会完成八个阶段的发展，但是他们在每个阶段中的发展质量是有差别的。这种发展理论对儿童心理发展的阶段性问题提出了新的解释。但是，埃里克森的理论也有一些不足之处，其中最为突出的是他认为每一个社会成员都要经历心理发展的八个阶段，这一点是值得商榷的。

（三）皮亚杰的认知发展阶段理论

认知发展的阶段理论，认为在每一个连续的阶段中，个体的认知发展都发生了质变。尽管每个阶段的成就都是建立在前一阶段的成就之上，但与前一阶段的成就并不相同。

1. 认知发展的机制

皮亚杰认为，认知发展得以发生的主要机制是平衡，是认知结构与环境需要间达到的平衡。平衡可通过同化和顺应两个过程获得。

同化：刺激输入的过滤或改变——量变（知识的类推应用）。

顺应：内部图式改变以适应现实——质变（认知结构的发展）。

平衡：图式—同化—平衡—不能同化—失衡—顺应—新的图式（状态/过程）。

2. 影响发展的因素

（1）生理成熟（神经系统和内分泌系统的成长）：提供发展的可能性。

（2）物理环境，包括物体经验（来自外物）和数理逻辑经验（来自动作）。物理环境很重要，但不是决定因素。

（3）社会环境（社会生活、文化教育、语言等）：是儿童心理发展的必要条件，但不起决定作用。

（4）平衡，即不断成熟的内部组织与外部环境的相互作用。平衡是动态的，具有自我调节作用。平衡是儿童心理发展最重要的因素，起决定作用。

3. 认知发展的阶段

人的认知发展主要分四个阶段，各阶段的认知特点如下：

（1）感觉运动阶段（0—2岁）：依赖感觉与运动来认识事物；由本能性的反射发展到目的性的活动；出现客体永久性（即当一个客体从儿童视野中消失时，儿童知道该客体并非不存在了）。

（2）前运算阶段（2—7岁）：能使用语言表达概念，但有自我中心倾向；能使用符号代表实物，能进行形象思维（由所见而知）；能思维但不合逻辑，不能全面考虑问题；未获得物体守恒性；思维具有不可逆性和刻板性；自我中心主义；泛灵论（认为世间所有事物都是有生命的，具有情绪和动机）。

（3）具体运算阶段（7—11岁）：出现了逻辑思维能力，但要在具体情景中或根据熟悉的经验来解决问题（由所知而知）；思维具有可逆性；理解守恒；理解规则，但较刻板；去自我中心。

（4）形式运算阶段（11岁以后）：形成了完整的认知结构系统，思维具有灵活性、系统性、抽象性；能够运用经验—归纳的方式进行逻辑推理，而且能够运用假设—演绎推理的方式解决问题；形式逻辑；理解规则的相对性；自我反思。

皮亚杰在他的认知发展阶段理论中，通过一些经典的概念，描述了儿童发展的整个过程，不仅揭示了个体心理发展的某些规律，同时也证实了儿童心智发展的主动性和内发性。

（四）维果斯基的文化—历史理论

维果斯基是苏联著名的心理学家，在发展心理学领域中，被认为与皮亚杰具有相同的地位。在 20 世纪 70 年代后，维果斯基的理论得到重视，成为当代最有影响的发展与教育心理学理论之一。其主要理论观点为以下方面：

1. 文化历史发展理论

维果斯基从种系和个体发展的角度分析了心理发展的实质，提出了文化—历史发展理论。他区分了两种心理机能：一种是作为动物进化结果的低级心理机能；另一种则是作为历史发展结果的高级心理机能，即以符号系统为中介的心理机能。高级心理机能的实质是以心理工具为中介的，受到社会历史发展规律的制约。维果斯基提到的工具有两个层次：物质生产的工具和精神生产的工具——语言符号系统。他认为，人的思维与智力是在活动中发展起来的，是各种活动、社会性相互作用不断内化的结果。

2. 心理发展观

心理发展是个体的心理自出生到成年，在环境与教育的影响下，在低级心理机能的基础上，逐渐向高级机能转化的过程。对于儿童心理发展的原因，维果斯基强调了以下三点：

（1）心理机能的发展起源于社会文化历史的发展，受社会规律的制约。

（2）从个体发展来看，儿童在与成人交往过程中通过掌握高级心理机能的工具——语言符号系统，从而在低级的心理机能的基础上形成了各种高级的心理机能。

（3）高级心理机能是外部活动不断内化的结果。

3. 内化学说

维果斯基内化学说的基础是他的工具理论。具体地说，在儿童认知发展的内化过程中，语言符号系统的作用是至关重要的。

4. 最近发展区

维果斯基认为儿童的全部心理过程是在交往过程中发展的，而表现为合作的教学正是最具有计划性与系统性的交往形式，因此，正是这种教学可以促进儿童心理的发展，并创造出儿童全新的心理活动形式。这是因为，儿童今天不能独立完成的事，往往有可能在教师与伙伴的帮助下完成，而明天他就能自己独立完成。由此出发，维果斯基首先确定了儿童心理发展中的两种水平：“现有发展水平”和“最近发展区”。由维果斯基首先确认和提出的“最近发展区”概念，强调着眼于“最近发展区”的教学在发展中的主导性作用，揭示了教学的本质特征不在于“训练”和“强化”已形成的心理机能，而在于激发、形成儿童目前尚未成熟的心理机能。

四、儿童观

儿童观是人们对儿童的总的看法和基本观点。[1]不同时代有不同的儿童观，当代学前教育工作者应在了解儿童观的发展历程的基础上，建立科学的儿童观。

（一）西方儿童观的发展历程

1. 从古代到“文艺复兴”前：儿童是被忽视、被压抑的存在

在西方，“文艺复兴”之前，儿童一直被“忽视”，其存在的价值和权利未被承认，儿童没有独立的人格，是成人的附庸。在中世纪的教会学校中，儿童被当作成人对待，学校规定了非常刻板的学习作息，压制了儿童嬉笑欢闹、游戏娱乐的愿望。

J. H. 普拉姆在《儿童的巨变》中写道：“中世纪没有分离的童年世界。儿童跟成年人一样做同样的游戏，玩同样的玩具，听同样的童话故事。他们在一起过同样的生活，从不分开。”阿留斯在《中世纪的儿童》中也有类似的表述：“在儿童面前，成人百无禁忌，粗俗的语言，淫秽的行为和场面，儿童对此都能听见和看见。”

2. 文艺复兴、启蒙运动时期：儿童是被重新发现的个体

到了欧洲文艺复兴与启蒙运动时期，社会开始了反对封建的基督教伦理的呼声，强调人自身的存在，充分肯定了人的价值、尊严和地位。在对“人”重新认识的过程中，人们也开始关注儿童存在的价值和意义，发现了儿童区别于成人的地方，认为儿童应该是自由的，应该具有不同发展的可能性。教育应该尊重儿童、解放儿童，让儿童按照其本性自由发展。这一时期的代表人物有：约翰·洛克、卢梭。

英国哲学家约翰·洛克提出了“白板说”，他认为，儿童的天性就像一块白板，有巨大的可塑性。儿童有适合他们年龄的自由和自主，不要用不必要的约束去限制他们，不能反对他们进行游戏，他们享有一切自由。洛克的“白板说”儿童观直接推动了儿童观的发展，对“原罪说”是一种根本的否定。但是洛克仍然将儿童视为潜在的成人，他们生来精神与头脑是一张空白的书写板，成人必须用各种知识去填满这张白板，让儿童长大为成人，成为合格的公民。这样的儿童观

① 刘晓东．儿童教育新论［M］．南京：江苏教育出版社，1998：1．

从根本上依然视儿童为小号的成人，教育的主动权仍掌握在成人的手里，并没有将儿童从成人世界中剥离开来。真正将成人为本的儿童观作了较大转变的当属发动了“教育界哥白尼式革命”的大教育家卢梭。①

启蒙运动最卓越的代表人物之一卢梭“发现”了儿童：儿童首先作为“人”，具有人的根本特性。他说：“要尊重儿童，不要急于对他做出或好或坏的评判。”他呼吁人们应当顺应儿童的本性，尊重儿童。他认为，儿童有自己的看法和感情，他们是真正意义的人。卢梭否定了“儿童期仅仅是为将来的成人生活做准备”这一观念，指出儿童也有独立存在的价值。这一观点在儿童观演变史以及儿童教育史上具有重大的意义。

3. 新教育运动和进步教育运动后：儿童是中心

19 世纪末 20 世纪初的教育进一步发展，欧洲掀起了“新教育运动”，反对传统的形式主义教育，反对忽视学生的存在而片面强调教师的权威，开始重视儿童的心理特点，并遵循儿童的发展特点进行适合其发展的教育。美国受“新教育运动”的影响，结合了“实用主义”思想，形成了“进步主义教育”运动。这一时期主要代表人物有杜威、蒙台梭利、皮亚杰等。

美国著名的实用主义哲学家、教育家杜威的儿童观的重要内容是“儿童中心论”。他批评旧教育过于注重教师、教科书，没有让幼儿主动自发地进行动手操作，在实践中学习。他指出，教育应该引导人的天性正常发展，要尊重儿童的主人地位，深入了解他们，采取的教育方法、措施都要以儿童为中心。他针对当时的教育状况，提出了“教育即生活”“学校即社会”“从做中学”等核心观点。杜威在卢梭的基础上，发展和完善了儿童观，加之以更系统的理论阐述，奠定了西方现代儿童观的理论基础。

蒙台梭利是意大利著名的幼儿教育家，她认为儿童是被压迫和误解的对象。她强调儿童存在内在的、潜在的力量，并充分肯定儿童与生俱来的“内在潜力”，认为成人不可以将其所要的东西灌输给儿童，不应该强制儿童、干涉儿童的自由发展。蒙台梭利呼吁“发现儿童”“解放儿童”，为儿童提供一个宽松的环境，让每个儿童的潜能都能够得到自然、和谐的发展，从而表现出更好的个性，这样才能培养出优秀的人才。

瑞士儿童心理学家皮亚杰主要研究儿童认知的发展和结构，他的儿童观蕴含在对儿童认知研究的理论中。皮亚杰强调，儿童不是小大人，儿童是有创造力的，儿童智力的发展表现在理解和创造上。同时，儿童是主动的建构者，他们的认知发展是通过认知结构的不断建构和转换而实现的，具有阶段性，每一个阶段的形成都是一个动态的过程。

---

① 王蕾．从“小”成人到“大”儿童：西方儿童观发展历程谫议［J］．济宁学院学报，2008（2）．

（二）中国儿童观的发展历程

1. 中国古代儿童观：儿童是附属品，是私有财产

据资料考证，在远古时期的人类由于经济条件限制，存在着这样一种“儿童观”：“儿童”是氏族的公共财产，氏族可以任意地杀婴、弃婴。

到了先秦时期，社会发生了大变革、大动荡，“百家争鸣”是这一时期的主流。虽然从孔子、孟子、荀子、墨家等“人性论”的争论中能依稀可见一些进步的儿童观，但当时很多学派论述的“天人关系”、伦理道德、文治武功、知行言论，主要是针对成人，关于儿童的论述很少，儿童不被认为是完整的人、独立的个体，他们只被当做成人的附属品、私有财产。

秦统一中国后，建立了封建专制的国家，自此以儒家思想为主导的封建道德文化慢慢地确立起来，封建伦理道德哲学强调尊卑等级，儿童在纲常伦理中处于被支配地位。朱熹提出的“天理存则人欲亡，人欲胜则天理灭。”（《朱子语类》卷 13）更是扼杀了人的天性。在“理能杀人”的封建社会里，人们“对儿童多不能正当理解，不是将他当作缩小的成人，拿‘圣经贤传’尽量地灌下去，便将他看作不完全的小人，说小孩子懂得甚么，一笔抹杀，不去理他。”①

纵观中国童蒙教材《三字经》《百家姓》《千字文》《童蒙训》《小学》等，无不渗透封建道德伦理说教，为的是从小把儿童训练成为封建社会的奴仆、工具。“棒头下出孝子”“三天不打，上房揭瓦”都是封建儿童观的反映。②

2. 中国近代儿童观：儿童与成人是平等的

中国进入近代以后，儿童观与古代的儿童观没有实质性的变化，但改良维新派的一些主张涉及了中国儿童教育的问题，给中国近代的儿童观带来了一丝新鲜气息。主要代表人物有郑观应、康有为、梁启超等人。

郑观应怀着对国家的浓厚情感和发展资本主义的热切愿望，关心实务，主张学习西学，提出“主以中学，辅以西学”的主张。他提出的普及义务教育的思想不但表明了他对普及义务教育的重视，还表明了他对残疾儿童、女子教育的重视。

康有为突破传统的人学观念，针对儒学中的“爱有差等”，提出人人平等。在《大同书》中，康有为提出“儿童公养公育”的主张，儿童教育要注意选择好的教师和适宜的环境，虽然他所向往的“大同社会”在当时不可能实施，但这种新的思潮确实对于后世有启蒙作用。

梁启超强调要想国家复兴，就要培养新民，而新民的培养依赖教育，而儿童的教育就是新民之始。在《论幼学》一文中，梁启超写道，“春秋万法托于始，几何万象起于点，人生百年，立于幼学”，“故善为教者，必使举国之人，

① 周作人．艺术与生活．转引刘晓东．儿童教育新论［M］．南京：江苏教育出版社，2000：49.
② 周红安．中西儿童观的历史演进及其在教育维度中的比较［D］．上海：华东师范大学，2003：18.

无贵贱无不学。学焉者，自十二岁以下，其教法无不同”。[①] 梁启超在《教育政策私议》中将人受教育的年龄进行划分，表明他对儿童身体、心理与教育关系的关注，相对于中国古代过于笼统划分儿童期与成人期，梁启超的儿童观进步了许多。

3. 中国现代儿童观：儿童被发现、被解放

20世纪上半叶，在中国和西方都兴起了一股“儿童本位”的思潮，由此产生了“儿童本位”的儿童观。这一时期，中国人是一边批评：批评封建礼教对儿童的摧残；一边吸收：吸收西方现代的“儿童本位”的儿童观。主要代表人物是鲁迅、蔡元培、陶行知、陈鹤琴。

1918年5月，鲁迅在他的第一篇白话小说《狂人日记》中，率先沉痛而又深刻地发出了“救救孩子”的呐喊，这对历来都是“未尝想到小儿”的中国传统文化无疑是一个强烈的震撼。鲁迅在“儿童本位”的观念影响下，积极建设儿童文学，为儿童创作了许多充满童趣的文学作品。

蔡元培将毕生的精力都投入到中国的高等教育事业和学术研究活动中，他提出了“五育并举，和谐发展”的教育观，这固然是针对高等教育而言，但他并没有轻视儿童教育，他认为儿童是国家的将来，是预备担当将来的事业的，不可小觑。

陶行知为中国儿童的教育事业奉献了毕生的精力。一方面，他的生活教育思想、幼儿教育理论充分反映了他的儿童观，他始终把儿童摆在教育中心的位置，无时无刻不在关注儿童，并始终为儿童的解放而努力。另一方面，陶行知践行了他的儿童观。1927年11月，陶行知创办了中国第一所乡村幼稚园——燕子矶幼稚园，为我国的幼教事业做出了巨大贡献。

陈鹤琴用科学的心理方法，将中国儿童的身心特点作为研究对象，开创了我国的儿童心理学研究。他一方面积极从事儿童心理学的教学，一方面积极投身于幼教实验。在广泛参考国外儿童心理学著作，吸收其有用的资料以及对儿子陈一鸣做了近3年的观察研究的基础上，撰写了《儿童心理之研究》。陈鹤琴认为儿童不是“小人”，儿童的心理与成人的心理不同，儿童时期不仅作为成人之预备，亦具有他本身的价值，我们应当尊敬儿童的人格，爱护他的烂漫天真；儿童秉性好动，我们不要仍旧用消极的老办法来剥夺他的活泼天性，应多让儿童游戏，这也是他“活教育”理论中的观点，他的儿童观对于新中国成立之后的学前教育起了一定的指导作用。

4. 新中国成立至1989年：儿童是祖国的花朵

新中国成立初期的儿童观用比喻可以形象地表达为：儿童是祖国的花朵，儿

---

① 参见陈学恂. 中国近代教育文选［M］. 北京：人民出版社，1984：148，149.

童是祖国的希望等。有些还与政治目的联系在一起：儿童们时刻准备着，做共产主义的接班人，为共产主义事业而奋斗。人们对儿童的认识和看法不是从“儿童本位”出发，而是从“社会本位”和“国家本位”出发。

十一届三中全会后，新的人文环境孕育了科学的儿童观。1979 年全国托幼工作会议的召开使人们对儿童的认识逐渐地回到“以儿童的方式对待儿童”上来，提倡研究儿童心理，尊重儿童的身心发展规律。1981 年的《幼儿园教育纲要（试行草案）》和 1989 年的《幼儿园工作规程（试行）》更是把人们对儿童的认识引导到正确的轨道上来，开始重新建立起一种以儿童为中心的儿童观，以儿童的方式对待儿童。儿童观，这一原来只具有观念意义的知识体系在国家的干预下逐渐成为法规的条文，成为人们认识儿童、教育儿童的一个必然选择。在我国的许多法律文件和政府报告中也不断地明确指出“儿童是社会的未来，是民族的期望”，“全社会都应关心和保护儿童，支持儿童工作”，1986 年颁布的《中华人民共和国义务教育法》从不同的方面体现并规定了儿童与国家的关系。

5. 1989 年至今：儿童就是儿童

1989 年，联合国大会通过了《儿童权利公约》，并于 1990 年召开了有史以来规模最大的世界儿童首脑会议，这次会议让中国的儿童和世界的儿童携起手来，也让中国政府对世界人民作出了庄严的承诺，保证在中国实施《90 年代儿童生存、保护和发展世界宣言》和《执行 90 年代儿童生存、保护和发展世界宣言行动计划》，使中国的儿童享有生存权、保护权、发展权。《儿童权利公约》是一种“儿童本位”的权利宣言，而中国的文化历来关注的是“社会本位”“国家本位”，中国本土的儿童观在《儿童权利公约》的影响下慢慢地实现着自身的转型，在各方面凸显着“儿童优先”原则的运用与体现。

新世纪的儿童观体现在国家颁布的政策中，2001 年颁布的《幼儿园教育指导纲要（试行）》，2010 年颁布的《国家中长期教育改革和发展规划纲要（2010—2020 年）》《关于当前发展学前教育的若干意见》，2012 年正式颁布的《3—6 岁儿童学习与发展指南》等文件都反映了国家对于学前教育的支持与重视，体现了儿童就是儿童、尊重儿童的观念。

（三）建立科学的儿童观

1. 儿童是独立的个体，应尊重儿童

儿童是独立的个体，拥有独立的人格和尊严。儿童虽然初涉人世，但拥有丰富的情感；儿童虽然时常表现其稚嫩和脆弱，但是有独立的人格；儿童经常处于被照料的状态，但有自己的需要和愿望，尤其不能忽略的是儿童需要尊重、需要公平、需要精神抚慰。[1]只有了解儿童丰富的内心世界，才能切实地尊重儿童。

作为教育者，应平等地看待儿童，在幼儿园课程设计、幼儿活动安排中要考虑儿童的需求和兴趣，采取符合儿童特点的教育方法，促进其发展。

2. 儿童不是小大人，应理解、包容儿童

卢梭认为:“在万物的秩序中，人类有它的地位；在人生的秩序中，童年有它的地位；应当把成人看作成人，把孩子看作孩子。”[2]儿童不仅在体重、身高、力量方面与成人不同，更重要的是，他们有着独特的身心发展特点，有着自己的发展节奏。

首先，儿童具有活泼好动、好奇好问、喜欢模仿、爱玩游戏的特点。作为教育者应该要理解儿童身心发展的特殊性，包容他们爱玩、好奇的天性，制定有趣、能满足儿童好奇心的课程内容。

其次，跟成人的抽象逻辑不同，儿童是依靠具体形象思维来思考问题、看待世界的。在对他们进行教育时，要考虑到事物的呈现方式，应具有具体性、形象性、可操作性等特征，让儿童易于接受。

3. 儿童是正在发展的个体，应相信儿童的潜能

马卡连柯提出儿童是“正在发展的人”，他们在能力、性格、情感等各方面都没有定型，正在经历从不成熟逐步走向成熟的过程，而正是儿童的“未成熟”中蕴藏着巨大的生长潜能和力量。这种“未成熟”状态就是其生长的可能性，是一种积极的势力或潜力。[3]

因此，我们要了解儿童及其发展的顺序性、阶段性、不均衡性，遵循儿童的身心发展规律，创设适宜的环境，开发儿童的潜能，满足儿童的发展需求。

4. 儿童是有差异的个体，应因材施教

由于先天遗传和环境、教育条件的差异，世界上不存在各方面发展一致的儿童。虽然他们在很多方面都存在着共性，但有些儿童在某些方面的发展速度会超前或滞后，这并不是由于儿童的好差之分造成的，而是自然所趋。

在了解儿童存在差异性的原因后，教育者必须要重视儿童的个别差异，针对每个幼儿的个性特点制定不同的教育目标和采用不同的教育方法，帮助儿童扬长避短，有的放矢。因此，教师应树立正确、科学的儿童观，将儿童当作独立、有差异的个体来对待。这样不仅能取得良好的教育效果，更重要的是，能帮助儿童健康成长，并拥有一个自由、快乐的童年。

---

① 虞永平. 论儿童观［J］. 学前教育研究，1995（3）.
② 卢梭. 爱弥儿［M］. 李平沤，译. 北京：商务印书馆，1978：5（74）.
③ 蒋雅俊，刘晓东. 儿童观简论［J］. 学前教育研究，2014（11）.

第二节 学前教育与社会发展

如今学前教育得到社会的高度关注，并且获得前所未有的发展，这主要得益于社会的快速发展。社会的经济、政治、文化、地理环境、人口都为学前教育发展提供了一定的条件和支持，同时对学前教育起着不同的作用。

一、学前教育与政治、经济

（一）学前教育与政治

政治指对社会治理的行为，亦指维护统治的行为，是上层建筑领域中各种权力主体维护自身利益的特定行为以及由此结成的特定关系，政治对社会生活各个方面都有重大影响和作用。社会政治主要通过政治理念、政治权力对学前教育及其发展产生不同程度的影响。

1. 政治制约学前教育的性质

教育制度必须保持与政治制度的一致与相适应，教育制度往往都随政治发展而变革。因此，不同的社会形态下，学前教育的性质也会不同。我国的学前教育是为培养有中国特色的社会主义人才奠定基础的。“对哪个阶级和阶层的子女进行教育，进行怎样的教育，要培养他们成为什么样的人，这些有关教育和学前教育的领导权、方针政策、法令规章、目的任务及教育制度等，主要是由社会政治所决定的。”① 政治为学前教育提供政策支持和法律保障的同时，也制约着学前教育目标、内容的制定。此外，政治还对学前教育的办学权利进行控制。

我国学前教育为社会主义政治服务，《幼儿园工作规程》中指出幼儿园保育和教育的目标是：促进幼儿身体正常发育和技能协调发展，增强体质，培养良好的生活习惯、卫生习惯和参加体育活动的兴趣；发展幼儿智力，培养正确运用感官和运用语言交往的基本能力，增进对环境的认识，培养有益的兴趣和求知欲望，培养初步的动手能力；萌发幼儿爱家乡、爱祖国、爱集体、爱劳动、爱科学的情感，培养诚实、自信、好问、友爱、勇敢、爱护公物、克服困难、讲礼貌、守纪律等良好的品德行为和习惯以及活泼、开朗的性格；萌发幼儿初步的感受美和表现美的情趣和能力。

2010 年颁布的《国务院关于当前发展学前教育的若干意见》中提到了学前教育是终身学习的开端，是国民教育体系的重要组成部分，是重要的社会公益事

① 郑健成. 学前教育学 [M]. 上海：复旦大学出版社，2007：20.

业，由此确立了学前教育的性质。

2. 政府权力机关及职能部门对学前教育的重视与领导是发展学前教育的重要条件

学前教育的发展离不开党的领导和政府的重视。1997 年 7 月，国家教育委员会印发了《全国幼儿教育事业“九五”发展目标实施意见》，该意见根据各地经济和教育的发展实情，提出各省、市、自治区幼教事业发展的数量指标要求，还就幼儿园园长持证上岗、县级示范幼儿园的建设等方面提出了质量指标；同时，《幼儿园管理条例》《幼儿园工作规程》等法规的颁布进一步完善了幼儿园的运作机制和管理机制，对幼儿园的健康发展具有积极的引导作用。①

2007 年，教育部颁布了《国家教育事业发展“十一五”规划纲要》，其中提出 2005—2010 年学前三年毛入园率达到 55% 的发展目标，这标志着我国学前教育事业进入新的发展阶段。2010 年自《国家中长期教育改革和发展规划纲要（2010—2020 年）》颁布以来，我国学前教育迎来了快速发展的大好局面。《国家中长期教育改革和发展规划纲要（2010—2020 年）》指出，到 2020 年，全面普及学前一年教育，基本普及学前两年教育，有条件的地区普及学前三年教育。国家的重视程度、政策出台的密度、财政投入的力度，都是前所未有的。随着学前教育三年行动计划的推进，学前教育进入了快速普及的发展时期。

为进一步扩大学前教育资源，满足适龄儿童入园需求，2011 年 9 月，教育部和财政部下发了文件，决定在“十二五”期间，中央财政将安排 500 亿元，支持实施校舍改建、综合奖补、幼师培训、幼儿资助等 4 大类 7 个重点项目，促进中西部地区发展农村学前教育。当前从中央到地方对学前教育投入的力度是近几十年来没有过的，学前教育资金长期以来极度短缺的局面从 2011 年开始明显好转。通过中央资金奖补激励，“十二五”期间有更多地方财政投入支持学前教育的发展。可见，我国政府以特别的关注和前所未有的投入在推进着学前教育事业的发展。

（二）学前教育与经济

经济与教育的关系是社会诸因素中尤为重要的因素，经济决定教育，教育反作用于经济。随着社会的进步，教育的发展愈加离不开经济的发展，而经济的发展亦离不开教育的发展和改进。学前教育是家庭与社会机构对入学前这一阶段儿童实施的教育，学前教育的实施为经济发展提供了便利条件。

1. 经济条件是学前教育发展的物质基础

学前教育机构的设置和发展，需要足够的人力、物力、财力，这与经济发展

---

① 张霞．“九五”“十五”期间我国幼儿园数量变化状况分析［EB/OL］．［2008-02-05］．http://www.cnsece.com/article/3222.html.

直接相关。我国学前教育体系是新中国成立之后建立起来的。受经济发展的影响，学前教育首先是在城市发展起来的，适应了工业化和城市建设的需求，走的是城市—城镇—乡村的道路。20 世纪 90 年代中期之前，国家还处于计划经济时代，当时学前教育的存在形式主要是农村发展学前班、城市“提倡和鼓励发展家庭托儿所”。改革开放之后社会经济得到迅速发展，引发了学前教育的巨大社会需求，同时提供了发展的条件、机遇和空间。

特别是近五年来，各级政府高度重视对学前教育的经费投入。各省、市、区县均建立了学前教育的经费保障措施，对学前教育的投入总量逐年增加且增幅显著，学前教育财政性经费占比逐年提升，逐渐形成了中央、省、市、区县多级财政共同参与的学前教育投入机制。2009—2014 年，全国新增幼儿园 7.17 万所；在园幼儿数量增幅为 52.41%，达到 4 050.71 万人。财政的大量投入为学前教育提供了更充足的物质条件，将学前教育的发展推向高潮。

2. 经济发展决定着学前教育发展的规模和速度

纵观 20 世纪末以来我国学前教育的发展，80 年代中期入园儿童 1 000 多万，90 年代达到 2 000 多万，翻了一番。目前纳入官方统计数据的幼儿园有 18 万所，毛入园率将近 70%。随着经济的发展，幼儿入园率、幼儿园数量进一步增加。

横览我国学前教育的发展，不同地区呈现出不同的势态。例如，2009 年全国入园率最高的 10 个地区是浙江、上海、辽宁、江苏、天津、北京、福建、广东、重庆和四川，入园率从 108.1% 到 72.38%；入园率最低的 10 个地区是西藏自治区、甘肃、海南、青海、安徽、宁夏回族自治区、贵州、云南、内蒙古自治区、黑龙江，入园率从 11.05% 至 48.97%；居于中间的另外 11 个地区是江西、河北、广西壮族自治区、山东、湖北、山西、吉林、湖南、河南、新疆维吾尔自治区和陕西。比较这三组地区的入园率，可以发现幼儿入园率与经济发展水平关系密切。[①]

经济发展对学前教育发展的影响还表现在：首先，经济发展水平较高的地区，政府的财政支出一般也相对较高，对学前教育的投入会相对较多；其次，学前教育供给一定的情况下，在经济较发达的地区，较高的居民支付能力会提高学前教育需求量水平。

3. 学前教育对经济发展的影响

随着经济的增长，人民的生活水平从温饱进入小康，物质生活的丰富也让人们越来越关注精神生活，同时也改变了思想观念，开始重视下一代的培养，教育经济逐渐成为社会经济发展的主要力量。学前教育对当前的经济发展有重要的作用，教育不仅可以提高劳动者的劳动生产率，还可以促进产业结构从低级到高级的不断优化，而学前教育是教育的最初阶段也是最重要的阶段。人们对学前教育

① 张雪，袁连生，田志磊. 地区学前教育发展水平及其影响因素分析 [J]. 教育发展研究，2012 (20).

日益重视，不断增加教育投入，对城市经济发展也起到良好的助推作用。

国外关于学前教育的经济效益研究显示，普及学前教育的经济效益远远大于投资传统经济方案的效益，学前教育具有很高的经济回报率，是最值得投资的教育时段；学前教育能够带来较大经济效益是因为学前教育能提高儿童后续学业质量、提升劳动力素养、降低犯罪率、节约政府开支和促进妇女就业等。美国的经济发展委员会资助的研究项目“普及学前教育与投资传统经济方案的比较研究”表明：高品质的学前教育对经济发展产生的影响远远大于一般商业补贴和投资。相同的资金用于学前教育和商业补贴对州和国家层面产生的影响是不同的。投资 1 美元在高质量的学前教育上，在州层面会产生约 3 美元的收入，在国家层面会产生约 4 美元的收入；而投资 1 美元在商业补贴上，在州层面会产生约 3 美元的收入，在国家层面上只产生不到 1 美元的收入。2000 年诺贝尔经济学奖得主、芝加哥大学教授詹姆斯·赫克曼从人力资本的视角对芝加哥亲子中心研究、高瞻－佩里幼儿研究等项目进行了深入分析，提出了“学前教育是回报率最高的教育时段”的观点。他指出：在其他条件相同的情况下，幼儿时期投入 1 美元所产生的回报将比幼儿期之后投入同样金额所产生的回报大得多。[①] 可见，大力发展学前教育对未来经济的发展是有助益的。

二、学前教育与地理环境

地理环境是指一定社会所处的地理位置以及与此相联系的各种自然条件的总和，包括气候、土地、河流、湖泊、山脉、矿藏以及动植物资源等。地理环境与学前教育相互影响：一方面地理环境可以促进或抑制学前教育的发展，另一方面学前教育会促进地理环境的改变。

（一）地理环境可以促进或抑制学前教育的发展

自古以来地理环境的好坏对经济发展有重要的影响。气候条件佳、土壤肥沃、地理位置优越的地区经济发展得快，相应的学前教育的发展水平较高。我国沿海等经济发达的地区，幼儿入园率已经普遍达到 90% 以上。在浙江嘉兴等经济发达地区已经形成了以政府办学为示范、社会办学为主体的学前教育发展格局。以嘉兴市 2006 年统计数据为例，全市共 301 所幼儿园，公办的有 33 所，其中由教育部门举办的 13 所；由国家财政拨款企事业单位举办的 20 所；集体举办的（指园舍、师资、经费等），主要由乡镇、村、街道集体负担并辅以一定财政

① 裘指挥，刘焱. 国外学前教育的社会经济效益研究 [J]. 比较教育研究，2011 (6)：2-4.

补贴的，有 162 所；民办的获得社会力量办学许可证的只有 106 所。[①] 气候条件相对较差、土壤贫瘠、地理位置偏远的地区经济发展缓慢，相应的学前教育发展水平较低。以我国西部地区某贫困县为例，该县总人口为 66.97 万人，其中 0—6 岁人口为 5.685 7 万人，0—3 岁学前教育适龄儿童 3.095 1 万人。2010 年该县统计数据显示，全县共有 37 所幼儿园和 183 个学前班，农村在园幼儿 1.219 3 万人，学前三年入园（班）率仅为 55.29%。[②]

地理环境对学前教育的影响还表现在：幼儿身处不同的环境中所习得的知识内容也不同。换言之，地理环境影响幼儿园园本课程的开展。例如，教师可以充分利用当地独特的自然环境，教幼儿认识山川、河流、地质、地貌气候、动植物等自然现象；并教育幼儿利用摄影、绘画等手段，表现身边美好的事物、描绘身边美好的景物，陶冶情操，培养他们的审美情趣，逐步提高幼儿的审美能力；还可以通过家园合作，利用泥巴、树枝、树叶等原材料学习制作工艺品。这样不仅可以培养幼儿的动手能力和审美情趣，而且还可以促进幼儿创造力、想象力、合作能力等综合能力的发展。[③]

（二）学前教育会促进地理环境的改变

良好的地理环境是学前教育的基本保证，在一个充满污染、气候恶劣、物种稀缺、生态受到严重破坏的环境中，一切发展都要受到制约，因此，创设和选择良好的地理环境，是搞好学前教育的基本保证。发展学前教育应当从以下一些方面促进地理环境的改善：一是培养儿童从小热爱大自然，帮助儿童萌发要保护好自然环境的良好意识，学会人与自然和谐相处；二是培养儿童从小有良好的文明行为习惯，有积极参与环保的初步意识；三是通过儿童向社会、向家长进行宣传教育，促使大家知道“保护环境，人人有责”，懂得“地球只有一个，人类要保护好她”的道理。儿童是祖国的未来，人类的希望，把保护地理环境教育的着眼点放在儿童身上有现实的、深远的意义。

三、学前教育与文化

广义的文化指人类在社会历史实践过程中所创造的物质财富和精神财富的总

① 郭维平．发达地区学前教育办学体制与管理模式的改革和发展：以浙江省嘉兴地区为例［J］．中国教育学期刊，2007（5）：20-23.

② 邹联克，陶蕾，李玲．贫困地区学前教育的问题和对策研究：以西部某省A县为例［J］．贵州社会科学，2012（3）：115-120.

③ 魏巍．开发藏羌民族地区乡土资源　构建幼儿园园本课程［J］．四川教育学院学报，2009（2）：112-113.

和。狭义的文化指社会的精神文化，即社会的理想道德、科技、教育、艺术、文学、宗教等。教育是文化的一部分，而文化又是政治经济作用于教育的中介，教育与文化具有相互影响的关系。一般来说，文化对学前教育的影响表现在以下几个方面。

（一）文化制约着学前教育的目标

文化中的核心——价值观念，作为一种沉淀于人们深层心理结构中衡量事物的基本尺度，极大地制约着学前教育的目标。如我国文化传统中侧重群体性的发展，忽视个性需要，因此多年来我国学前教育一直整齐划一，直至近几年才将“注重培养幼儿良好的个性心理品质”作为目标调整的一个重大动向。各资本主义国家，尽管在学前教育目标上大体相同，但由于各自文化背景的影响，仍然显示出差异来。美国需要“民主社会”的理想公民，反映在学前教育目标中，强调“鼓励儿童独立思考和行动”，培养良好的社会态度。法国注重公民的普遍教养及理智训练，法令中明确规定“注重儿童诚实、礼貌、守纪律等良好习惯，培养完整的人格”。以上种种，都说明文化深刻地影响、制约着学前教育的目标。

（二）文化影响学前教育的内容

学前教育中对儿童传授的内容都是文化积累的精神财富。学前教育中的语言、美术、音乐、舞蹈和体育等各方面的基本知识和技能，无不是人类有史以来积累的精神文化遗产。随着科技的发展，科学也成为学前教育中的重要内容。日本学前教育中就有把地球运转、光的原理等纳入教育内容的做法。在具体教育内容的取舍以及在学前教育中所占比重上，文化传统是一个重要的制约因素。因为各民族都有强烈地保存自己民族文化传统的趋向，都有对民族文化传统的认同感和归属感，而文化传统中的特定内容需要通过教育的途径传递给下一代，所以它通过人们的价值观念这一中介影响学前教育的内容及选择取向。如英、德等国家有宗教传统，其学前教育内容中就有宗教课程和活动。又如英国古典主义文化传统在文化中占优势地位，因而其学前教育中的内容选择至今较重视人文课程，远不如日本那样能迅速地把科学认识和成果反映进去。现如今，中国也强调重视传统、文化传承，在一些幼儿园中就会开设文化精粹课程，如剪纸、皮影、书法等，这就体现了文化给学前教育带来的差异。

（三）文化有力地影响着学前教育的教育理念

一个国家、一个民族学前教育的重视程度，既与其生产力发展水平、社会物质财富丰富程度和社会制度有关，但更大程度上还是取决于这个国家和民族的文化观念。

中国深受儒家文化的深刻影响，国家统一制定学前教育的纲要，各地学前教育的目标、教育组织方式、理念具有相似性。中国教师在教育中处于支配地位，集体活动较多。[①] 美国是一个崇尚文化多样化与自由化的国家，其学前教育没有统一的课程，各幼儿园课程选择有很大差别；十分重视个别化教育，幼儿自己有较大的选择余地。这就是中美文化在学前教育理念上的反映。又如，以色列把儿童教育和养育视为社会制度中不可缺少的部分，幼教机构遍布全国各角落，97% 的 4 岁幼儿就读于各类幼教机构，免费义务教育从 5 岁开始，5 岁幼儿 100% 地进入幼儿园。究其原因，以色列深受希伯来文化的影响，而希伯来文化倡导社会道德心，推行普济主义，个人有能力使自己在道德方面自我完善，倡导“对全人类的关心”等文化观念，这些文化精神映射到以色列学前教育中，形成了以色列特有的学前教育理念。

四、学前教育与人口

人口是一个内容复杂、综合多种社会关系的社会实体，具有性别和年龄及自然构成，多种社会构成和社会关系、经济构成和经济关系。它是指生活在一定社会、一定地区，具有一定数量、质量、结构的人的总体。人口既有量的特征，又有质的差异，人口增长速度的快慢、数量的多寡和质量的优劣都与学前教育有着密切的关系。[②]

（一）人口状况影响学前教育的质量

人口状况不仅包括人口的密度、数量，还包括人口的质量。这三个方面都对学前教育的质量造成影响。

人口的密度影响着学前教育。一个地区人口密度过大、数量多，比如一些沿海发达地区，将会给学前教育的发展带来很多困难，在幼儿园有限的情况下会导致班级人数过多，师幼比例过高，设备设施供不应求，从而影响教学质量。相反，一个地区人口密度过小，如一些贫困的农村，人口密度低且分布过于分散，导致学前教育难以开展，交通不便更使得学前教育难以普及，一些偏远地区几乎没有学前教育机构。

人口的质量对学前教育具有直接影响和间接影响。入学儿童的已有水平高低直接影响学前教育质量，发达地区的儿童从小接受良好的环境与教育熏陶，所以在入园前就比那些在贫困地区的儿童在智力、能力、社会交往等方面有优

① 蒋凯．试论文化对学前教育的影响［J］．学前教育研究，1997（3）：5-6.
② 姚伟．学前教育原理［M］．长春：东北师范大学出版社，2012：63.

势，在接受学前教育时会更轻松、更有效，可以大大提高学前教育的质量。间接影响指的是年长一代的人口质量影响新生一代的人口质量，从而影响以新生一代为教育对象的学前教育质量。这种影响主要是通过遗传和养育两方面来实现的，优良的遗传基因和科学的养育才会培养出高质量的儿童。另外，老一代对新一代的期望要求不同也会影响儿童将来的发展。因此，学前教育与社会的人口质量有关。

（二）人口结构影响学前教育

依据人口本身所固有的特征，将人口划分为人口的自然结构（如年龄、性别等），社会结构（如民族、文化等）和地域结构（如自然地理结构、人口的城乡结构等），这些都会或多或少地影响学前教育。如人口的年龄结构会影响学前教育在教育系统中的比例。人口的文化结构和民族结构对学前教育的影响更为复杂，需要提供多样化的学前教育机构和不同的教育内容和方法以满足不同民族对学前教育的不同需求。人口的城乡结构对学前教育的影响更大，随着大批人口涌入城市，城市人口飙升，使得学前教育的供需产生矛盾，学前教育应迎合人口分布状况来合理布局规划，发挥最大效应。

（三）人口生育政策影响学前教育

在 2015 年 10 月之前，我国实行“提倡晚婚晚育，少生优生，一对夫妇只生育一个孩子”的计划生育政策。这一政策对于我国学前教育的影响主要表现在：实行晚婚晚育和少生优生政策有利于减少遗传病、残疾儿等情况，为儿童今后接受教育打下较好的基础。再者，独生子女越来越多，很多家长从孩子很小的时候就重视教育，所以学前教育向下延伸，从胎儿保护和教育开始。

2015 年 10 月开始实行放开二孩政策，对学前教育产生较大的影响。首先，要面对的就是园舍严重不足。近几年来国家规定幼儿园要控制班容量，从现在的发展来看，各地区的班容量正在逐步缩小，正在朝着良好的方向发展。二孩政策全面放开后，幼儿数量增加，这样势必会大大影响学前教育的质量。

其次，幼儿园的主体力量——幼儿园女教师也是生二胎的主力，很多幼儿园女教师纷纷休产假，导致幼儿园的师资骤减，这必将大大影响学前教育的质量。针对以上情况，教育部门应尽快寻找对策。

（四）学前教育对人口质量、数量的影响

学前教育对于人口质量有重要的作用。学前教育是人生教育的一个起点，是儿童形成性格、习惯、品格的关键时期，是萌发好奇心、想象力、创造力的重要阶段，它对人一生的发展起着至关重要的作用。可以说，有什么样的教育环境就

会培养出什么样品质、能力的人。一个生活在良好家庭和健全的学前教育机构教育环境中的人在能力、学识、品格上一般会高于没有受过学前教育的人，这就是学前教育对人口质量的影响，它可以提升整个国家的人口素质。同时人口素质的提升能够营造科学育儿的社会氛围，使优生优育的计划生育政策深入人心，从而控制人口的数量。

【请你思考】

在学习了我国学前教育与社会因素之间的关系后，谈谈不同国家学前教育发展的现状。（分小组进行，让学生利用课余时间收集资料并在课堂中讨论、分享。）

【实践训练】

他们该何去何从?

北京新一轮“黑幼儿园”关停潮正在到来。据财新记者了解，自 2014 年 7 月起，昌平、房山、怀柔等部分区县的多所幼儿园收到了或整改或取缔的通知。这些幼儿园大多由私人创办，但囿于条件所限未能取得办学资质，个别已“非法”地向适龄儿童提供学前教育长达十年之久。

财新记者目前接触的几所自办园均建在外来务工人员聚集的村庄内，利用租借的平房开展教学。它们能接纳的儿童数量大多在百人上下，属于“小规模幼儿园”的范畴。2011 年 5 月，《北京市举办小规模幼儿园暂行规定》发布，一些原本不合规的幼儿园被纳入合法框架。

然而，多名自办园的教师称，取得资质的门槛依然很高，获批的仅是少数。大量自办园地位尴尬，以便利的交通条件和低廉的学费标准继续吸引着外来务工子女。幼儿园关闭之后，谁来接纳忽然失学的儿童还是未知数。

——资料来源：http://news.qq.com/a/20140907/017199.htm

案例分析：北京市频频出现的幼儿园被取缔的现象存在两面性：一方面表明政府对学前教育办学条件的要求越来越严格，这是可喜可贺的。另一方面，这些低质量的幼儿园同时也给外来务工人员带来一些便捷，让他们的子女有地方可去。所以政府更应该去关注如何给这些幼儿平等的教育。

【做中学】这种现象反映了当前学前教育什么方面的问题?

【学而思】思考以上这种现象产生的原因。

【思而行】应该如何处理这些“黑幼儿园”？

【学习自测】

1. 儿童发展的含义与内容。
2. 儿童身心发展有哪些规律?
3. 试阐述皮亚杰、维果斯基和埃里克森关于儿童发展的理论。
4. 简述西方儿童观经历的发展阶段。
5. 论述影响儿童发展的社会因素有哪些。

【理解·反思·探究】

1. 请观看纪录片《小人国》，思考“儿童是脚，教育是鞋”这一观点的理论起点和价值取向是什么?
2. 你如何看待“龙生龙，凤生凤，老鼠生儿打地洞”这句俗语?
3. 为什么说学前教育的发展离不开社会的发展？请举例说明。

第三章　学前教育的目标

【学习目标】

知识目标：

- 了解学前教育目标的含义。
- 理解学前教育目标的功能。
- 明白学前教育目标的制订依据。
- 理解学前教育目标的价值取向。
- 了解我国学前教育目标及其发展趋势。

能力目标：

- 能根据学前教育目标分析我国学前教育的发展。

【知识导图】

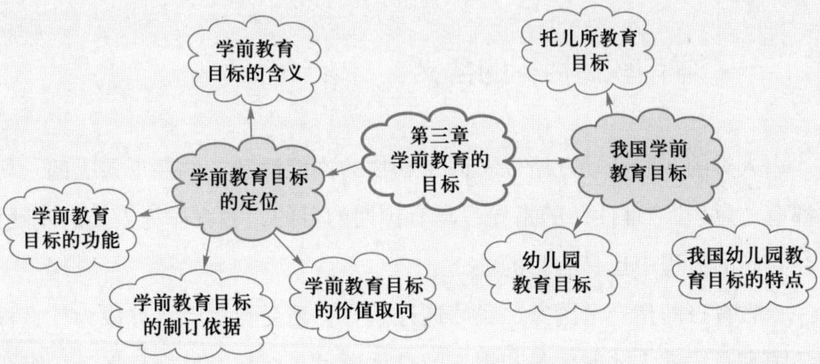

一次去幼儿园参观公开课，上完课之后，在对这个活动进行评析时，有的教师认为该教师事先拟订的活动目标与活动中儿童的表现不一致，应该根据儿童的表现适时地调整活动目标。这位教师感到很疑惑："不是说活动目标要在活动进行前制订，并对整个活动起指导作用吗？"

不少教师都遇到过上述问题，活动目标和活动过程究竟是什么关系？在弄清楚这个问题之前，首先要理解学前教育的目标是什么？学前教育目标具有什么功能？如何制订？幼儿园教育目标与幼儿发展的关系是什么？

本章重点介绍学前教育目标的含义、功能、制订依据、价值取向，帮助学习者认识我国学前教育目标及其发展趋势。

第一节　学前教育目标的定位

有人说目标是海上航行的灯塔，那么对于学前教育机构来说有一个清晰明确的目标定位具有非常重要的意义。学前教育目标究竟是什么？有什么功能？学前教育目标的制订依据是什么？学前教育目标在不同的历史时期、不同的地域有着不同的价值取向，在当下的中国应然的价值取向是什么？这些将是本节要探讨的内容。

一、学前教育目标的含义

☞什么是教育目标

人类的实践活动之所以不同于动物的本能活动，就在于人类的一切实践活动都有"意识""理性"的指导，具有预期的目的，教育作为人类的实践活动之一，在实施的过程中也具有目的性。

教育目的指一个国家、民族通过教育，把受教育者培养成为什么样的人，它是国家对培养人才的质量和规格的总体要求。而教育目标是指某一级或某一类学校，根据社会的教育目的对培养人才的具体规格要求，即教育者对受教育者素质和能力的要求。

《中华人民共和国教育法》规定，我国的教育目的是教育必须为社会主义现代化建设服务，必须与生产劳动相结合，培养德、智、体等方面全面发展的社会主义事业的建设者和接班人。教育目的是国家对教育事业培养人的总体的质量要求，但由于社会所需要的人是多层次、多规格的，教育对象的身心发展水平不同且各有特点，所以国家对各级各类教育提出了特殊的具体的要求，即各级各类教育的目标。

学前教育目标是指学前教育机构（托儿所、幼儿园）的教育目标，它是在教育目的的指导下，根据学前教育的任务和教育对象而提出来的培养人的具体质量和规格。[①] 根据幼儿身心发展的特点，在学前教育阶段，我国教育目的表现为“对幼儿实施体、智、德、美诸方面全面发展的教育，促进其身心和谐发展”的任务。

二、学前教育目标的功能

学前教育目标是人们在学前教育实践活动中所追求的预期效果。学前教育目标具有以下功能：

（一）导向功能

学前教育目标作为学前教育结果的预期，可使教育行为成为有目的性、有序的活动，避免教育行为的盲目性和机械性。学前教育机构由于教育对象的身心特点，面对保教并重的任务，其教育行为的开展更是离不开教育目标的指引。

（二）调控功能

学前教育目标不仅引导教育行为的发展方向，而且对教育行为有调控作用。目标对过程有引导作用：一方面，目标可以指引整个过程的进行；另一方面，一旦过程中出现了不合时宜的结果，目标的衡量对于过程有调控作用，通过不断调整，最终促进目标的达成。学前教育行为的开展离不开学前教育目标的调控作用，作为学前阶段的教育行为要结合幼儿的身心发展特点，开展适合幼儿“最近发展区”的活动，过高或过低，都不能很好地促进幼儿的发展。随着对《幼儿园教育指导纲要（试行）》以及《3—6岁儿童学习与发展指南》的学习，一线的教师以及家长和社会对于学前教育有了更为明确的认识，不仅专业教师提高了水平，家长也提升了认识。

（三）评价功能

学前教育目标规定了学前教育机构的教育方向。尽管具体的教育目标可以根据具体的教育情境进行调整，但是既定的教育目标作为评定教育行为的标准，具

① 虞永平，王春燕．学前教育学［M］．北京：高等教育出版社，2012：90．

有评价功能。学前教育目标是衡量教育行为是否达成的重要尺度，也是衡量学前儿童发展的重要指标。

☞学前教育目标的制订依据

三、学前教育目标的制订依据

学前教育目标的制订主要有以下依据：

（一）教育目的

教育目的从宏观上描述了各级各类教育的人才培养规格和要求。学前教育目标是宏观教育目的在学前阶段的具体化，一方面反映了整体人才的培养规格和要求，另一方面也反映了学前儿童身心发展的特点和要求。

（二）学前儿童身心发展规律及要求

学前儿童的身心发展规律及要求是制订学前教育目标的基础和前提，作为学前教育工作者，了解和尊重受教育者的特点是教育工作顺利展开的基础。学前儿童的身心发展是有规律的，既有连续性，又有阶段性，过高或过低的任务都不是合适的教育行为，教育者要充分考虑受教育者的身心发展水平，制订符合该年龄段的目标，又要结合本地、本园、本班的实际开展教育活动，同时还要兼顾个别儿童的发展水平和认知特点。

（三）社会发展的客观要求

教育是人类社会特有的社会活动，它与政治、经济、文化紧密相联，同时教育又推动了社会各方面的发展。教育将人类历史上积累的知识、经验、技能、思维方式、优良品质、民族传统等，有计划、有组织、有目的地传递给下一代，培养为社会服务的人才。改革开放以来，我国在各方面有了巨大的进步，学前教育作为基础教育的奠基阶段，更是为社会所重视。近些年来，我们在强调教育的社会价值的同时，也强调受教育者的个体价值，学前教育阶段更强调儿童本位、儿童个性品质的发展。现今社会，则要求进一步深化教育改革，全面推进素质教育，运用现代教育技术开拓创新教育，强调培养创新精神和实践能力等。[①] 互联网时代、大数据时代的到来，要求学前阶段的儿童除了知识、文化的学习，更重要的是良好学习品质的培养，只有这样才具有发展的可持续性。

---

① 虞永平，王春燕．学前教育学［M］．北京：高等教育出版社，2012：93．

（四）学前教育本身的因素

《幼儿园工作规程》中提到，幼儿园的任务是实行保育与教育相结合的原则，对幼儿实施体、智、德、美诸方面全面发展的教育，促进其身心和谐发展。幼儿园同时为家长参加工作、学习提供便利条件。幼儿园的工作不同于小学、中学，它主要面对的是年龄较小、身心发育尚未健全的幼儿，要将保育和教育相结合，以促进幼儿的发展。这些决定了学前教育阶段不可能像其他阶段那样学习系统的、高深的文化知识。

《3—6岁儿童学习与发展指南》中提出要把握以下几个方面：

1. 关注幼儿学习与发展的整体性

儿童的发展是一个整体，要注重领域之间、目标之间的相互渗透和整合，促进幼儿身心全面协调发展，而不应片面追求某一方面或几方面的发展。

2. 尊重幼儿发展的个体差异

幼儿的发展是一个持续、渐进的过程，同时也表现出一定的阶段性特征。每个幼儿在沿着相似进程发展的过程中，各自的发展速度和到达某一水平的时间不完全相同。要充分理解和尊重幼儿发展进程中的个别差异，支持和引导他们从原有水平向更高水平发展，按照自身的速度和方式到达《指南》所呈现的发展“阶梯”，切忌用一把“尺子”衡量所有幼儿。

3. 理解幼儿的学习方式和特点

幼儿的学习是以直接经验为基础，在游戏和日常生活中进行的。要珍视游戏和生活的独特价值，创设丰富的教育环境，合理安排一日生活，最大限度地支持和满足幼儿通过直接感知、实际操作和亲身体验获取经验的需要，严禁“揠苗助长”式的超前教育和强化训练。

4. 重视幼儿的学习品质

幼儿在活动过程中表现出的积极态度和良好行为倾向是其终身学习与发展所必需的宝贵品质。要充分尊重和保护幼儿的好奇心和学习兴趣，帮助幼儿逐步养成积极主动、认真专注、不怕困难、敢于探究和尝试、乐于想象和创造等良好学习品质。忽视幼儿学习品质培养，单纯追求知识技能学习的做法是短视而有害的。

四、学前教育目标的价值取向

所谓价值是客体对主体的效用、意义，归根结底是客体对主体需要的满足。价值是存在于主客体之间的一种特殊关系。所谓学前教育目标的价值取向，即学前教育目标的提出者对从事学前教育活动的主体，依据自身的需要对教育价值做出选择时所持有的一种倾向。一直以来，人们对教育活动的价值选择就有不同的见解和主张，下面介绍几种典型的学前教育目标的价值取向。

（一）儿童本位

依据儿童的兴趣和需要确定学前教育目标，学前教育工作的出发点和落脚点均在儿童身上，学前教育的一切工作都符合儿童的身心发展特点。这一价值取向把儿童当作儿童，儿童有自己的发展特点，关注儿童的内在需求。

（二）社会本位

将社会政治、经济和文化的需要作为制订学前教育目标的主要依据，学前教育工作的出发点和落脚点在于服务于社会。在不同的历史时期，学前教育目标也不同。社会本位的价值取向忽视了儿童作为一个独立生命体的存在，但是又有其存在的合理性。无论哪个阶段，只有社会大背景良好的情况下，个体才能获得较好的发展，从而实现个人价值。

（三）学科本位

以各学科体系的内容为基础，设计学前教育目标，使儿童能够习得知识和经验。例如，在新中国成立初期，将学前教育的内容分为六科，并根据每一科目本身的体系、结构编排课程内容，比较注重知识的系统性和完整性，而相对忽视社会发展的客观需要和儿童的学习特点和身心发展规律。

儿童、社会和学科是制约学前教育目标的三个主要因素，但是教育目标的依据和立足点不同于教育目的。我国的教育目的是培养社会主义的建设者和接班人，教育目的是指向“人”的教育。作为教育目的具体化的学前教育目标也是指向儿童而不是社会、学科。人离不开社会，但是如果没有众多的人就没有社会这个集体，因此学前教育目标不应该是仅为了社会，而应该是使儿童更好地适应社会生活。学科知识是人类社会发展的精华，学习学科知识是为了更好地服务于人类生活，而不是为了知识本身。因此学前教育目标应该是为了更好地立足社会，学习学科知识服务于生活。学前教育目标以儿童本位、全面发展为价值取向，才是相对合理的。

第二节 我国学前教育目标

学前教育阶段一般划分为两个阶段：0—3 岁的婴儿教育阶段和 3—6 岁的幼儿教育阶段。20 世纪 50 年代教育部、卫生部、内务部颁发的《关于托儿所幼儿园几个问题的联合通知》中规定:“托儿所和幼儿园应依据儿童的年龄划分,即收3周岁以下的儿童者为托儿所,收3—6周岁的儿童者为幼儿园。”因此,本节中学前教育目标由托儿所教育目标和幼儿园教育目标组成。

一、托儿所教育目标

1981年由卫生部妇幼卫生局颁布的《三岁前小儿教养大纲(草案)》中提出托儿所保教目标为:“培养小儿在德、智、体、美各方面得到发展,为造就体魄健壮、智力发达、品德良好的社会主义新一代打下基础。为此,要发展小儿的基本动作,进行适当的体格锻炼,增强儿童的抵抗能力,提高婴幼儿的健康水平,促进身心正常发展。”要发展小儿模仿、理解和运用语言的能力,通过语言及认识周围环境事物,使小儿智力得到发展,并获得简单知识。要进行友爱、礼貌、诚实、勇敢等良好的品德教育。要培养小儿的饮食、睡眠、衣着、盥洗、与人交往等各个方面的文明卫生习惯及美的观念。但是,从这个目标的文字描述来看,并没有将0—3岁和3—6岁的儿童区别开来。

二、幼儿园教育目标

(一)20世纪80、90年代的幼儿园教育目标

新中国成立以来,国家先后发布了一系列的幼儿园教育目标。尤其是改革开放以来,国家日益重视学前教育的发展,幼儿园教育目标的演变也呈现出时代特点。

1981年,教育部颁布的《幼儿园教育纲要(试行草案)》中提出,幼儿园的保教目标为:向幼儿进行体、智、德、美全面发展的教育,使其身心健康活泼地成长,为入小学打好基础,为造就一代新人打好基础。该保教目标比较笼统,指导性不强。

1989年国家教育委员会颁布的《幼儿园工作规程(试行)》,进一步具体规定了幼儿园的保教目标:促进幼儿身体正常发育和机能的协调发展,增强体质,培养良好的生活习惯、卫生习惯和参加体育活动的兴趣。发展幼儿正确运用感官和运用语言交往的基本能力,增进其对环境的认识,培养有益的兴趣和动手能力,发展智力。萌发幼儿爱家乡、爱祖国、爱集体、爱劳动的情感,培养诚实、勇敢、好问、爱惜公物、不怕困难、讲礼貌、守纪律等良好的品德行为和习惯,以及活泼开朗的性格。萌发幼儿初步的感受美和表现美的情趣。该保教目标比较

☞各个时期对教育目标的阐述

具体、全面，是对 1981 年《幼儿园教育纲要（试行草案）》提出的总的保教目标的解释，这有利于保教工作者全面、科学地把握目标的内涵，使各项保教具体工作能为之服务。当然，随着时代的发展，该目标也逐渐显示出不足。

为顺应时代发展，1996 年国家教育委员会颁布《幼儿园工作规程》，该规程中幼儿园保育和教育的主要目标是：促进幼儿身体正常发育和机能的协调发展，增强体质，培养良好的生活习惯、卫生习惯和参加体育活动的兴趣。发展幼儿智力，培养正确运用感官和运用语言交往的基本能力，增进对环境的认识，培养有益的兴趣和求知欲望，培养初步的动手能力。萌发幼儿爱家乡、爱祖国、爱集体、爱劳动、爱科学的情感，培养诚实、自信、好问、友爱、勇敢、爱护公物、克服困难、讲礼貌、守纪律等良好的品德行为和习惯，以及活泼、开朗的性格。培养幼儿初步的感受美和表现美的情趣和能力。较之以前的幼儿园保教目标，该保教目标更为符合幼儿的身心特点，更切合时代的要求，也更加全面。

（二）21 世纪以来的幼儿园教育目标

2001 年教育部颁布《幼儿园教育指导纲要（试行）》，把幼儿园教育内容相对划分为健康、语言、社会、科学、艺术五大领域，各领域的目标如下：

1. 健康

身体健康，在集体生活中情绪安定、愉快；

生活、卫生习惯良好，有基本的生活自理能力；

知道必要的安全保健常识，学习保护自己；

喜欢参加体育活动，动作协调、灵活。

2. 语言

乐意与人交谈，讲话礼貌；

注意倾听对方讲话，能理解日常用语；

能清楚地说出自己想说的事；

喜欢听故事、看图书；

能听懂和会说普通话。

3. 社会

能主动地参与各项活动，有自信心；

乐意与人交往，学习互助、合作和分享，有同情心；

理解并遵守日常生活中基本的社会行为规则；

能努力做好力所能及的事，不怕困难，有初步的责任感；

爱父母长辈、老师和同伴，爱集体、爱家乡、爱祖国。

4. 科学

对周围的事物、现象感兴趣，有好奇心和求知欲；

能运用各种感官，动手动脑，探究问题；

能用适当的方式表达、交流探索的过程和结果；

能从生活和游戏中感受事物的数量关系并体验到数学的重要和有趣；

爱护动植物，关心周围环境，亲近大自然，珍惜自然资源，有初步的环保意识。

5. 艺术

能初步感受并喜爱环境、生活和艺术中的美；

喜欢参加艺术活动，并能大胆地表现自己的情感和体验；

能用自己喜欢的方式进行艺术表现活动。

2012 年教育部颁布《3—6 岁儿童学习与发展指南》，从健康、语言、社会、科学、艺术五个领域描述儿童的学习与发展。每个领域按照儿童学习与发展最基本、最重要的内容划分为若干方面。每个方面由“学习与发展目标”和“教育建议”两部分组成，各领域“学习与发展目标”如下：

1. 健康

（1）身心状况

具有健康的体态；

情绪安定愉快；

具有一定的适应能力。

（2）动作发展

具有一定的平衡能力，动作协调、灵敏；

具有一定的力量和耐力；

手的动作灵活协调。

（3）生活习惯与生活能力

具有良好的生活与卫生习惯；

具有基本的生活自理能力；

具备基本的安全知识和自我保护能力。

2. 语言

（1）倾听与表达

认真听并能听懂常用语言；

愿意讲话并能清楚地表达；

具有文明的语言习惯。

（2）阅读与书写准备

喜欢听故事，看图书；

具有初步的阅读理解能力；

具有书面表达的愿望和初步技能。

3. 社会

（1）人际交往

愿意与人交往；

能与同伴友好相处；

具有自尊、自信、自主的表现；

关心尊重他人。

（2）社会适应

喜欢并适应群体生活；

遵守基本的行为规范；

具有初步的归属感。

4. 科学

（1）科学探究

亲近自然，喜欢探究；

具有初步的探究能力；

在探究中认识周围事物和现象。

（2）数学认知

初步感知生活中数学的有用和有趣；

感知和理解数、量及数量关系；

感知形状与空间关系。

5. 艺术

（1）感受与欣赏

喜欢自然界与生活中美的事物；

喜欢欣赏多种多样的艺术形式和作品。

（2）表现与创造

喜欢进行艺术活动并大胆表现；

具有初步的艺术表现与创造能力。

《3—6岁儿童学习与发展指南》帮助教师和家长了解3—6岁儿童学习与发展的基本规律和特点，建立对儿童发展的合理期望，实施科学的保育和教育，让儿童有一个快乐、有意义的童年。

教育部颁布了新修订的《幼儿园工作规程》，自2016年3月1日起施行。新修订的《幼儿园工作规程》中，幼儿园保育和教育的主要目标是：促进幼儿身体正常发育和机能的协调发展，增强体质，促进心理健康，培养良好的生活习惯、卫生习惯和参加体育活动的兴趣。发展幼儿智力，培养正确运用感官和运用语言交往的基本能力，增进对环境的认识，培养有益的兴趣和求知欲望，培养初步的动手探究能力。萌发幼儿爱祖国、爱家乡、爱集体、爱劳动、爱科学的情感，培养诚实、自信、友爱、勇敢、勤学、好问、爱护公物、克服困难、讲礼貌、守纪律等良好的品德行为和习惯，以及活泼开朗的性格。培养幼儿初步感受美和表现美的情趣和能力。新修订的《幼儿园工作规程》遵循幼儿身心发展的特点和规律，实施德、智、体、美诸方面全面发展的教育，促进幼儿身心和谐发展。

新修订的《幼儿园工作规程》是新形势下加强学前教育规范管理的需要，是推进幼儿园管理规范化和科学化的需要，也是落实依法治教的需要。《幼儿园工作规程》做了以下修订：一是坚持立德树人。进一步强调幼儿园要坚持国家的教育方针，遵循幼儿身心发展的特点和规律，实施德、智、体、美诸方面全面发展的教育，促进其身心和谐发展。二是强化安全管理。专设“幼儿园的安全”一章，明确要求幼儿园要建立健全设备设施、食品药品以及与幼儿活动相关的各项安全防护和检查制度，建立安全责任制和应急预案。在“幼儿园的卫生保健”一章中，对建立与幼儿身心健康相关的一系列卫生保健制度做了明确规定。三是规范办园行为。新修订的《幼儿园工作规程》对幼儿园的学制、办园规模、经费、资产、信息等方面的管理提出了明确要求。四是注重与法律法规和有关政策的衔接。一方面是做好与现行法律、政策、规定的衔接，如《幼儿园教育指导纲要（试行）》《3—6岁儿童学习与发展指南》对幼儿园的教育目标、内容、教育活动组织等提出了清晰而具体的要求，修订《幼儿园工作规程》时将这些方面的要求改为一些原则性的规定;《托儿所幼儿园卫生保健管理办法》对幼儿园卫生保健工作提出了很多新要求,《幼儿园工作规程》与之做了相应衔接。另一方面,《中华人民共和国教育法》《中华人民共和国民办教育促进法》《中华人民共和国语言文字法》等法律法规对学校一些具体办学行为做了明确规定的,《幼儿园工作规程》不再重复提出要求。五是完善幼儿园内部管理机制。要求幼儿园进一步加强科学民主管理，强化了家长委员会的职能作用，家长委员会应参与幼儿园重要决策和事关幼儿切身利益事项的管理。强调幼儿园应当建立教研制度，加强教育教学研究，研究解决教师在保教工作中遇到的实际问题。

新修订的《幼儿园工作规程》对于提高各类幼儿园的办园水平和保教质量，推进幼儿园管理的规范化和科学化具有重要的现实意义。落实新修订的《幼儿园工作规程》的重心在幼儿园，着力点是完善幼儿园制度建设，关键是要建立常态化机制。

三、我国幼儿园教育目标的特点

我国幼儿园教育目标主要具有以下特点：

（一）保教并重

广义的保育，包括对儿童身心两方面的保护和促进；狭义的保育，专指对儿童身体的保护和养育。《幼儿园工作规程》中规定保教并重。幼儿园的任务是：实行保育和教育相结合的原则，对幼儿实施体、智、德、美诸方面全面发展的教育，促进其身心和谐发展。在幼儿园中，不仅有教育问题，还有保育问题，两者是相互渗透、相互联系的。

（二）重视幼儿的全面发展

幼儿园的教育目标表明，幼儿园教育不是小学教育的提前，而是小学教育的全面准备，是人的终身教育的第一阶段。幼儿的身心发展需要体、智、德、美全面的、综合的、和谐的发展，以奠定人的发展的良好基础，不可偏重某一方面。幼儿应在自由自在的环境中度过幸福的童年，幼儿园应该为幼儿准备丰富多彩的活动，促进幼儿各方面能力的发展。

（三）关注幼儿的终身发展

幼儿已经具备一定的独立性，幼儿园通过一日活动的组织与进行，使幼儿懂得有关的卫生知识，养成良好的习惯，并注意培养幼儿独立自理、友爱互助的优良品质。《3—6 岁儿童学习与发展指南》中指出，应注重幼儿学习品质的培养。幼儿在活动过程中表现出的积极态度和良好行为倾向是终身学习与发展所必需的宝贵品质。要充分尊重和保护幼儿的好奇心和学习兴趣，帮助幼儿逐步养成积极主动、认真专注、不怕困难、敢于探究和尝试、乐于想象和创造等良好学习品质。这对于幼儿的终身发展具有深远意义。

附：国外学前教育目标简介（法国、俄罗斯、美国、日本）

一、法国的学前教育目标

法国学前教育机构的名称为母育学校，专门招收 3—6 岁的儿童。在法国，学前教育因作为初等教育的准备阶段而备受国家的重视，并与初等教育同属一个系统，是初等教育的组成部分，它的主要任务是促进儿童身体、智力、性格和感情的全面发展。法国学前教育不属于义务教育的范畴，但实行免费制，所有 3 岁儿童均可就近入园。

法国学前教育与其他国家明显不同的是，它承担着教育、诊断、治疗三种职能，即把社会、卫生、心理三者综合起来。学前教育的目的旨在促进儿童在体力、社会、智力、艺术、能力等方面全面和谐发展，为儿童未来的社会生活做好准备。

法国学前教育的目标主要包括以下几个方面：

（1）体力：锻炼儿童的身体，发展儿童的动作，增强儿童的体质，促进儿童身体的健康发展。

（2）社会：培养儿童自我服务的能力，发展儿童的独立性，提高儿童的交往能力，使其学会关心和友爱，能与人分享、协商和合作。

（3）智力：激发儿童的求知欲，培养儿童的学习兴趣、学习习惯、探索精神和口语表达能力，为读、写、算做好准备，发展儿童解决问题的能力和创造力，提高儿童的思维水平，充分发展儿童的各种潜能。

（4）艺术：培养儿童的乐感、绘画能力和手工制作能力，发展儿童对美的欣赏能力和表达能力。

（5）能力：增强儿童适应环境的能力，使儿童懂得民主、科学，学会遵纪守法，发展儿童健康的人格等。

二、俄罗斯的学前教育目标

俄罗斯的学前教育是保证在国家动荡、教育变迁的情况下，仍能够与家庭合作，保护和增进儿童的健康，促进儿童身心的和谐发展，使儿童在入小学前受到良好的教育，做好入学准备。俄罗斯的学前教育目标主要包括以下几个方面：

（1）为儿童提供安全的环境，使儿童免受一切生理、心理的伤害，保证儿童身体的发展，促进儿童身心的健康成长。

（2）向儿童介绍基本的自然科学知识，激发儿童的求知欲，培养儿童创造的兴趣，发展儿童的智力、想象力和语言表达能力。

（3）向儿童传递人类的文化遗产，尤其是俄罗斯的文化传统，培养儿童热爱祖国、关心国家大事的精神，教育儿童尊重自己和别人的劳动成果，帮助儿童养成愉快、乐观的心境，满足儿童情绪交往的需要，提高儿童的社会交往能力。

（4）给儿童提供学习民族艺术作品、民间工艺品的机会，培养儿童的美感。

（5）对缺陷儿童进行矫治、给予帮助，保证他们获得与其发展水平相适应的受教育权利。

三、美国的学前教育目标

美国政府在1994年3月通过了《2000年目标：美国教育法》，这部法案的特色在于这是美国联邦首次制定全国性教育标准，推动国家的教育改革。

由于美国各州的政治、经济发展水平以及教育基础不同，各州制订的教育目标也有一定的差异。但是，概括起来，美国的学前教育目标包括五大领域，具体内容简述如下：

（1）学习目标：培养儿童良好的学习态度和兴趣，以及对美好事物的感受力。

（2）认知目标：养成儿童好奇的本能和能力，以及逻辑思维与解决问题的能力。

（3）语言与交流目标：培养儿童听、说、阅读、书写的能力。

（4）健康与成长目标：培养儿童身体运动的本能技巧，尊重儿童的个体差异，提供良好安全的环境。

（5）社会与情感目标：培养儿童的自信心、自我认同感，发展儿童与人交往的能力。

四、日本的学前教育目标

1990年日本文部省对《幼儿园教育要领》进行了改革，改为健康，人际关系，环境，语言，表现（音乐、律动、绘画、手工等）五个领域，并确立了各个领域的具体培养目标与要求：

（1）健康目标：为了儿童健康、安全和幸福地生活，要培养其基本的生活习惯和生活态度，奠定身心健康发展的基础。

（2）人际关系目标：培养儿童对人的爱心和信赖感，形成其自立和合作的态度以及初步的道德观念基础。

（3）环境目标：培养儿童对自然等身边事物的兴趣和爱好，使其产生对这些事物丰富的情感和初步的思考能力。

（4）语言目标：在日常生活中培养儿童对语言的兴趣和关心，形成儿童乐于通过说、听进行交流的态度和语言感觉。

（5）表现目标：通过多种多样的体验，培养儿童丰富的感受性，使儿童富于创造性。

【实践训练】

北京将严查幼儿园小学化倾向　超前抢跑幼儿园将被降级

北京市教委17日表示，下周起至4月中旬，北京将成立市、区两级巡回检查组，深入全市幼儿园检查日常教学中是否存在小学化倾向。

北京市教委负责人表示，于2012年和2013年曾专门下发文件，严禁幼儿园提前教授小学教育内容，进行各种提前学习和强化训练。

负责人称，北京市将马上成立若干个巡回检查组，要求区县教育部门同时成立督查组，从下周起至4月中旬，深入全市公办园、部门或单位办园以及民办园，采取随机推门的形式，检查幼儿园的日常保教管理工作，一旦发现仍有幼儿园存在小学化倾向，将严肃问责园所主要负责人。届时，存在问题的幼儿园也将面临着被降级的风险，也就是说，一所市级示范园若被发现在日常保教过程中存在小学化倾向，除了园长将被严肃问责外，该园也将被降级降类。

负责人重申，北京市严禁学前教育小学化的一贯政策，要求各级各类幼儿园应以培育幼儿具有良好行为习惯为主，在活动、游戏中感知规则，认识周围的世界。

——资料来源：http://news.xinhuanet.com/local/2015-03/17/c_127590857.htm

案例分析：案例中指出，幼儿园如果提前教授小学的内容，进行各种提前学习和强化训练将被降级降类。北京市教委要求各级各类幼儿园应以培育幼儿具有良好行为习惯为主，在活动、游戏中感知规则，认识周围的世界。这说明国家在加大力度采取措施保障幼儿园教育目标的实现。

【做中学】结合本章所学，说一说我国幼儿园教育目标的发展。

【学而思】结合实践，思考为什么会出现幼儿园小学化的现象？

【思而行】结合本章所学，思考如何更好地实现我国幼儿园的教育目标？

【学习自测】

1. 学前教育目标的含义是什么？
2. 学前教育目标的功能是什么？
3. 学前教育目标的制订依据是什么？
4. 学前教育目标的价值取向有哪些？
5. 我国的学前教育的目标是什么？

【理解·反思·探究】

1.《幼儿园工作规程》中为什么提出保教并重?

2. 结合实习实践活动，调查当地幼儿园的教育目标。

3. 教师如何根据幼儿园教育目标开展班级一日生活?

第四章 学前儿童的全面发展教育

【学习目标】

知识目标：

- 理解学前儿童全面发展教育以及各育的概念、内容。
- 了解学前儿童各育的目标、任务。
- 掌握学前儿童各育的指导要点。

能力目标：

- 能根据学前儿童身心发展特点对学前儿童进行全面发展的教育。
- 能对学前儿童体育、智育、德育、美育进行基本的指导。

【知识导图】

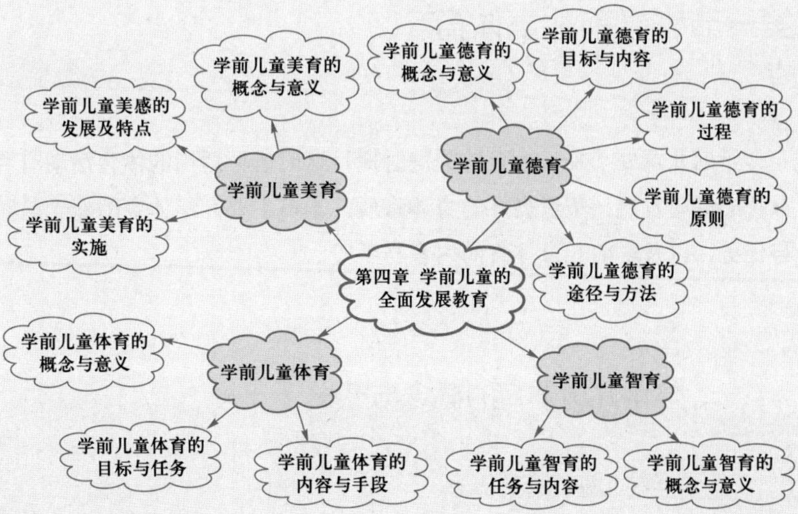

小叶今天特别高兴，因为在幼儿园组织的亲子运动会上，自己和爸爸、妈妈一起做了好多游戏：有跑的，有跳的，还有钻呼啦圈呢。在运动会结束的时候每个小朋友都领到了一个小布偶。老师还说过几天要为小朋友们办画展呢，用的都是小朋友们亲手做的作品。真希望日子快快过，那一天快快来到啊。

☞全面发展教育的概念

《幼儿园工作规程》明确指出:“对幼儿实施体、智、德、美诸方面全面发展的教育，促进其身心和谐发展。”《3—6岁儿童学习与发展指南》指出:“《指南》以为幼儿后继学习和终身发展奠定良好素质基础为目标，以促进幼儿体、智、德、美各方面协调发展为核心。”由此可见，学前儿童的全面发展教育是指以学前儿童身心发展的现实与可能为前提，以促进学前儿童在体、智、德、美各方面全面和谐发展为宗旨，通过适合学前儿童身心发展特点的方式、方法、手段加以实施的、着眼于培养学前儿童基本素质的教育。本章主要讨论全面发展教育的意义、目标与任务、内容与手段等。

体育、智育、德育、美育是学前儿童全面发展教育的有机组成部分，对学前儿童的身心全面发展发挥着不同作用。体育主要指向学前儿童身体的发展过程；智育主要指向学前儿童的认知发展过程；德育主要指向学前儿童社会性的发展过程；美育主要指向学前儿童审美能力的发展过程。

全面发展是针对片面发展而言的，偏重任何一个方面或忽视任何一个方面的发展都不是全面发展；全面发展并不意味着个体在体、智、德、美诸方面齐头并进地、平均地发展，也不意味着个体的各个发展侧面可以各自孤立地发展。因此，应注重儿童各方面发展的和谐与协调。

第一节　学前儿童体育

学前儿童处于生长发育的关键时期，这时进行适当的体育活动有利于学前儿童身心健康发展，塑造良好的身体素质。本节主要介绍体育的概念与意义、目标与任务，以及学前儿童体育的内容与手段。

☞学前儿童体育的概念

一、学前儿童体育的概念与意义

（一）学前儿童体育的概念

体育是指体格教育，是促使人身体健康成长和增强体质的教育。学前儿童体育是指遵循学前儿童身体生长的发育规律，以增强体质、提高健康水平为目的所进行的一系列教育活动。学前儿童体育主要对应于学前教育五大领域中的健康领域，以维护和促进儿童的身体健康，养成良好的生活、卫生习惯，并培养健康的心理为主要目标。

（二）学前儿童体育的意义

☞学前儿童体育的意义

健康的身体是一个人从事任何活动的物质基础和生理基础，人的各项能力的发挥必须以健康的身体为物质基础。学前儿童体育是儿童获得初步的全面发展的重要条件，也是儿童形成良好情感、个性、社会性的基础，它直接决定着儿童将来的成长和发展。皮亚杰指出，儿童早期的思维方式是以感知运动的方式进行的，是由儿童的具体动作构成的，而较高一级的思维方式也是具体动作的内化。同时，学前儿童时期正是身体生长发育最迅速的关键时期，儿童身体的可塑性大，抵抗力弱，易受损害，科学的体育锻炼能极大地促进儿童的生长发育。体育与智育、德育、美育等方面互相渗透，不是也不可能是完全独立的，体育中有关身体健康的卫生保健知识也可以归到智育中，体育活动中有关培养儿童的坚持、勇敢、合作等内容也可以归到德育中，有关体操、舞蹈的动作也可以归到美育中。可见各育之间是相互促进、密不可分的。此外，体育对增进国民体质的整体发展具有深远影响。从提高国民素质的宏观意义上来看，一个国家、一个民族的兴旺和强盛有赖于体质、体魄健康的个体。儿童身体素质的优劣会从优生和遗传的角度决定着下一代人的体质，儿童体质改善了，才能使国民体质增强。

综上所述，学前儿童体育的意义有以下四个方面：

（1）健康的身体是一个人从事任何活动的物质基础和生理基础。

（2）幼儿时期是身体生长发育最迅速的关键时期。

（3）体育与智育、德育、美育等方面互相渗透，为其他各育奠定基础。

（4）对增进国民体质的整体发展具有深远影响。

二、学前儿童体育的目标与任务

（一）学前儿童体育的目标

在《幼儿园教育指导纲要（试行）》中明确提出的健康领域的目标有以下四点：

（1）身体健康，在集体生活中情绪安定、愉快；

（2）生活、卫生习惯良好，有基本的生活自理能力；

（3）知道必要的安全保健常识，学习保护自己；

（4）喜欢参加体育活动，动作协调、灵活。

应注意的是，学前儿童体育不同于中小学体育，学前儿童由于抵抗力差，骨骼、肌肉发育不成熟，不宜进行爆发性肌肉活动等，因此，需要设计适合学前儿童的体育活动，学前儿童体育不追求一致目标，因人而异。

教师应遵循以下指导要点：

（1）教师应该把保护儿童的生命和促进儿童的健康放在教育工作的首要位置。

（2）身体的健康和心理的健康是密切相关的，要高度重视良好的人际环境对儿童身心健康的重要性。

（3）儿童不是被动的“被保护者”。教师要尊重儿童不断增长的独立需要，在对儿童进行保育的同时，指导他们学习生活自理技能，锻炼自我保护能力。

（4）体育活动要尊重儿童身体生长发育的规律和年龄特征，不进行不适合儿童的体育训练。

（二）学前儿童体育的任务

根据学前儿童体育的目标，以及儿童生长发育的自身规律，结合学前教育实践经验，学前儿童体育的任务主要包括以下几点：

1. 对儿童进行最基本和最必需的安全教育，保护儿童的生命和健康，锻炼身体，促进身体正常生长发育

安全教育包括最基本的安全知识教育和简单的自我保护技能的训练，帮助儿童了解周围环境中不安全的事物，不做危险的事。如不动热水壶，不玩火柴或打火机，不摸电源插座，不攀爬窗户或阳台等。帮助儿童认识常见的安全标志，如小心触电、小心有毒、禁止下河游泳、紧急出口等。帮助儿童学会简单的自救技能，如着火、走失等意外情况下的正确应对方法。

由于儿童身体正处在生长发育时期，对环境的适应能力和对疾病的抵抗力都较差，又缺乏独立的生活自理能力，因此需要父母及教师时刻的保护，并积极开展各项体育活动，锻炼儿童的身体。

2. 发展儿童的基本动作，培养对体育活动的兴趣

基本动作是人体进行各种活动的基本身体能力，如走、跑、跳、钻、爬、投、攀登等。科学研究发现，人类身体的发展遵循着自上而下、由近及远和由大到小的规律。婴幼儿的身体发展先从头部开始，先学会抬头，最后才能跑跳；由身体的中心向边缘和末端部位发展，例如，先学会肩部动作，最后才能延伸到手部动作；从大肌肉动作到小肌肉精细动作发展，例如，先学会爬，最后才发展手指动作。学前儿童体育尽管是卫生保健、发展动作机能和提高儿童身体素质三者有机结合的过程，但动作机能的形成却是体育的核心部分，其他两方面均围绕这

一核心开展。儿童的兴趣是儿童进行学习的主要动力来源，幼儿园教师要培养儿童对体育活动的兴趣，增强体育教学效果，让儿童快乐地进行体育游戏和活动。

3. 培养儿童良好的生活和卫生习惯

良好的生活习惯和卫生习惯是增进幼儿健康的必要条件，这就要求幼儿园教师在儿童一日生活中时刻关注儿童的生活方式，及时纠正儿童的不良行为习惯，帮助儿童建立良好的生活和卫生习惯，例如，饭前洗手、不挑食等。同时还要帮助儿童逐步掌握基本的独立生活技能，如盥洗、按时睡觉、如厕等。良好的生活和卫生习惯不仅有利于儿童的身体健康，也有利于儿童道德品质和行为习惯的培养。

三、学前儿童体育的内容与手段

根据学前儿童体育的目标和任务，在幼儿园实施体育，主要包括下列内容和手段。

（一）创设良好的生活条件，科学护理儿童生活

从生物学的角度上讲，任何有机体的生存和发展都必定依赖一定的外部环境。良好的生活环境和条件如健康合理的饮食、适当的户外运动、良好的医疗卫生条件等，都对儿童的健康成长有极大的益处，同时能帮助儿童积极适应外部条件，增强机体的抵抗力。值得注意的是，随着经济的发展和生活质量的提高，家庭中对儿童过度保护和宠溺的现象也逐渐增多，许多儿童在家长的过度保护下，适应能力弱，存在过度挑食、粗纤维摄入过低、肥胖症等问题，这些都是未能做到对儿童进行科学护理的结果。

从幼儿园环境创设的要求和保教并重的原则出发，提供良好的生活条件和进行科学护理，主要包括以下几个方面：

1. 合乎卫生标准、安全标准及活动要求的房屋、设备和场地

《幼儿园管理条例》指出：幼儿园必须将幼儿园设置在安全区域内，严禁在污染区和危险区内设置幼儿园；幼儿园必须具有与保育、教育的要求相适应的园舍和设施，并符合国家的卫生标准和安全标准；慢性传染病、精神病患者不得在幼儿园工作；严禁体罚和变相体罚幼儿；幼儿园应当建立卫生保健制度，防止发生食物中毒和传染病的流行；严禁使用有毒、有害物质制作玩教具。这些条款都是在确保儿童的生命安全不受威胁。幼儿园场地要求每个儿童应占地面积平均为 2.5 m^2，室内高度至少达 3 m，保证室内空气良好；室内采光面积为地面的 20%，光线充足适度，以防影响儿童视力；室内要干燥通风，墙壁以淡色最宜；桌椅等

家具高度要适应儿童身高，椅子的高度以儿童写画时双脚能自然着地、大腿基本保持水平状为宜；桌子的高度以写画时身体能坐直，不驼背、不耸肩为宜；床不宜过软，避免产生坐姿不端、脊柱弯曲等问题。

在活动设施配置上，原国家教育委员会专门颁发了《幼儿园玩教具配备目录》，幼儿园在玩教具购置和配备上应参照执行。

2. 充足的营养和合理的膳食

儿童正处于迅速生长发育的关键期，需要充足的营养和合理的膳食，一方面是补充每天活动中有机体代谢所消耗的能量，另一方面还要供给有机体组织发育的需要。人体所需六大营养素包括蛋白质、脂肪、糖、维生素、无机盐和水，因此，参照《0—6岁儿童膳食指南》，应为儿童提供谷物、蔬菜、水果、肉、奶、蛋、豆制品等多样化的食物，均衡搭配。烹调方式要科学，尽量少煎炸、腌制、烧烤。《幼儿园工作规程》中也指出，应为儿童提供合理膳食，编制营养平衡的儿童食谱，定期计算和分析儿童的进食量和营养素摄取量。

3. 充足的睡眠

儿童神经系统发育尚未完善，活动时易产生疲劳，应保证有充足的睡眠。同时还要注意培养儿童良好的睡眠习惯，早睡早起、饭后不宜立即就寝等。《3—6岁儿童学习与发展指南》提出要保证儿童每天睡眠11～12小时，其中午睡应达到2小时左右；午睡时间可以随儿童年龄的增长而逐渐减少。

4. 合适的衣着

儿童的衣服应质地柔软、透气，防止损伤儿童细嫩的肌肤；式样适度宽松，尽量避免给儿童穿紧身衣物，否则不利于儿童的活动及血液的循环；随气温变化及时增减衣物，避免儿童过热和受寒；儿童的衣服、鞋子等要简单实用，方便自己穿脱。

（二）制定和执行合理的生活制度，做好全面的保健工作

生活制度是按科学依据合理安排儿童一日生活中的各项活动（饮食、睡眠、游戏、上课、休息等）的顺序和时间，使儿童的生活有规律、有节奏，劳逸结合。

☞幼儿园一日生活流程

幼儿园制定合理的生活制度，需依据以下几个方面：

（1）依据儿童生理和心理发展的规律和特点。幼儿的神经系统正在发育过程中，神经细胞易疲劳，注意力时间短，因此，无论脑力或体力活动的持续时间都不宜过长，并注意动静活动交替；在一日生活安排中保证儿童每天充足的睡眠时间，年龄越小，睡眠时间应越长；幼儿消化系统机能较差，食物在胃内停留时间较长，一般是3～4个小时，因此两餐相隔时间应不少于三小时，不超过四小时。

（2）依据季节变化、地区特点和家庭实际情况，适当调整儿童生活制度。户外活动有利于儿童呼吸新鲜空气，同时接受阳光中紫外线的照射，促进体内的钙磷代谢，帮助骨骼生长，因此夏季的户外活动时间不应少于 3~4 小时，冬季则可适当减少到 2~3 小时；科学的午睡时间一般为 2 小时左右，夏季则可适当延长；农村地区幼儿园的来园时间可提早等。

（3）考虑幼儿园集体生活的要求。合理的生活制度可以使儿童有规律的生活和活动，而且能够培养他们良好的生活习惯和时间观念，幼儿园作为儿童集体生活的场所，需要有统一的作息时间和活动内容，以有秩序地将工作做好，但生活制度的执行既要有稳定性又要有灵活性，应根据实际情况和儿童的不同需求灵活调整。

此外，幼儿园是集体生活的场所，人员多、接触多，儿童感染疾病的机会也较多，所以应重视保健工作，防止和减少疾病的发生和蔓延。制定全面和便于实施的卫生保健工作制度，包括工作人员及儿童的体检制度，晨间检查制度（一看、二摸、三问、四查），预防和接种制度，消毒制度（食具、用具、玩具、被褥等），饮食管理制度，防暑降温制度和冬季防冻保暖制度等。①

（三）培养良好的生活卫生习惯和独立生活能力

儿童的卫生教育在于教他们懂得一些简单的卫生常识，养成爱清洁、讲卫生的好习惯，并能初步照料自己的生活，培养独立生活的能力。儿童习惯的形成和能力的培养是长期教育的过程，为使儿童养成良好的生活卫生习惯和独立生活能力，要建立一定的生活制度，创设适当的生活环境和设备，制定幼儿每日应遵守的各项活动的常规。培养儿童良好的生活卫生习惯和独立生活能力，主要包括以下几个方面：

（1）个人的清洁卫生习惯。主要包括：饭前、便后洗手，早起和晚睡前刷牙、洗脸，经常洗澡，使用卫生纸或手帕擦鼻子，会独立穿、脱衣服，保持自己衣服、被褥的整洁，等等。

（2）良好的饮食习惯。主要包括：会正确使用餐具，不挑食、不剩饭，进餐细嚼慢咽，不喝生水，不随便将物品放入口中，等等。

（3）保持环境整洁的习惯。主要包括：不随地吐痰和大小便，保持室内外的整齐清洁，会做简单的清扫工作。

各年龄段的儿童生活卫生习惯和独立生活能力的培养，内容基本相同，应在要求上和掌握程度上逐步提高，逐渐养成自觉性，从小班到大班，应一致地、一贯地培养，不可间断。培养儿童生活卫生习惯和独立生活能力，一般采用演示和

① 傅建明. 学前教育学［M］. 北京：中央广播电视大学出版社，2007：101.

讲解、练习、榜样等方法，并结合游戏的方式进行。

（四）积极开展体育活动

体育活动是提高儿童健康水平和培养各种动作技能的最直接方式。

1. 学前儿童体育活动的主要内容

（1）基本动作。主要包括走、跑、跳、投掷、攀登和钻爬以及平衡能力。基本动作的练习，能锻炼儿童的肌肉、肌肉群，培养儿童动作的协调性。

（2）基本体操。基本体操包括徒手操、轻器械操、模仿操。徒手操是由上肢动作、下肢动作、躯干动作等所组成的体操。轻器械操是在徒手操的基础上，手持轻器械进行的体操动作，如木哑铃、小旗子、花环等。模仿操是儿童按照教师说出的形象语言或儿歌中的词意做出各种形象动作，如模仿小兔跳、乌龟爬等。

（3）队列队形练习。队列队形练习主要包括站队（如圆圈队形、纵队、横排等），变队（如一路纵队变为四路小纵队等），转身（向左转、右转等），散开和集合等。儿童在这些练习中能逐步养成在集体中使自己的动作与集体协调的能力和习惯，并能很好地发展空间知觉。

2. 体育活动的组织形式

（1）早操。早起后进行适当的大肌肉锻炼，能够解除儿童神经系统经过睡眠后的抑制状态，加强对大脑的刺激，并且早上新鲜的空气能使儿童情绪愉悦。

（2）体育课。体育课是教师有计划、有目的、有组织地教授儿童身体练习的基本形式。

（3）户外体育活动。幼儿园环境中多以游戏的形式开展户外体育活动，要鼓励儿童进行跑跳、钻爬、攀登、投掷、拍球等活动，以及“跳竹竿”“老狼老狼几点了”“老鹰捉小鸡”“大网捞鱼”等传统体育游戏，发展儿童动作的协调性和灵活性。此外，有条件的幼儿园可设置专门的运动区域，提供一些可供儿童活动的器械和设施，如充气城堡、滑梯、秋千、压板、攀登架、悬梯等。

（4）儿童运动会。幼儿园可举办全园性的运动会，这种竞赛性质的运动会可激发儿童的参与兴趣，同时可培养儿童的集体意识和集体荣誉感以及团结合作的精神，丰富幼儿的生活。幼儿园还可邀请家长共同参与，提供儿童同父母共同奋斗的机会，体验体育健儿在赛场上拼搏奋斗的激情。

（5）园外旅行。可充分利用幼儿园附近的资源，如小山坡、小树林等，让儿童走向大自然，激发儿童对大自然的热爱，去攀登山坡、自由追逐嬉戏，呼吸新鲜的空气。也可利用社区资源条件进行体育活动，如小公园、体育场、游泳馆等，向幼儿提供形式多样的体育活动的机会，丰富幼儿的生活体验。

3. 幼儿园体育活动的分类

幼儿园体育活动按不同的角度有多种分类方式，本书采用的幼儿园体育活动的分类见表 4–1。

表 4–1　幼儿园体育活动的分类

划分 类型	场地	规则	组织	指导方式与严密程度	材料
	户（室）外体育活动	有规则活动	集体活动	正规体育活动	徒手进行的活动
	户（室）内体育活动	无规则活动	小组活动	非正规性体育活动	持器械进行的活动
			分散活动		依靠大型器械进行的活动
					利用自然进行的活动

4. 进行体育活动时的注意事项

儿童身体柔弱，在进行体育活动时有以下几点需要注意：首先，运动量从小到大再到小。在体育活动前应进行热身运动，避免剧烈活动对儿童身体可能造成的突发伤害，也为儿童身体做好心理和生理上的准备，之后再进行运动量大的活动。在剧烈活动后应进行整理放松活动，防止儿童体内缺氧或产生的乳酸过多造成的身体不适。其次，运动强度和密度合理搭配。当活动剧烈时持续时间不应过长，当活动比较舒缓时活动时间可以适当延长，但不宜过度。再次，身体各部位活动有机结合。运动应做到张弛有度，大小肌肉都得到充分锻炼。最后，注意季节、气候的特点。比如夏季户外运动应在紫外线照射不强的时候进行，时间不宜过长，注意南北方差异等。

（五）体格锻炼

体格锻炼是增强儿童体质，提高抵抗能力，促进身体健康的一种方式。专门的体格锻炼，又称“三浴”锻炼。即空气浴，利用空气温度与人体皮肤表面的温度形成的温差对人体产生刺激，增强身体抵抗力；日光浴，利用阳光照射在身体上产生的一系列有益的反应，促进人体对钙的吸收，促进血液循环；水浴，水浴主要包括温水浴、冷水洗脸、冷水擦澡、冷水冲淋和游泳。日常生活中的体格锻炼，可以是开窗睡眠、户外活动等。

（六）做好卫生保健工作，注意儿童安全

幼儿园教师要做好对儿童的监管及教育工作。儿童对周围的环境充满好奇，又好动，很少有关于危险的认识，很容易出现意外。幼儿园教师是儿童在园的主要负责人，也对儿童的一日生活负主要的责任。如提供干净健康的生活环境，负责照顾儿童的生活，对儿童的茶杯、毛巾、玩具、被褥等用具进行清洁、消毒和保养；负责本班教室、设备、环境及包干区环境卫生的清扫、清洁；做好对儿童的监管与教育，发现危险及时采取措施，把保护儿童的生命安全放在工作的首位。

（七）重视儿童的心理保健

1946 年世界卫生组织（WHO）成立时在它的宪章中提到："健康是一种在身体上、心理上和社会上的完满状态，而不仅仅是没有疾病和虚弱的状态。"可见心理的完满状态也是健康的重要一部分。因此重视儿童的心理保健也是学前儿童体育的一部分。首先，为儿童创造良好的心理环境。良好的心理环境必须是安全而自由的，还要有人际关系的和谐、活跃的氛围等，有了良好的心理环境，儿童才愿意走进这个环境，进而融入环境。其次，以积极情绪影响儿童的心理健康。儿童的情绪有易变性和模仿性，幼儿园教师应当以积极的情绪去感染儿童，充分调动儿童的参与性，引导儿童形成乐观的性格。再次，通过游戏渗透心理健康教育。游戏是幼儿园的主要活动形式，也符合儿童的身心发展特点。儿童模仿性强，在游戏中教育儿童勇敢、坚强等会起到潜移默化的作用。最后，调动家长配合心理健康教育的积极性。儿童所受的教育应该具有一致性和一贯性。幼儿园应与家庭做好沟通与合作，引导家长以正确的方法教育孩子，强化孩子在幼儿园的学习内容。

学前儿童体育是学前教育中的一项基础工程，在时刻以儿童生命健康安全为前提的条件下，鼓励儿童多运动、积极参加体育锻炼，从儿童的实际情况和园所条件、地区条件出发，循序渐进，持之以恒，同时注意形式的多样化和游戏化，科学合理地安排学前儿童体育活动，并重视儿童的心理卫生健康，为儿童营造一个温暖和谐的环境。学前儿童体育的实施，要依靠各方面的力量，家园共育，共同为儿童的健康成长保驾护航。

第二节　学前儿童智育

智育不等于知识教育，学前儿童智育也不等于对儿童提前进行小学内容的教授。学前儿童智育在教给儿童初浅知识的同时发展儿童的智力、训练儿童的技能，激发儿童的求知兴趣，为儿童的全面发展及以后的教育奠定基础。

一、学前儿童智育的概念与意义

（一）学前儿童智育的概念

智育是全面发展教育的一个组成部分，是有目的、有计划地使受教育者掌握系统的科学基础知识和基本技能、促进受教育者智力发展的教育过程。学前儿童智育是指在成人有目的的影响下，促使儿童学习粗浅的知识，发展智力，练习技能，培养儿童对周围事物的求知兴趣。学前儿童智育主要对应学前教育五大领域中的科学领域和语言领域。

☞学前儿童智育的概念

传统的智育观将掌握知识视为主要目标，认为只要传授系统的科学知识就是智育，但现在科学研究和教育实践已证实，盲目的知识灌输和死记硬背、机械模仿与单调重复不仅对儿童智力发展无益，还会阻碍儿童的长期学习。智育的主要任务是发展人的智力。“知识”与“智力”是两个截然不同的概念，获得了知识并不等于就发展了智力，但智力的发展离不开知识的获得，知识的贫乏和浅薄不利于智力的发展，而智力的高低决定着知识掌握的深度和知识运用的灵活程度，因此知识只是智力发展的一个基本方面，我们应将知识的获得与智力的发展高度统一起来，否则，偏重知识的灌输将阻碍儿童智力的发展；而如果离开了知识的基础，智力的发展又将成为空谈。现在我们已进入信息社会，人才培养也已从知识型推进到智能型，这意味着除知识外，更重要的是人在认识事物时发挥积极的主观能动性，进行积极的探索和操作。

自从加德纳提出“多元智能理论”以来，人们开始普遍接受“全域性的智慧观点”。[①] 教育的宗旨应该是开发儿童的多种智能，但目前的学前教育往往特别注重语言智能和数理—逻辑智能，而忽视其他智能的培养，今天我们应该认识到并着手开发多元的智能和智能组合。

（二）学前儿童智育的意义

学前儿童智育的意义主要包括以下几点：

1. 智育是社会文明得以继承和发展的必要活动

人类社会发展是以物质生产和精神文明发展为主要标志的，社会的延续需要将前人积累的知识和文明成果向下一代传递，使之得以继承并丰富和发展，由此向教育提出了智育的任务。随着现代科学技术的发展、信息社会的到来，社会对

☞学前儿童智育的意义

---

① 刘晓东，卢乐珍，等．学前教育学［M］．3 版．南京：江苏教育出版社，2009：180．

劳动者的知识水平和要求也在不断变化，对未来人才的质量提出了更高的要求，劳动者要具有与之相应的智能结构。在教育改革中，从传统的“以知识为中心”的智育观到现代以“儿童为中心”的智育观是一个重要的飞跃，已普遍被人们所接受，儿童主动学习、乐于探索成为了智育的首要精神。

2. 智育是个体生存和发展、适应社会要求的必要活动

儿童并非社会和环境的消极适应者，婴儿从睁开眼的那一刻起，就开始积极探索他周围的世界并努力适应外部环境以保证自身的生存和发展，他不停地听、看和接触物品，以获得更多的关于外部世界的经验，从那个时候起，他就开始了知识的积累。儿童不仅有生理上和情感上的需要，更需要认知上的满足感。大部分儿童会在某一时期将“为什么”挂在嘴边，此时的儿童已开始探寻事物的某种深层次的联系和本质特征，智育的责任及义务就是及时满足儿童的好奇心，帮助他们进行对周围世界的各种探索，满足他们对未知事物的不停追问。

儿童只有接受智育，掌握一定的知识和技能，具备社会所要求的劳动者的学习和发展能力，才能立足社会，使自身得以生存和发展。从社会发展的角度上看，社会的进步依赖个人的贡献，智育能够为社会发展培养具有良好智能结构的社会主义事业的建设者和接班人，从这个意义上讲，智育是社会发展的催化剂。

此外，心理发展敏感期的研究也为学前儿童智育提供了一定的心理依据，幼儿阶段正处于智力飞速发展的关键期，抓住此时期儿童好奇心、记忆力、模仿性强的特点，为之提供适宜的刺激条件，能够使儿童更多地掌握未来可持续学习的各种基本知识和技能。

3. 智育是为儿童其他方面的学习奠定智力基础的必要活动

学前儿童全面发展教育包括体、智、德、美等诸方面，而在体育、德育、美育中都少不了智育的因素，智育是其他各育的基础，是学前儿童全面发展的必要条件。儿童在学习知识时可同时培养良好的生活和学习习惯、培养良好的行为品质和意志力；在进行体育锻炼或音乐、绘画活动时，也可锻炼注意力、观察力、创造力和想象力等，同时也可丰富相关知识。

二、学前儿童智育的任务与内容

（一）学前儿童智育的任务

《幼儿园工作规程》第五条规定，学前儿童智育的任务是发展儿童智力，培养正确运用感官和运用语言交往的基本能力，增进对环境的认识，培养有益的兴趣和求知欲望，培养初步的动手能力。

（二）学前儿童智育的内容

智育的内容依据智育任务而设计，其内容具体如下：

1. 引导儿童掌握生活中的一些简单知识，初步形成对一些事物的基本概念

简单知识和基本概念是儿童所要掌握的整个知识体系中的基础部分。儿童的简单知识基本来源于儿童所熟知的日常生活，例如基本的交通规则、大小多少的比较、颜色的辨识，等等，儿童对这些简单知识随着他们活动范围的增大和认知能力的不断增长而不断掌握，并在已获得的知识经验的基础上，增长新的认识，并不断地将已有知识系统化，形成一定的概念，例如蔬菜、动物、数字等。概念的形成证明儿童已能够将知识分类、归纳和比较。举例来说，儿童不仅仅认识了芹菜，还能知道它是一种蔬菜，并能说出蔬菜中的其他例子，如黄瓜、白菜、萝卜等，这样有利于儿童巩固知识，并更好地接受新知识和运用知识。只依靠儿童自身零散的、杂乱的知识很难帮助其解决实际问题，因此，我们必须重视儿童知识的结构化，扩大儿童的知识容量，帮助他们巩固已有的知识，并将获得的新知识迅速纳入自己已有的结构当中，使儿童能够举一反三，触类旁通。

需要注意的是，儿童的学习不同于成人的学习，要依照儿童思维发展的特点，先从掌握具体形象的知识再到抽象逻辑的知识，因此，向儿童传授知识，在手段、方式和进程上，要注意多元化和科学化。儿童学习知识的过程应该是儿童主动探索的过程，教师应帮助儿童学习运用观察、比较、分析、推论等方法进行探索活动，要让儿童运用感官，亲自动手、动脑去发现问题、解决问题，同时还要鼓励儿童之间的合作，培养良好的学习习惯。从内容上看，儿童学习的知识应密切联系儿童的实际生活，教师应充分利用儿童身边的事物与现象作为科学探索的对象。

2. 发展儿童的智力

智力指人认识、理解客观事物并运用知识、经验等解决问题的能力，包括记忆、观察、注意、思维、想象等。皮亚杰还提出“智力的本质就是适应”的观点。总之，智力是个体的各种认知能力的综合，现代社会则特别强调解决问题的能力，抽象思维能力、学习能力以及对环境的适应能力。

（1）记忆是识记、保持、自认识和重现客观事物所反映的内容和经验的能力，学前儿童以无意记忆为主，形象记忆占主导地位。教师应充分调动儿童的感官，让儿童充分感知记忆对象。

（2）对现象的观察能够提高对事物本质认识的能力，儿童通过观察，可以主动获取知识。教师应有意识地引导儿童观察周围事物，学习观察的基本方法，如从上到下、从里到外等，在观察中尽可能使儿童运用自己的多种感官参与，以全方位地进行观察；支持儿童自发的观察活动，并善于提出儿童感兴趣的观察题

目和任务，如树叶都有什么形状和颜色；通过提问等方式引导儿童思考并对事物进行比较观察和连续观察；引导儿童在观察和探索的基础上，尝试进行简单的分类、概括，如根据运动方式给动物分类，根据生长环境给植物分类，根据外部特征给物体分类，等等。

（3）注意是指人的心理活动指向和集中于某种事物的能力。注意力的品质包括注意的广度、稳定性、注意的转移和分配等。这需要教师对儿童进行有意识地培养，使儿童养成专心致志的好习惯，注意吸引儿童的注意力以提高教学效果。

（4）思维是智力的核心。思维是人脑对客观事物间接的、概括的反映能力。思维的品质主要表现为思维的敏捷性、灵活性和独创性等，教师应注意培养儿童的发散性思维，不用固定统一的答案给儿童设定条框；同时应创设方便儿童使用工具材料的环境，以引发儿童的思考；可以向儿童提出一些有难度的任务或课题，使儿童在克服困难中发展他们的创造性思维；重视启发式提问的作用，引发儿童对问题的多角度思考。

（5）想象是人在已有形象的基础上，在头脑中创造出新形象的能力。想象一般是在掌握一定的知识面的基础上完成的，儿童正处于思维活跃、想象力不受外界束缚的阶段，天马行空，想象的火花不时乍现。教师应运用多种方式培养儿童的想象力，同时还要注意保护儿童的原始想象能力。

3. 发展儿童的口头语言

维果斯基说过，语言是思想的外衣。儿童对语言的掌握可以帮助儿童更好地学习，能更好地理解事物所表达的意思，也能使自身想法被他人所理解。幼儿阶段主要强调口头语言的发展，这也是个体学习口头语言的关键期。语言能力是一种综合能力，儿童语言的发展与其情感、思维、社会参与水平、交流技能、知识经验等方面的发展是不可分割地联系在一起的，语言教育应当渗透在所有的活动中。教师应组织好教学语言，采用多种形式的活动培养儿童正确地发音，丰富词汇，教会他们一定数量的名词、动词及常用的形容词和连接词，并使儿童理解词义，会正确运用合适词汇；培养儿童能够运用清楚、连贯的语言表达自己的想法，鼓励儿童多与人交流，语言学习具有个别化的特点，教师应重视与儿童的个别交流和儿童之间的自由交谈，提高儿童语言交往的积极性；鼓励儿童多阅读，能比较连贯地看图片讲述或围绕一定题目谈话，发展儿童的连贯性语言。

《幼儿园教育指导纲要（试行）》明确指出了幼儿语言的教育目标如下：

（1）乐意与人交谈，讲话礼貌；

（2）注意倾听对方讲话，能理解日常用语；

（3）能清楚地说出自己想说的事；

（4）喜欢听故事、看图书；

（5）能听懂和会说普通话。

针对此目标的内容与要求是：

（1）创造一个自由、宽松的语言交往环境，支持、鼓励、吸引幼儿与教师、同伴或其他人交谈，体验语言交流的乐趣，学习使用适当的、礼貌的语言交往。

（2）养成幼儿注意倾听的习惯，发展语言理解能力。

（3）鼓励幼儿大胆、清楚地表达自己的想法和感受，尝试说明、描述简单的事物或过程，发展语言表达能力和思维能力。

（4）引导幼儿接触优秀的儿童文学作品，使之感受语言的丰富和优美，并通过多种活动帮助幼儿加深对作品的体验和理解。

（5）培养幼儿对生活中常见的简单标志和文字符号的兴趣。

（6）利用图书、绘画和其他多种方式，引发幼儿对书籍、阅读和书写的兴趣，培养前阅读和前书写技能。

（7）提供普通话的语言环境，帮助幼儿熟悉、听懂并学说普通话。少数民族地区还应帮助幼儿学习本民族语言。

4. 培养儿童的求知欲和学习的积极性

儿童有极强的求知欲，最初的求知欲表现为好奇心，他们对周围的事物都感到新鲜和好奇，在掌握语言后，他们又极喜欢发问“是什么？”“为什么？”等等，这种求知欲和好奇心是儿童进行学习活动的内在、主要动力，我们要保护儿童的这种求知欲，并将其培养发展为儿童的学习兴趣，在兴趣的驱使下，使儿童积极主动、乐观地学习。

对儿童学习兴趣的培养主要应采用启发式的教学方法，通过提供能引起儿童兴趣的学习内容、难易程度恰当的学习任务以引起儿童的注意和好奇心，再通过启发诱导的方式促使儿童思考并提出问题和解决问题。在此过程中还要注意培养儿童良好的学习习惯，例如，善于发问、合作学习、勤于动手和动脑，等等。我们不仅要使儿童学会知识，还要使儿童保持良好的学习兴趣，掌握良好的学习习惯，使他们学会如何获得知识，使他们掌握学会学习的能力及精神，这更有益于儿童的长远发展。

需要注意的是，在进行学前儿童智育时，应充分重视到儿童非智力因素培养的重要性。非智力因素是指不直接参与认知过程的心理因素，包括情感、意志、性格、兴趣等方面的内容，智力因素和非智力因素是智力活动的两个方面，这两个方面相互独立又相互影响、相互制约，只有二者都充分发挥作用，才能取得智力活动的最佳状态。

第三节 学前儿童德育

幼儿期可塑性强，对儿童进行道德教育，有利于儿童形成良好的道德行为，培养良好的道德情操。本节主要介绍学前儿童德育的概念及意义，目标与内容，德育原则、途径和方法等。

一、学前儿童德育的概念与意义

☞学前儿童德育的概念与意义

（一）学前儿童德育的概念

德育即道德教育，道德是一种社会意识，是社会存在的反映。它是在一定社会条件下形成与发展起来的人们共同生活的行为准则的总和，也是评价人们行为的标准，往往代表着社会的正面价值取向。不同的时代、不同的阶级往往具有不同的道德观念。不同的文化，所持的道德标准也常常有所差异。道德的社会价值是通过道德功能加以实现的。道德的功能包括四点：第一，道德的认识功能。道德能帮助人们认识个人与社会、个人与他人以及个人与自然之间的关系。第二，道德的调节功能。它以“应该怎么样”为尺度，来衡量和评价人们行为的现状，并力图使人们的行为现状符合“应当”的尺度。第三，道德的评价功能。它是通过人们把周围社会现象判断为“善”与“恶”而实现的。它培养人们良好的道德意识、道德品质和道德行为，从而树立正确的义务、荣誉、正义和幸福等观念，使人们成为道德纯洁、理想崇高的人。第四，道德的服务功能。道德是一定社会经济关系的产物，又反过来为产生它的社会经济关系服务。

社会道德现象体现在个体身上，即为思想品德，它是个人按社会的道德准则所表现的某些稳固的特点和倾向，是人的内心世界的核心部分，包括人的世界观、政治立场以及道德品质等方面，思想品德基本要素包含道德认识、道德情感、道德意志和道德行为，简称知、情、意、行。德育正是教育者按照一定的社会要求，有目的、有计划地对受教育者心理上施加影响，以培养人们所期望的思想品德。

学前儿童德育是根据儿童身心发展的特点和实际情况，按照社会的要求，以引导和促进儿童社会性发展、培养和形成儿童道德品质为目的所进行的教育活动。学前儿童德育主要对应于学前教育五大领域中的社会领域。根据儿童身心发展特点，学前儿童德育主要培养儿童良好的品德、文明习惯和行为习惯，主要在儿童与他人交往的过程中，学习如何处理人与人之间的相互关系以及日常生活中的行为准则。

（二）学前儿童德育的意义

1. 向儿童进行德育是我国现代化建设的需要

儿童是祖国的未来，是国家建设的后起之秀，我国的现代化建设需要具有良好道德品质的人才。国家的形象建立在每个人的道德品质之上。个人良好道德品质的培养必须从儿童抓起，学前儿童德育就显得格外重要。

2. 向儿童进行德育是儿童全面发展的需要

儿童的全面发展包括身体的、智力的、情感的、品德和性格以及审美等方面的发展，品德和性格的发展是全面发展中必不可少的重要部分。品德和性格对一个人的发展起着十分重要的作用，越来越多的事实和研究表明，品德、意志力或个性，在个人成就上的作用，有时比智力更加重要。良好的性格是儿童发展的重要心理力量，它是由理智、情绪、勤奋等多方面的特征所构成的，理智特征可以使儿童拥有良好的理性思维分析能力，有良好的注意品质，善于独立思考等；情绪特征表现为积极、活泼、开朗，能主动与人交往，对周围事物保持一种积极正面的看法；勤奋特征可以使儿童在意志力的调配下，调动自身的积极能动性。

未来社会的发展也必然会对人才提出更高的要求，除了自身实力以外，他们必须对新事物具有敏感性，讲求质量和效率，惜时守信，有勇于开拓和进取的精神，有面对压力和挫折的勇气，特别是团队合作能力、人际交往能力也越来越成为衡量人才的标准，只有具备了这些人才软实力，儿童将来才能在社会上立足。

3. 向儿童进行德育是儿童健康成长的需要

学前儿童德育的作用是让儿童得到关于社会性和德育的正确认识，促进儿童社会化，使其较好地适应社会环境，参与社会生活，掌握社会规范，履行社会角色，形成良好的道德行为。

4. 向儿童进行德育的可能性和有效性较强

学前儿童德育是德育的最初阶段，也是最基础的阶段。幼儿期是影响和塑造一个人性格最关键的时期，在此期间儿童容易接受外界各种刺激和教育的影响，早期的熏陶和教育会在个体性格形成过程中留下很深的印迹。当前社会信息良莠不齐，儿童识别能力弱，学前儿童德育工作面临新的难题。学前儿童德育不仅需要塑造性教育，也存在着不良个性品质的矫正性教育。苏联教育家马卡连柯指出，如果在儿童的早年，不能使儿童养成优良的意识和行为习惯，那将给以后的再教育带来几倍、几十倍的困难。

二、学前儿童德育的目标与内容

学前儿童德育的内容应依据学前儿童德育的目标以及学前儿童的身心发展特

点、教育的整体性和连续性的要求来制定。学前儿童德育的目标是使儿童品德和性格有良好的开端，初步养成礼貌待人、尊敬长辈、友爱同伴、富有同情心、遵守纪律、诚实勇敢爱劳动；培养热爱祖国的情感以及儿童积极主动、活泼开朗的性格。不同时代的要求、特定的教育目标、社会的性质以及社会现实状况等，决定着学前儿童德育的内容。《幼儿园工作规程》规定，幼儿德育“以情感教育和培养良好行为习惯为主”，侧重卫生习惯、文明礼貌和日常行为规范。

《幼儿园教育指导纲要（试行）》中社会领域的教育目标内容如下：

（1）能主动地参与各项活动，有自信心；

（2）乐意与人交往，学习互助、合作和分享，有同情心；

（3）理解并遵守日常生活中基本的社会行为规则；

（4）能努力做好力所能及的事，不怕困难，有初步的责任感；

（5）爱父母长辈、老师和同伴，爱集体、爱家乡、爱祖国。

针对此目标的内容与要求是：

（1）引导幼儿参加各种集体活动，体验与教师、同伴等共同生活的乐趣，帮助他们正确认识自己和他人，养成对他人、社会亲近、合作的态度，学习初步的人际交往技能。

（2）为每个幼儿提供表现自己长处和获得成功的机会，增强其自尊心和自信心。

（3）提供自由活动的机会，支持幼儿自主地选择、计划活动，鼓励他们通过多方面的努力解决问题，不轻易放弃克服困难的尝试。

（4）在共同的生活和活动中，以多种方式引导幼儿认识、体验并理解基本的社会行为规则，学习自律和尊重他人。

（5）教育幼儿爱护玩具和其他物品，爱护公物和公共环境。

（6）与家庭、社区合作，引导幼儿了解自己的亲人以及与自己生活有关的各行各业人们的劳动，培养其对劳动者的热爱和对劳动成果的尊重。

（7）充分利用社会资源，引导幼儿实际感受祖国文化的丰富与优秀，感受家乡的变化和发展，激发幼儿爱家乡、爱祖国的情感。

（8）适当向幼儿介绍我国各民族和世界其他国家、民族的文化，使其感知人类文化的多样性和差异性，培养理解、尊重、平等的态度。

学前儿童德育的内容主要包括以下几个方面：

1. 培养儿童的文明行为习惯和日常行为规范

教师在儿童的一日生活中，应时刻注意这方面的培养，使儿童待人接物热情、有礼貌，能主动与人打招呼并正确使用礼貌用语“请”“您”“谢谢”“对不起”等，别人讲话时不随意打断；遵守幼儿园及公共场所的各项规则和纪律，如排队、不随地乱扔垃圾等；爱护花草树木，爱护公共设施；不随便乱拿别人的东西。《3—6岁儿童学习与发展指南》中指出，“在良好的社会环境与文化的熏陶中学会遵守规则，形成基本的认同感和归属感”，“对幼儿表现出的遵守规则的行为要及时肯定，对违规行为给予纠正”。

2. 培养儿童的友爱精神，逐步发展儿童的社会性情感

教育儿童与同伴友爱相处，不打人、不骂人、互助谦让、不抢夺玩具、关心同伴、富有同情心；初步学会评价自己和他人的行为，愿意学习他人的优点；爱父母、爱老师、爱幼儿园，能帮助父母做一些力所能及的家务劳动，愿意参加幼儿园活动，并逐步建立起爱集体的思想。培养儿童热爱劳动的好习惯，初步学习一定的劳动知识和技能，可以多让儿童参加种植、饲养小动物、大扫除等活动，并且可让儿童多认识生活周围的劳动群体，如理发师、售货员，等等。培养儿童初步的爱国情感，教师应从培养儿童热爱自己的生活、热爱家乡、热爱劳动人民入手，结合儿童的理解水平，从儿童自身生活中寻找教育契机。

3. 培养儿童良好的个性品质

培养儿童诚实、勇敢的品质，用一些故事或事例教育儿童敢于讲真话、敢于承认自己的错误，使儿童初步形成一定的是非观，敢于主动表明自己的观点并克服困难，教师应根据引起儿童胆怯、畏缩的原因去帮助儿童排解、克服胆怯心理。培养儿童良好的意志品质，促进儿童活动过程中目的性、坚持性和自我控制能力的提升。培养儿童活泼、开朗、乐观的性格，对周围事物拥有积极乐观的态度和进取精神。教师和父母应言传身教，以正面榜样的作用对儿童施加正面影响。

三、学前儿童德育的过程

对儿童进行德育的过程，主要是指教育者根据教育目的以及儿童道德品质形成和发展的规律，有目的、有计划地向儿童施加影响，从而使他们形成一定的道德品质的过程。道德品质的形成包含四种心理因素，即前面提到过的道德认知、道德情感、道德意志和道德行为。儿童道德品质形成的过程，就是培养幼儿道德上知、情、意、行相统一的教育过程。

（一）道德认知的形成与培养

道德认知主要是对是非、善恶、美丑的行为准则及其意义的理解和评价。道德认知在道德品质的形成和发展中起着主要的作用，认知是行为的先导，只有掌握了是非标准和行为准则，才能使自身行为具有道德自觉性，没有正确的道德认知，很难形成自觉的道德行为习惯和道德情感。

☞道德认知

儿童的道德认知的特点表现为他律性、直观性和情绪性。儿童道德发展水

平较低，所懂得的道德知识少、较肤浅，概括力也较差，往往从直觉的、具体的、表面的和单独的方面去理解和辨别是非。儿童的是非观念也处于不稳定状态，缺乏道德认知的一致性。由此，道德评价活动也相应地带有很大的情绪性和受暗示性，不能以社会客观标准进行评价，从评价内容上来看，多以对他人评价和对某一行为的片面评价为主，很少进行自我评价和评价行为的社会意义。

根据以上儿童道德认知的发展特点和水平，道德认知的形成和培养应从以下几个方面进行：

（1）结合儿童可理解的具体的道德情境，通过故事、儿歌等生动活泼的形式，由浅入深地向儿童传授一定的道德知识和行为准则，并通过实践和练习，使儿童逐步地在概括这些道德故事的基础上，形成和掌握初步的道德概念。这个过程需要循循善诱、潜移默化地运用多种方式，反对单纯的说教和灌输。

（2）教师应对儿童的行为提出要求并及时进行评价。行为准则与道德认知必须与实际行动紧密结合起来。但提出要求并不等于强制儿童必须怎么做，要用讲道理的方式，将这种“应该做”变成儿童主动自愿的“愿意做”，教师及时进行纠正或鼓励。此外还要教会儿童能运用已掌握的各种道德认知去分析和评价自身的行为和他人行为，从表面的、个别的行为现象的评价到能进行对行为动机的评价，从自身出发的评价到能客观地评价，从行为的社会意义进行评价。

（二）道德情感的形成与培养

☞道德情感

道德情感是人们对事物的爱憎、褒贬的态度，是人们按照自身道德认知对行为进行评价时所产生的情绪体验，是道德认知的一种外部表现形式。道德情感对道德认知和道德行为的形成起着积极的促进作用，道德情感是道德行为的一种内部动力，也是最重要的动力。儿童只有对事物的是非有了明显的爱憎分明的感情时，才能产生稳固的道德行为。

儿童道德情感的特点主要表现为不稳定性、模仿性和外露性。儿童的道德情感最初和自然情感是分不开的，是直觉的情绪体验形式，如同伴推倒自己的玩具后会很生气。通过正确的引导和对道德认知的掌握，儿童的道德情感逐渐明朗，家长和教师的正确价值导向使儿童获得良好的情绪体验，例如关心同伴、爱劳动等。但儿童的道德情感具有不稳定性，易受外部情境影响而产生变化。

儿童道德情感的培养应从以下两个方面入手：

（1）应创设能进行道德情感体验的良好环境和气氛。幼儿园和家庭都应创设一个充满爱、信任、同情和民主的和谐环境，在这种良好的环境中培养儿童健康、积极的道德情感。成人也应起到道德榜样作用，儿童易受成人情感的影响，成人对事物的态度和看法会直接影响儿童。道德情感的丰富和培养需要教育者不断动之以情、以情育知、以情激行。

（2）注意调节儿童的情感。鼓励儿童表达自己内心的真实感受，尊重儿童的情感，在此基础上引导儿童正确的行动。但在实践中，许多教育者往往注重形式而忽视儿童的道德情感，例如，两个儿童发生冲突后，成人通常会要求不哭的儿童向哭泣的儿童道歉，未询问具体情况就做出了评价和判断。这种不公正对儿童来说，其危害是深远和严重的，儿童会丧失对正确价值观的追求，其真实的情绪情感表达也会受到影响。

（三）道德意志的形成与培养

道德意志是指人们在产生道德行为的过程中，能自觉地确定目的，并支配行动，以实现预期目标的能力。道德意志具有自觉性和坚持性的特点，能够帮助人自觉调控自身行为，克服困难，将道德行为坚持到底。道德意志在道德行为的产生中起着“杠杆”的作用，是道德行为的精神支柱。道德意志坚定，才能将道德认知与道德情感转化为实践。道德意志的形成是长期磨炼的结果，对儿童道德意志的培养和锻炼更需从小做起。

☞道德意志的培养

儿童道德意志表现为自觉性较低、自制力弱和坚持性差。儿童道德意志自觉性较低是指儿童常常是听他人指令而去做某件事，而不是出于自觉的道德目的。并且儿童的抑制能力发展得尚不充分，自制力较差，易冲动，易变，坚持性也较差，因此，需要成人的引导和督促。

☞儿童道德意志的特点

儿童自制力需要在日常生活中培养，要为他们建立一个合理的生活制度，要求儿童按照生活制度进行活动，养成良好的、规律的生活习惯；鼓励儿童付出一定的努力，独立完成任务；通过经常不断地对儿童行为提出具体的、合理的、坚持一贯的要求，促使儿童将道德认知转化为实际行动；应多给予儿童鼓励和赞扬，帮助儿童树立自信心，从而提升儿童的道德意志。

（四）道德行为的形成与培养

道德行为是指符合一定道德标准的行为表现，道德行为反映道德认知的效果水平，是道德教育的最终目的，思想和行动的一致性是道德教育的根本。道德如果失去了相应的行为那也就失去了实际意义，同时，道德观念的正确与否也需要从行动中做出判断。

☞道德行为

儿童道德行为的特点是知行易脱节，并且容易反复。儿童的辨别能力较差，可能会对一些行为不分好坏地进行模仿；或者从道理上能理解行为准则，但在行动中完全抛弃；同时，儿童还不能把行为动机与结果统一起来，往往只看到行为结果，而忽视动机。

☞道德行为的培养

应对儿童进行一定的道德行为训练，教师要提供良好的榜样示范，使儿童行有准绳，随时对照；以鼓励和表扬为主，激发儿童的内在积极性，并注意对积极的行为动机及时予以强化，使儿童明白自己行为的对错；注意培养儿童言行一致的品质，不要养成儿童说空话的不良作风；教师可使用讲解法、典型分析法、讨论法、正误比较法、价值澄清法、社会认知冲突训练法等，向儿童讲明道理，使儿童理解良好道德行为的意义和必要性，从而激发其行为动机；让幼儿循序渐进地练习道德行为，由易到难，要从生活中的每一件小事做起，日积月累，形成一定的道德践行能力；为他们建立必要的规章制度，儿童道德行为的形成规律，是由被动到主动逐步发展的，规章制度既能强制约束儿童的言行，又能引导儿童采取正确的行为方式，是一种无声的教育。

总的来看，知、情、意、行四方面是统一发展的过程，相互促进、相互渗透，德育过程就是提高儿童道德认识，丰富道德情感，并培养儿童道德意志和道德行为习惯的过程。简言之，即晓之以理，动之以情，练之以行，持之以恒。[①]同时，还要注意儿童知、情、意、行四个方面的平衡发展。另外，也有必要指出，学前儿童德育过程具有“多开端性”，具体的德育过程不一定从道德认识出发，也可以从道德情感、意志或行为出发。美国心理学家柯尔伯格运用“道德两难故事”实验，从道德评价和道德判断的角度，提出了儿童道德发展阶段理论，他认为儿童道德发展分为三水平六阶段：前习俗水平，包括服从与惩罚的道德定向阶段、单纯的利己主义的道德定向水平；习俗水平，包括好孩子道德定向阶段、维护权威和秩序的道德定向阶段；后习俗水平，包括社会契约的道德定向阶段、良心和原则的道德定向阶段。以班杜拉为代表的社会学习理论学派则重点强调儿童的道德获得方式，如模仿学习、角色扮演等，他们认为儿童道德发展主要受到社会环境的影响，因此强调成人榜样及强化的作用。这些观点对我们促进儿童的道德发展都具有一定的借鉴意义。

四、学前儿童德育的原则

☞学前儿童德育的原则

学前儿童德育原则是进行德育工作必须遵循的基本要求和指导思想，它是德育本身基本规律的反映，是学前教育实践经验的概括和总结。学前儿童德育的主要原则包括以下五个。

（一）遵循儿童身心发展特点的原则

前面提到过，一些心理学家从不同角度提出了儿童道德发展的规律和影响因素，我们应以科学的态度，遵守儿童的身心发展特点，认识到不同年龄阶段儿童

① 黄人颂. 学前教育学［M］. 北京：人民教育出版社，1989：199.

的不同道德发展水平，在符合儿童发展水平的基础上，对儿童进行“最近发展区”的培养。

（二）热爱、尊重和严格要求儿童相结合的原则

热爱、尊重儿童是学前教育中的一般原则和必须遵守的原则，只有在一个被呵护和被尊重的环境下，儿童才能健康、快乐地成长。然而只有热爱和尊重儿童是不够的，还要对儿童严格要求，让幼儿认识到什么是对的，什么是错的，形成正确的道德认知。德育工作需要成人对儿童的关爱和尊重，这是儿童情绪的催化剂，也是促进儿童道德进步的驱动力；德育工作也需要教师对儿童严格要求，只有成人对儿童一视同仁、耐心细致地关注儿童，儿童才能信赖、敬仰教师，并以教师为榜样，在一个充满安全感的环境下，儿童充满正面的、积极的情感，接受良好的道德教育。

（三）坚持正面教育、启发诱导的原则

学前儿童德育必须坚持以正面教育为主，对儿童进行正面积极的引导，通过榜样示范、表扬鼓励等积极的强化手段，激发儿童自觉接受德育的内部动力。模仿是儿童学习的重要方式，生动的榜样、教师的以身作则比单纯的语言说教更容易使儿童信服。同时，通过情景模拟对儿童进行启发诱导，即使对有某些不良行为的儿童，也应具体分析原因，也不能随意打骂、责罚，这会造成儿童精神上的负担或产生抵制情绪。

（四）教育的连贯性和一致性原则

要培养一个有道德的儿童，需要一个良好的道德环境。幼儿园、家庭和社会各方面都要按照教育目标，长期连贯的、一致地教育儿童。学前儿童德育是个长期的过程，需要循序渐进的培养和塑造，同时，儿童的坚持性、稳定性较差，容易随着外界环境的改变而变化，所以，儿童德育工作必须重视教育影响的一致性，使之不断巩固和提高。时断时续的教育影响是不可能有效地形成儿童良好的道德品质和行为习惯的，如果各方面对儿童所提的要求或给予的教育影响不一致，教育作用或教育效果就会互相抵消，使儿童无所适从，或带来行为表现的两面性，这都不利于儿童德育工作的开展。幼儿园应统一家庭和社会各方面的德育影响，主动争取社会各部门、团体的配合，协调一致地培养儿童良好的道德品质。

（五）集体教育和个别教育相结合的原则

在教育工作中，教育者要教育、培养集体，通过集体的活动教育个人，再通

过个人的进步促进集体的发展，儿童的集体既是教育对象，又是教育力量。集体活动能使儿童懂得遵守集体活动的要求，在集体中互相学习，集体的舆论、行为准则和榜样都是教育儿童的力量。当前独生子女多，独生子女的问题也不断出现，通过集体对儿童进行德育更具有重要意义。但是，重视集体教育并不等于忽视个别教育，实施集体教育正是为了提高每个儿童的发展水平，幼儿园要把集体教育与个别教育并重，每个儿童都具有自身的发展水平和个性特点，例如，有的儿童有礼貌，但不爱惜物品；有的儿童友爱互助，但自控力差等。在进行德育工作时，必须从每个孩子的实际出发，提出不同的要求和目标，做到有的放矢、因材施教。

☞学前儿童德育的途径与方法

五、学前儿童德育的途径与方法

（一）学前儿童德育的途径

1. 儿童的日常生活

学前儿童德育是一个日积月累的过程，学前儿童德育的具体内容和任务又广泛地体现在日常生活的待人接物及处事之中，日常生活对儿童品德的形成有多方面的影响，并且还为儿童行为的反复练习与实践提供机会，只有认真做好日常生活之中的德育工作，才能顺利实现德育任务。在日常生活中，让儿童更多地与同伴及成人自由地接触和交往，能逐步培养其关心、帮助别人以及分享与谦让等道德行为，儿童日常生活的各种活动，如盥洗、就餐等能为他们形成良好的道德品质提供丰富的内容。日常生活中的常规和生活制度渗透着德育的内容，通过常规训练和严格执行生活制度，培养儿童有礼貌、有纪律以及良好的自制力等道德品质和行为习惯。

2. 专门的德育活动

德育活动是以德育为内容的专门的活动，教育者除抓好儿童日常生活中的德育契机以外，还要根据幼儿园各年龄班德育的内容与要求，有目的、有计划地组织一些专门性的德育活动，如有关德育的游戏、劳动、主题谈话、参观、讨论、表演等各种活动，通过具体情境，提高儿童的道德发展水平。

（二）学前儿童德育的方法

为实现学前儿童德育的任务，需要选择正确的教育方法。向儿童进行德育的基本方法有以下几种。

1. 榜样示范法

榜样示范能为学前儿童德育提供具有重要教育作用的典型事例，是以他人的良好行为去影响儿童的一种教育方法。儿童掌握行为准则是从模仿周围人们的行为和听到人们对行为的评价开始的。榜样对儿童道德品质的影响与支配作用，要比语言指示更有影响力。榜样示范可以把抽象的道德要求具体化、形象化，使儿童易于接受并见诸行动。榜样的激励，也可以启发儿童主动地按道德行为准则行事，可以使儿童经常用榜样对照自己，主动地修正自己的不良行为，越是年幼的儿童，榜样的作用就越大。儿童好模仿，但常具有盲目性，教师必须为儿童选择和确立积极的榜样，在运用榜样示范法时，还必须不断提高儿童的认识和分辨度，避免盲目模仿的倾向。

2. 说明和讲解

说明和讲解是向儿童具体说明应遵守的规则，并讲解简单的道理。说明和讲解应具体、易懂，应结合一些直观材料或具体事例，语言要简明、生动，具有启发性和说服性，而不是进行抽象的道德训诫，或单调无味地说教和斥责。切忌简单生硬地压服，运用说明和讲解要善于调动儿童内部的积极因素，要启发诱导，鼓励儿童分辨是非。

3. 表扬与批评

表扬与批评是对儿童行为的评价，是使儿童掌握行为规范及形成良好道德品质的重要方法。表扬是对儿童好的思想行为给予肯定的评价，起到强化和鼓舞的作用。表扬的方式多种多样，要根据不同儿童的性格特点，给予不同的表扬方式。多运用表扬和批评，能够使儿童逐渐地学会判断行为的好坏，可以成为鼓励儿童向上的动力。评价内容上，从对某一件事的具体评价，逐渐扩大到评价同伴行为；从对儿童某些行为的评价扩大到多方面行为表现的评价；从按行为效果进行评价到以道德的动机来评价。

4. 练习

练习是在一定条件下，在各种实践活动中，通过多次重复和练习而培养和巩固某种行为习惯的方法。任何一种行为习惯，都是在经常性的要求和长时间的练习下形成的，只有通过反复地练习才可以使儿童把获得的初步的道德认知转化为行为，才能让他们逐渐形成道德行为习惯，所以应利用各种机会对道德要求和准则进行练习和实践。在儿童的日常生活、游戏、学习等各项活动中，都可利用教育契机进行道德行为习惯的练习，例如，在游戏中练习谦让互助、爱护玩具等。练习必须伴随着语言的指导，以指导和强化儿童正确的行为；对待儿童的一些不良习惯，除努力消除其根源外，仍需通过练习逐渐建立好习惯。

学前儿童德育实质上就是帮助儿童社会化的过程；学前儿童德育的目标强调从情感入手，培养儿童应具备的品质和良好行为习惯，使儿童品德和个性发展具有良好的开端；日常生活、游戏是实施学前儿童德育的最基本途径；实施学前儿童德育要注意尊重幼儿，遵循德育的规律。

第四节 学前儿童美育

对儿童进行美育并不是对儿童进行艺术训练，而是培养儿童在生活中发现美、感受美、创造美的能力。对儿童进行美感教育要根据儿童的身心发展规律进行才能起作用。

一、学前儿童美育的概念与意义

☞学前儿童美育的概念与意义

（一）学前儿童美育的概念

美育即审美教育。美育在构成人的全面发展教育中，有其独特的功能。学前儿童美育依据儿童的审美心理规律，致力于培养儿童对自然界、日常生活、文学作品和艺术作品中美的感受，培养儿童的审美兴趣、审美能力和发展儿童创造美的能力。美育主要对应学前教育五大领域中的艺术领域。

美包括自然美、社会美、艺术美三种类型，学前儿童美育以艺术教育为基础，主要包括音乐、美术、文学等听觉、视觉和语言艺术方面的教育。《3—6岁儿童学习与发展指南》中对艺术领域的阐述主要从“感受与欣赏”“表现与创造”两个方面进行。

（二）学前儿童美育的意义

美育随着人们的审美活动和艺术的产生而产生，人们的审美活动和艺术是在劳动过程中形成和发展起来的。我国近代教育家蔡元培是我国学校美育的奠基人，他认为美育的作用在于陶冶情感，消除私念，养成纯洁的习惯，增添人生快乐，提起人的创造精神。他还重视学前儿童的美育，主张美育要从胎教做起，而且要为儿童提供优美的环境。西方古希腊哲学家柏拉图、亚里士多德都主张德、智、体、美和谐发展，柏拉图提出用音乐陶冶心灵；近代教育家福禄贝尔设计的游戏中，有一多半属于折纸、编织、泥工等美工游戏；蒙台梭利也提出注重环境布置的审美性质，认为只有和谐、优美的环境才能促进儿童更好地发展。

总的来说，学前儿童美育的意义主要包括以下几点：

1. 培养儿童对美的兴趣和爱好，扩大和加深儿童对事物的认识

美育可以开阔视野，增长知识，促进儿童智力的发展。儿童正处在形象思维发展的阶段，美的形象能促进儿童的形象思维发展，并引起儿童的联想，产生丰富的想象活动。同时，在美育活动中，儿童实现着内在认知结构的建立与外在表现活动的统一，如儿童随意的舞蹈动作、富有情感的故事讲演、自制玩具等，不

仅发展儿童的思维和想象，也发展儿童的操作技能。美育使儿童借助形象化的方式认识世界，弥补了儿童用语言和逻辑推理方式进行学习的不足，也有利于儿童大脑左、右半球的均衡发展。

2. 可引起儿童积极愉快的情绪、情感体验，使儿童精神饱满，心情舒畅

美育的特点是通过美的事物的具体、鲜明的形象来感染人，激发人们的情感，以美感人，以情动人，使人在潜移默化中受到陶冶。儿童的思维特点是直觉行动性和具体形象性，情感占优势，一些鲜明生动的形象和文学、艺术形式，如自然美景、音乐、舞蹈、优美的诗歌等，符合儿童认识的特点，引起儿童积极愉快的情绪、情感体验，使儿童精神饱满，心情舒畅，促进儿童的健康发展。

3. 美育是全面发展教育的组成部分，对儿童体、智、德等方面的发展起促进作用

《3—6岁儿童学习与发展指南》中指出“艺术是人类感受美、表现美和创造美的重要形式，也是表达自己对周围世界的认识和情绪态度的独特方式”。美育使儿童处于愉快的情绪之中，有助于身体健康。各种美育活动，如舞蹈、手工、绘画也需要身体大、小肌肉的协调运动。生活中美的事物、形象，以其声、光、形、色等特征促进儿童感知觉的积极活动，开阔儿童的视野。儿童对美的反复感受可以提高儿童的审美能力，还使儿童的心灵得到陶冶与净化，可以作为德育的有效手段，以情感人。如通过欣赏祖国的美丽河山唤起儿童爱祖国的情感。

4. 美育是社会主义精神文明建设的组成部分，是培养人精神面貌总体系中的重要方面

幼儿园教师要注意发现、挖掘生活中的美，引导幼儿去感受，扩大其审美视野，提高幼儿认识美的能力。人的高尚的精神追求和道德情操通常是与对美的感受、对美的追求交织在一起的，美育是建立一个文明、美好社会所不可或缺的部分，对儿童实施美育，可以促使儿童形成健全的人格，为提高全民族素质奠定基础。

二、学前儿童美感的发展及特点

☞学前儿童美感的发展及特点

（一）学前儿童美感的发展

美感是人们在对客观事物的审美过程中产生的具体感受、体验、认识和评价。它是内在的心理通过外在形式表现出来，是人类所独有的、高级的情感生活方式。

儿童美感的发展与意识的发展相伴随，感知觉、思维、想象、情感等心理过

程的发展，为美感的发生与发展提供了生理和心理基础。儿童美感发展的过程，经历了从对美的现象无意识地反映，到逐渐能够模仿周围的人表现美感，再发展到有意识地感受美、表现美。因此，在教育过程中，应提供给儿童色彩、声音、形体等多样的美的刺激，为儿童模仿成人创造条件，并进一步扩大儿童感受美的范围，启发儿童创造美的活动。

（二）学前儿童美感的特点

1. 学前儿童美感与良好的情绪体验联系紧密

美国符号论美学家苏珊·朗格认为，艺术是一种情感符号。儿童在审美过程中充满了情感色彩，我们可以注意到，很小的婴幼儿即对色彩、声音等有了审美偏爱。同时，儿童在积极情绪下更能产生美感，例如，当儿童情绪愉快时，更愿意用绘画、语言或身体动作表达，表达的内容反映在色彩、构思、音调、节奏、动作程度等方面，表现出自身需要得到满足的愉悦感。

2. 儿童美感较为肤浅

儿童对表面的、简单的形式美容易感受，但对内在美的感受则要经过逐步的培养和训练。例如，儿童喜爱鲜明、艳丽的颜色，却不注重色彩的协调；涂色时较随意，不管轮廓线，涂的色彩不够均匀等。

3. 儿童对美的感受带有行动性的特点，会直接以动作、表情、语言和活动等方式表达出来

儿童感受美的东西时总喜欢利用感官去看、听、摸、闻等；听到音乐时，会伴以一定的身体动作；听故事会随情节手舞足蹈。

从发展阶段上来说，儿童美感发展首先是对美的现象能有初步无意识地反应，之后能逐步模仿周围的人表现美感，在经过一定的审美教育之后，才能有意识地感受美和表现美。因此，应根据儿童美感发展的特点，有针对性地实施和开展美育。

三、学前儿童美育的实施

☞学前儿童美育的实施

学前儿童美育的实施应当始终贯穿在儿童的全部生活之中，而且美育的内容、方法要适合不同年龄儿童的兴趣、爱好和接受能力。美育在幼儿园中的具体实施，可以从以下几个方面进行。

（一）创设美的生活环境

儿童的美感主要源于环境的刺激。为儿童创设美的生活环境，可以对儿童进

行美的熏陶和感染，引起儿童对美的情趣，使其经常感受环境中的美。幼儿园环境应做到整洁化、绿化、艺术化和儿童化，要善于引导儿童去欣赏优美的环境，热爱美的生活环境。此外，大自然是美育的丰富源泉。大自然的山川河流、鸟兽鱼虫、花草树木，以及经过人们劳动加工的园林、景区等，都以美的形态给人美的享受。成人应引导儿童善于发现、揭示自然景物中的美，并且应选择恰当的、能为儿童理解的艺术语言，表述其中的美，这样可以大大提高儿童的美感和审美水平。

（二）选择社会生活中美好的事物感染儿童

社会生活是以人的活动为核心的，社会生活中处处充满了美好的事物，美广泛存在于社会之中，同时也与社会生产力水平、社会观念等息息相关。从“美”的字形结构可以看出，羊大为“美”，这反映了古代农牧时期游牧人民朴素美的观念。我们要善于从当今琳琅满目的社会生活中为儿童选择其中能被他们所理解的事物，引导儿童进行欣赏，促进儿童认识生活和更加热爱生活。同时，社会生活也包括儿童的日常生活，日常生活中的美是儿童最熟知的，例如，家人的穿着、菜肴的色香、居家环境的布置，等等，生活中处处都有美，学前儿童美育应当与儿童所熟知的社会生活、日常生活紧密联系在一起。

（三）艺术教育是学前儿童美育的有力手段

在艺术教育中，应教会儿童一些简单的艺术技能和审美感知的方法，培养儿童对艺术的兴趣，例如，教师可以引导儿童观察物体的色彩、构图、形状、质地，感受物体的运动节奏，理解事物之间的对称、对比、均衡、协调等关系，让儿童能够感受和欣赏简单的艺术作品，发展美感和审美能力。注意发展儿童的想象力和创造力，切忌让儿童单纯模仿，这不仅会压制儿童的天性，而且完全背离了美育的宗旨，将美的活动降格为一种机械训练，如有的教师过分强调“标准”和“正确答案”，认为儿童必须把小鸭子涂成黄色才是对的。成人应鼓励和接纳儿童的想法，并试着通过儿童的艺术表达去理解儿童的世界。同时，还要让儿童掌握审美表达的简单技巧，一是实践活动的表达，如让儿童注意自己的语言美、服饰美等；二是艺术表达，如唱歌、跳舞等。

（四）通过游戏进行学前儿童美育

儿童在游戏中可以按自己的意愿去感受与表达。在儿童的游戏活动中，应引导他们反映现实生活中美的事物。例如，儿童搭建积塑，可引导他们发现建筑物的立体感。儿童可以无拘束地在游戏中进行美的创造，自己设计、自己表达。瑞吉欧教育中特别强调儿童的艺术表现，《儿童的100种语言》一书曾轰动世界。

体、智、德、美诸方面的发展统一于儿童个体的发展之中，这四个方面相互联系、相互促进、相互渗透、相互制约，不可分割。同时，体、智、德、美四育在儿童发展中又具有各自独特的作用，具有不同的价值，不能相互取代。对学前儿童的全面发展来说，不能偏废任何一个方面，这四育融会在一起，构成整体的教育力量，促进学前儿童全面和谐发展。只有正确认识四育之间的相互关系及其重要作用，才能发挥教育的最优功效。

【实践训练】

幼儿德育中连贯性与一致性原则实施

幼儿园老师要求幼儿保护环境，不要乱扔垃圾。但是，当幼儿和家长一起出去玩或上街时，家长给幼儿买了冰激凌。幼儿吃完以后，发现附近没有垃圾箱。幼儿问家长怎么办，家长告诉幼儿扔在地上算了，幼儿表示反对："我们老师说，不能乱扔垃圾。""可是，找不到扔的地方怎么办？反正大家都在扔，你看满地的垃圾，再多你这点儿东西也不算多，快扔掉吧，拿在手里脏死了。"听了家长这一番话，幼儿只好把手中的垃圾扔掉了。

——资料来源：王雪萍. 幼儿教育学［M］.
北京：中国人民大学出版社，2014.

案例分析：上述场景发生在幼儿与家长之间，教师并没有参与其中。教师在幼儿园对幼儿的教育可见对幼儿产生了积极影响，但家长并没有意识到并在此过程中破坏了这种积极影响，德、育连贯性与一致性原则没有得到很好的落实。

【做中学】当发现幼儿园中所学的内容与现实有冲突时，幼儿开始是怎么做的，最后又是怎么做的？谈谈你的认识。

【学而思】在上述案例中，家长为什么这样做？这样做对幼儿来说会产生什么影响？

【思而行】请结合本章所学，思考教师在生活中遇到类似的情况应该如何做？

【学习自测】

1. 学前儿童全面发展的内涵是什么？有何意义？
2. 幼儿园体育活动的组织形式有哪几种？

3. 学前儿童智育的任务是什么？

4. 谈谈你对学前儿童德育原则的理解。

【理解·反思·探究】

1. 在培养儿童的生活自理能力时，幼儿园教师应如何做好家园共育的工作？

2. “教给儿童拼音是可以的，只是实施方式合不合适的问题。”谈谈你对这句话的看法。

3. 你认为应如何贯彻学前儿童德育的连贯性和一致性原则？

4. 艺术教育与美育的关系是什么？艺术教育与艺术训练相同吗？

師

实践篇

学前教育的实施

第五章　幼儿园教师

【学习目标】

知识目标：

- 掌握幼儿园教师的作用与任务。
- 了解幼儿园教师的劳动特点。
- 理解幼儿园教师需要具备的基本素养。
- 掌握师幼关系的内涵与影响因素。

能力目标：

- 能采用多种方式和途径促进自身专业成长。
- 能运用师幼关系的培育策略建立优质的师幼关系。

【知识导图】

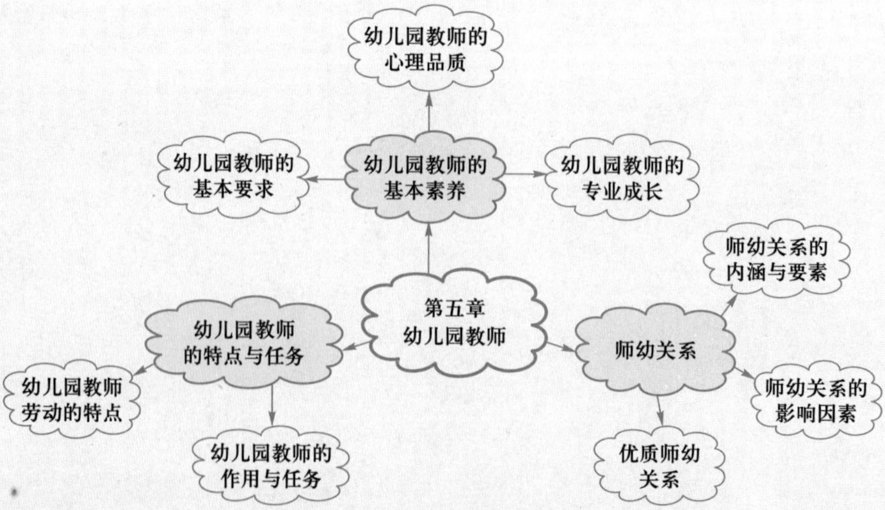

两岁半的晨晨第一次离开家，在妈妈的陪伴下走进了幼儿园，从今天起，小小一班将成为他的第二个家。可是，一连好多天，他总是一到幼儿园就不停地哭，“我想妈妈，我要妈妈！”晨晨不停地咕哝着。我灵机一动，跟晨晨说：“晨晨，在幼儿园里我做你妈妈好吗？”“好的！”晨晨慢慢止住了哭泣。从这天起，晨晨很少哭了，但总是时不时地跑到我面前问：“你是我妈妈，对吗？”“对的！”我总是很肯定、很快乐地回答，他便放心地继续玩耍去了。①

幼儿园教师作为儿童生命成长中的重要他人，和儿童、幼儿园教育内容以及幼儿园环境共同构成幼儿园教育的核心要素。作为儿童重要的启蒙老师，幼儿园教师的言行举止，小到一个微笑、一个亲昵的动作，都有可能会改变一个儿童。那么，幼儿园教师如此重要的角色在整个幼儿园教育过程中发挥什么作用？幼儿园教师的劳动有哪些特点？幼儿园教师的一天究竟有哪些工作？合格或者优秀的幼儿园教师应具备哪些素质？如何建立优质和谐的师幼关系？带着这些问题，我们开始本章内容的学习。

第一节　幼儿园教师的特点与任务

幼儿园教师的一切工作都是围绕着各方面正在发展的儿童展开的。每个儿童都是不同的，具有自己独特的需要，因此，幼儿园教师每天的工作都不一样。幼儿园这个环境充满了学习的激情，在这个环境里无论是教师还是儿童，都在学习。

一、幼儿园教师劳动的特点

☞幼儿园教师劳动的特点

《幼儿园教师专业标准（试行）》中明确指出，幼儿园教师是履行幼儿园教育工作职责的专业人员，需要经过严格的培养与培训，具有良好的职业道德，掌握系统的专业知识和专业技能。“幼儿园教师，是专指在特定的学前教育机构中，利用专门的设施，按照特定的章程，对学前儿童实施教育行为的专业人员。主要包括各类幼儿园、早教中心等学前教育机构中对学前儿童施加教育行为的

① 提供者：上海市长宁实验幼儿园廖蕊。

教师。”①

幼儿园教师承担了幼儿园教育的工作，根据教育目的和培养目标，结合儿童的身心发展特点，指导儿童开展各项活动，并且照看他们的饮食、睡眠、盥洗等，促进他们体、智、德、美各方面的全面发展。同时，幼儿园教师还要向家长、社会宣传学前教育的相关科学知识，指导家庭教育。与其他劳动相比，幼儿园教师的劳动具有以下独特的特点。

（一）劳动对象的主动性和幼稚性

在幼儿园教师的劳动中，儿童是劳动的对象。虽然他们的年龄小，但都是一个个具有独立发展意识的个体，每个儿童在擅长领域、发展速度、行为特点等方面都各有不同且主动性较强。在幼儿园教师对儿童施加影响的教育过程中，儿童既是“教”的客体，又是“学”的主体。儿童不是消极被动地接受教师的教育影响，而是通过动手操作，在自主探究中形成自己的经验和知识结构，发展自己的情感和能力。因此，幼儿园教师的工作十分复杂，必须要深入了解每个儿童，针对他们的发展水平，组织活动激发他们的兴趣，使他们积极投入到活动中去。与此同时，教师也需关注儿童的反馈，调整活动的内容、形式和组织方法，才能取得更好的效果。

幼儿园教师的劳动对象不仅具有主动性，而且还具有幼稚性。幼儿园教师劳动对象一般为3—6岁的儿童。儿童感知的事物有限，许多体验都是生命中的第一次。同时，儿童在这个阶段开始独立行动和思考，用语言表达自己的愿望和感情，但他们的思维还处在具体形象的水平，知识经验还很少。他们以独特的眼光来看待周围的一切，充满着天真、新奇与幼稚。很多成人看来习以为常的事物或行为在儿童的眼中就非常有趣，也十分有意义。他们看到秋天树叶变黄落下会问叶子最后到了哪里，会一动不动地观察蚂蚁的行动轨迹……因此，幼儿园教师要尊重儿童的兴趣和意愿，学会从儿童的视角出发来考虑教育的内容和方法，才能更好地引导儿童从原有的水平向前发展。

（二）劳动任务的全面性和细致性

幼儿园教师劳动的最终目的是要促进儿童体、智、德、美全面发展。首先，保教结合是幼儿园教师教育工作的重要特点。教师对儿童进行养护、保育，照料儿童的一日生活是其工作中极为重要的部分，而且要在保育过程中抓住一切契机对儿童进行教育。其次，幼儿园教师要全面负责儿童的教育活动，指导儿童进行身体锻炼，促进其动作发展；通过游戏活动指导儿童进行学习，促进其智力、情

① 虞永平，王春燕. 学前教育学［M］. 北京：高等教育出版社，2012：68.

感、社会性等方面的发展。

幼儿园教师的劳动任务又是十分细致的。儿童各方面发展均处于起步阶段，独立生活能力较差，教师要精心地照料他们在幼儿园的生活，更重要的是指导儿童学会生活的基本技能，如指导儿童穿衣、穿鞋、系扣子、拉拉链等。儿童认知能力的发展，需要教师的启发和引导，激发其兴趣和求知欲。幼儿品德和行为习惯也需要在教师具体示范、反复说明和提醒下，逐渐培养。教师不仅需要关注儿童的身体健康情况，还要敏锐地关注儿童心理情绪的变化，如有问题需及时处理。

（三）劳动过程的创造性和灵活性

幼儿园教师劳动的对象是个体差异明显的儿童，他们来自不同的家庭，接受着不同的家庭教养，具有不同的兴趣、爱好和性格，有着不同的发展水平和发展速度。我国幅员辽阔，不同地区的自然环境和社会条件差别很大，托幼机构又有多种类型，即使幼儿园的一日生活安排流程大致相同，其中的具体内容也必须因时、因地制宜。

由于儿童的差异及外部环境的不同，幼儿园教师必须针对具体情况，开展工作，这本身就是一种创造性的过程。幼儿园教师需要根据班级和每个儿童的特点，考虑本园的社会环境和自然环境，结合节日、季节等，创造性地制订本班的活动计划，选择合适的活动内容和方法。在一日活动过程中，有一系列的问题需要教师创造性地去处理，如户外活动中应增加哪些新的游戏材料？有的区角经常排队，而有的区角却门可罗雀，怎样调整区角活动来激发儿童的兴趣？……许多幼儿园教师都是在创造性的教育实践中逐渐形成了自己的教育风格。

同时，这些内容的安排、设计不是一成不变的，必须根据儿童的需求变化不断调整、改进，特别在教育改革的过程中，要打破原有的旧框架，创新教学，灵活运用新方法，才能够促进儿童的发展。

（四）劳动手段的主体性和示范性

在教育教学过程中，儿童是“学”的主体，而教师是“教”的主体。儿童知识的习得、能力的培养、品德的塑造、行为习惯的养成很大一部分是通过对幼儿园教师的直接模仿而获得的。因此，幼儿园教师的劳动手段带有很强的主体性。教师主动内化教学要求，采取适当的教学行为，在与儿童朝夕相处中，用自己的一言一行、一举一动不断熏陶、影响着儿童。

在学前教育中，身教重于言教，幼儿园教师自身的活动和言行是重要的教育手段。教师自身要把教育内容不断内化，并采用适合儿童身心发展水平的方法来传递给儿童。幼儿园教师应有开朗的个性、一定的教育技能和素养、广泛的知识，而且要是绘画、音乐、文学的多面手，才能充分地发挥身教的作用。

（五）劳动周期的长期性和滞后性

教育是对人施加影响的工作。幼儿园教师的劳动是培养人的劳动，要经过长期的过程才能获得劳动成果。儿童成长为社会所需要的人才，需要十几年甚至几十年的周期。就个体来看，每一个儿童在体、智、德、美的发展上也是一个长期的、反复的过程。幼儿园教师要付出长期的、大量的劳动，才可能取得一定的效果。幼儿园教师对儿童的教育不会随着他们离开幼儿园就消失了，有些影响往往会使其受益一生，如良好的品行、学习习惯和行为习惯。

由于儿童的接受能力有限，许多知识，技能往往需要在教师帮助下，通过反复理解、练习，才能逐渐习得。教育是一个复杂的、长期的过程，影响儿童发展的因素不仅来自幼儿园教育、来自幼儿园教师，还会受到家庭、社会等多种环境的综合影响，因此，幼儿园教师的劳动影响，即儿童的发展状况，不像工人生产产品那样具体可见。同时，由于儿童将来要适应 20 年以后的社会，在培养目标、教育内容和方法上，都应着眼于未来，考虑未来社会的需要，使儿童成为未来的有用人才。

综上所述，幼儿园教师的劳动是十分复杂的、细致的、艰巨的和具有创造性的。但同时，幼儿园教师的劳动是促进儿童健康成长，是在为社会培养新世纪的接班人，因此，幼儿园教师的劳动也是十分光荣的。

二、幼儿园教师的作用与任务

由于儿童年龄较小，思维发展水平较低，自理能力较差，对成人的依赖性较强，因此，幼儿园教师作为儿童的第一任正式教师，对幼儿的全面、健康发展起着至关重要的作用。

（一）幼儿园教师的作用

1. 幼儿园教师是促进儿童发展的指导者

在教育过程中，幼儿园教师对儿童的发展起指导作用。儿童有自己的意愿和需要，在自己原有的基础、水平上，按照自己的速度主动地发展，而非被动地接受外部影响。外部的环境、教育等各种因素必须通过儿童内部的接纳、消化而起作用。儿童的发展，实际上正是这种内因和外因相互作用的结果。幼儿园教师的指导作用，也必须充分调动儿童的主动性，激发儿童积极接受学习的内部因素，才能得以实现。可以说，激发儿童的主动性、积极性才是幼儿园教师发挥指导作用的前提。因此，幼儿园教师应尊重儿童的意愿，尊重儿童现有的发展水平，选取合适的内容，创设环境并采用适当的教育方法，充分调动儿童的主动性、积极性。

2. 幼儿园教师是启迪儿童智力的开拓者

幼儿园教师对儿童智力的开拓作用，不仅是社会发展的必然要求，更是儿童全面发展的客观需要。儿童对周围的一切都感到好奇、新鲜，会不停地问“是什么”“为什么”，表现出极大的兴趣和求知欲。此时的教育才是最有意义、最有价值的，幼儿园教师需要以极大的工作热情和卓有成效的教学指导，满足儿童的需求，发展他们的潜能，催发他们心灵深处智慧的种子。

启迪儿童的智力是幼儿园教师的天职。首先，教师应把握儿童智力发展的规律与特点。其次，教师既要关注儿童整体发展水平，还要根据儿童的个别差异进行针对性的指导。最后，教师要有创新意识，通过创造性的活动设计，采用多种教育方法，激发儿童主动思考、操作，切忌因儿童特立独行的表现而责备或不予理睬，应该保护每个儿童的创造力与想象力。

3. 幼儿园教师是塑造儿童心灵的工程师

幼儿园教师的任务是育人，既要开启儿童的心智又要培育他们的心灵，而对于儿童心灵的启迪比教给儿童任何知识、技能更重要，学会做人才是成为一个独立社会人的根本。幼儿园教师的品德、人格对儿童心灵上的影响是不容忽视的。

幼儿园教师要根据幼儿园教育的目标，站在促进儿童全面、和谐、健康发展的角度，不仅要促进儿童体、智方面的发展，更要注重其道德素质、审美能力的培养，帮助儿童树立正确的是非观、价值观，提升儿童的修养。儿童由于思维水平有限，很难掌握抽象的道德概念，在儿童品德形成的过程中，对道德标准的理解是与具体的人或事情联系的，是在模仿成人或执行成人的要求，在成人评价的引导、影响下逐渐发展起来的。因此，幼儿园教师需要为儿童树立榜样，在潜移默化的影响中，培养儿童良好的道德品质和行为习惯。

4. 幼儿园教师是家园共育的宣传者和参与者

家园共育是幼儿园工作的重要内容。幼儿园教育不是幼儿园单方面就能完成的，儿童在园已经形成了良好的习惯，但回到家后如果家长未能及时延续这种教育影响，就会造成儿童恢复教育之初的状态。幼儿园教师不仅需要重视儿童在园的教育工作，而且要利用一切机会，与家长密切联系，向家长宣传学前教育的科学知识，和家长交流经验，帮助家长教育好儿童，提高家庭教育的质量，保证教育的效果。

（二）幼儿园教师的任务

幼儿园教师全面负责班级的工作，其主要任务主要包括以下几个方面：

（1）根据国家教育方针、《幼儿园工作规程》以及国家和地方规定的幼儿园课程标准，结合本班儿童的特点和个体差异，制订和执行教育工作计划，认真实施，有计划、有步骤地开展班级保教工作。

（2）树立正确的儿童观、教育观，热爱儿童、尊重儿童，对儿童做到爱心、细心、耐心，坚持正面教育，严禁体罚和变相体罚。

（3）观察、记录和分析儿童的发展情况，因材施教，开展有效的活动，促进儿童在原有水平上向前发展。

（4）科学、合理地安排儿童一日活动，严格执行幼儿园安全、卫生保健制度，指导并配合保育员管理本班儿童的生活和做好卫生保健工作。

（5）为儿童创设良好的物质和精神环境，发挥环境的教育作用。根据教育内容，定期更换、精心布置体现儿童主体地位的活动室环境，为区域活动提供符合本班儿童发展水平、操作性强、卫生、丰富的玩具和材料。

（6）认真做好家长工作，定期和每个儿童家长保持联系，了解儿童家庭教育的情况，和家长商议符合儿童特点的教育措施，合作完成教育工作。

（7）积极参加业务学习和学前教育科研活动。

（8）定期向主管园长汇报，自觉接受检查和指导。

大量实践表明，幼儿园教师履行工作职责的水平或程度与教育的效果息息相关，因此作为幼儿园教师，要不断充电，学习新的教育理论，探索新的教育方法、手段，提高履行教师职责的自觉性，努力完成各项工作任务，促进儿童全面、健康发展。

第二节　幼儿园教师的基本素养

幼儿园教师作为儿童成长过程中的重要他人，与幼儿园课程、幼儿园环境以及儿童构成了幼儿园教育的核心要素，对儿童的健康发展起到了关键的启蒙作用，幼儿园教师综合素质的高低直接决定其能否引导儿童全面、健康的发展。

☞幼儿园教师的基本要求

一、幼儿园教师的基本要求

2012 年，教育部颁布了《幼儿园教师专业标准（试行）》，明确了对幼儿园教师的基本要求，其中的基本框架和内容如图 5-1 所示：

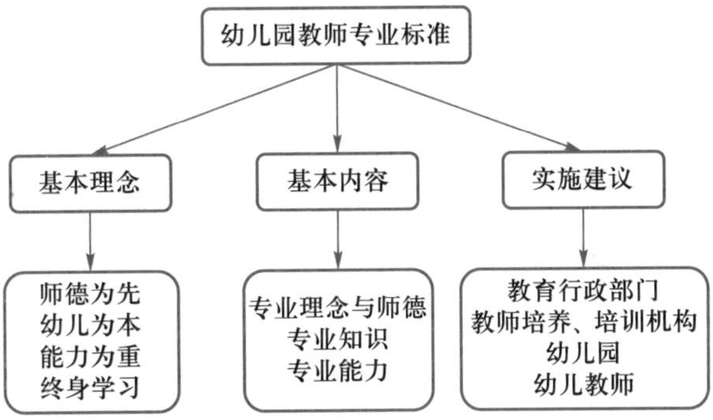

图 5-1 《幼儿园教师专业标准（试行）》基本框架

《幼儿园教师专业标准（试行）》中的基本内容包括 3 个维度、14 个领域、62 个条目（表 5-1）。

表 5-1 《幼儿园教师专业标准（试行）》的基本内容

维度	专业理念与师德	专业知识	专业能力
条目数 / 所占百分比	20/32.3%	15/24.2%	27/43.5%
领域 / 条目数	职业理解与认识 /5 对幼儿的态度与行为 /4 幼儿保育和教育的态度和行为 /6 个人修养与行为 /5	幼儿发展知识 /5 幼儿保育和教育知识 /6 通识性知识 /4	环境的创设与利用 /4 一日生活的组织与保育 /4 游戏活动的支持与引导 /4 教育活动的计划与实施 /4 激励与评价 /3 沟通与合作 /5 反思与发展 /3

☞《幼儿园教师专业标准(试行)》

（一）幼儿园教师的师德

师德，就是教师的职业道德，是教师在教育、教学工作中必须遵循的各种行为准则和道德规范的总和。师德是教师职业的基准线，教师在开展教育、教学活动的过程中，必须将师德放在首位。尤其学前教育的对象是身心发展迅速，同时又容易受到伤害的儿童，更需要幼儿园教师师德高尚，具有良好的职业道德修养，富有爱心、耐心、细心和责任心，热爱儿童和学前教育事业，能够精心呵护和培养儿童。

师德是幼儿园教师最基本、最重要的职业规范和准则，每一位教师必须树立“师德为先”的理念，遵循《幼儿园教师专业标准（试行）》的要求。其中，“热爱学前教育事业，具有职业理想，履行职业道德，努力践行社会主义核心价值体系”是幼儿园教师师德的核心；“关爱幼儿，尊重幼儿人格，富有爱心、耐心和细心、责任心，公平公正”是幼儿园教师师德的重要内容；“作为幼儿健康成长的启蒙者和引路人”是对幼儿园教师的角色要求，幼儿园教师应为人师表，教书育人，自尊自律。

（二）幼儿园教师的知识结构

1. 广博的科学文化知识、艺术知识

儿童对周围世界的认识是表面的、粗浅的，但却非常广泛，涉及生物、生态、天文、地理、物理、化学、语言、社会、数学、逻辑、艺术等自然科学、人文社会科学各领域，而且语言、美术、音乐既是学前教育的内容，也是教育手段，同时又是儿童认识世界、表达自己的思想感情的工具。因此，为了做好教育、教学工作，启迪儿童的心智，培养儿童的品德，提升儿童的修养，幼儿园教师必须具有广博的科学文化知识、艺术知识，以便能够通过具体的手段来启发、引导儿童。同时，广博的科学文化知识、艺术知识对一个现代人来说，既是基本生活所必需的，也是提高人的文化素质，跟上时代、科技发展步伐，以及提高专业修养所必需的。

2. 必备的学前教育专业学科知识

合格的幼儿园教师首先要认识和了解儿童，系统地掌握儿童生理和心理等方面的发展规律、特点等诸多科学知识。例如，儿童身体各组织、系统是怎样发展的，有哪些特点？动作发展的规律是什么？儿童各心理过程中，感知觉、注意、记忆、想象、思维是怎样发展的？儿童生理学和心理学知识是幼儿园教师对儿童进行教育的依据，是幼儿园教师开展各项工作的基础，也是幼儿园教师知识结构中的重要部分。如果缺乏这方面的知识，对儿童进行教育、教学就会发生困难，组织的活动也难以达到预期的效果。

因此，幼儿园教师除了必须具备基本的教育科学知识，如教育基本理论、心理学基本理论、教师职业道德等，还必须掌握学前教育学、学前儿童卫生学、幼儿园教育活动设计与实施、幼儿园课程、学前教育评价等学前教育方面的专业知识，理解和贯彻学前教育的任务，知道儿童要掌握哪些知识、技能。应学会根据儿童的发展水平来促进儿童各方面能力的发展，指导儿童通过游戏获得技能，树立榜样培养儿童的良好品德，等等。此外，为了充分发挥家庭和社区的教育力量，幼儿园教师还必须具备一定的教育社会学、教育文化学、教育人类学等方面的基础知识。

3. 广泛的实践知识

实践知识是教师在日常教育、教学实践过程中，通过尝试、感悟、反思等形成的知识，是关于“如何做”的知识，具有个体性和实践性的特点。幼儿园教师应在实践知识的基础上形成自己独特的教学实践智慧，这是教师采取适宜的方式，对儿童学习科学知识和形成完整人格加以引导的知识和能力。[①] 幼儿园教师具有的实践知识能够促使理论更好地指导实践或将理论转化为具体的实践行为。

① 何叶．幼儿教师教学实践智慧的内涵、特征与生成［J］．学前教育研究，2012（5）：40.

幼儿园教师应具有的知识是多层次和多方面的，要在原有的基础上逐步加宽和加深，并随着社会的发展，不断地丰富、提高和更新。

（三）幼儿园教师的能力结构

1. 观察和了解儿童的能力

观察是幼儿园教师日常教育行为的重要组成部分，理解儿童与观察儿童密不可分。在一日生活中，不管儿童在做什么，教师的视线应始终追随着他们，及时了解他们的需要，以便掌握教育时机，有针对性地为儿童提供支持与帮助。教师应认识到每个儿童都是独特的，并根据每个儿童的独特需要和潜能来设计教育、教学活动。如果幼儿园教师没有观察、了解儿童的能力，就会使教育、教学工作陷入盲目的境地。

2. 设计、组织教育活动和一日生活的能力

幼儿园教师设计、组织教育活动包括制订教育计划、调节与控制过程、评价活动效果等环节。设计符合儿童特点，有效促进儿童发展的活动，是幼儿园教师必备的能力之一，教师应充分利用自身知识，创设富有启发性的环境，确定和选择适宜的教育目标、教育内容。

同时，幼儿园教师设计与组织教育活动的能力应贯穿在合理安排和组织一日生活的各个环节，充分利用各种教育契机，对儿童进行随机教育，真正做到“保教结合”，及时对儿童良好的行为表现予以支持与鼓励，对不良行为加以矫正。幼儿园教师还要能够有效地保护儿童，处理儿童的常见问题或突发事故。

3. 沟通与协调的能力

幼儿园教师在与儿童、家长、同事的沟通中应坚持真诚原则。由于儿童的知识经验和语言能力比较差，因而教师应使用符合儿童年龄特点的语言进行保教工作，说话语气、态度应温和亲切，多以正面语言告诉儿童应该做什么，并善于倾听，运用拥抱、点头、微笑等非语言方式与儿童进行沟通、交流。

幼儿园教师也要采用多种途径与家长进行有效的沟通与合作，共同促进儿童发展；要与同事合作交流，分享经验和资源，共同研讨，共同发展。

4. 环境创设与游戏组织、开展能力

幼儿园环境是影响儿童发展的关键因素之一，幼儿园不仅需要创设能够促进儿童全面、健康成长的物质环境，还应该营造温暖、和谐、友爱的班级氛围，让儿童感到安全、舒适。此外，幼儿园教师应能够合理利用资源，为儿童提供和制作适合的玩教具，引发并支持儿童的主动学习。

幼儿园以游戏为基本活动，幼儿园教师是儿童游戏的支持者和引导者。因此，组织与开展游戏活动也是幼儿园教师必备的教学技能，教师应提供符合儿童的兴趣需要、年龄特点和发展目标的游戏条件；提供丰富、适宜的游戏材料，支

持、引发和促进儿童的游戏；鼓励儿童自主选择游戏内容、伙伴和材料，并支持儿童主动地、创造性地开展游戏活动，体验游戏带来的快乐。

5. 信息技术能力

幼儿园教师信息技术素养是教育信息化对教师的要求。随着网络信息技术的发展，“互联网 + 学前教育”势在必行，幼儿园教师应掌握基本的信息技术能力，如上网查询、网络沟通与交流，甚至具备建立班级主页、幼儿园网站的能力。幼儿园教师应能熟练操作信息化设备、设施，并合理利用多媒体进行幼儿园教育、教学活动，以丰富教学形式，方便幼儿园各项工作的开展。

二、幼儿园教师的心理品质

☞幼儿园教师的心理品质

教师的劳动特点和教师所扮演的角色决定了教师要具备良好的心理品质。所谓心理品质，指的是一个人在心理过程和心理特征方面表现出来的本质特征，如认知、情感、意志、思维、能力、性格等。教师良好的心理品质是教育工作的重要条件。在学前教育中，由于教育对象的特殊性，幼儿园教师的心理品质不仅对儿童心灵有不可估量的影响，同时与教育工作的成败有着密切的关系。因此，形成良好的心理品质，对每一个幼儿园教师都是十分重要的。幼儿园教师要具有以下良好的心理品质：

（一）感知的敏锐性

所谓感知的敏锐性，就是指教师对儿童活动及其表现的敏感性。具体地说，就是要善于观察儿童，把握儿童任何细微的表现。感知的敏锐性是幼儿园教师做好教师工作的重要心理品质，也是做好幼儿园教育工作的基本功。幼儿园教师要把儿童教好，很重要的一点就是要体察儿童，了解儿童的需要、兴趣、爱好、个性等，因此，幼儿园教师必须有敏锐的观察力，只有对儿童有充分、及时的感知和了解，才能有的放矢地开展教育工作。

（二）情感的共情性

情感是指人们对周围事物，对于自身以及对于自己活动态度的体验。它是一种复杂的心理过程。幼儿园教师的情感体现在许多方面，如对自己所从事的教育工作的情感，对所在单位的情感，对儿童的情感以及教师的主导情绪状态等。幼儿园教师情感的共情性就是指幼儿园教师依据教育对象的心理感受，站在同等地位，产生共鸣，相互理解、沟通。在教育过程中，幼儿园教师情感的共情性是一种强有力的教育手段，它可以驱散儿童心理的恐惧，让儿童体验被理解、被尊重的快乐。

（三）思维的创造性

幼儿园教师思维的创造性是指能在已有知识和经验的基础上，进行创造性的构思，以新的方式解决过去或他人未曾解决的问题。这是幼儿园教师应具备的一种可贵的心理品质。只有具备这种心理品质的教师，才能取得教育上的成功，才能在教育工作中不断有所发现，不断做出新贡献。

（四）意志的坚毅性

意志是自觉地确立目的，根据目的来支配、调节自己的行为，克服困难，从而实现目的的心理活动。意志的坚毅性就是指为了实现目的，坚持不懈，不达目的誓不罢休的心理品质。教育是一项复杂、艰巨的工作，幼儿园教师具有坚毅的意志是顺利和有效地进行教育工作的保证。要想把儿童教育好，教师如果没有充沛的精力和百折不挠的毅力是难以胜任的。

三、幼儿园教师的专业成长

（一）幼儿园教师专业成长的内涵

根据《幼儿园教育指导纲要（试行）》和《幼儿园教师专业标准（试行）》关于幼儿园教师专业要求以及教师专业化发展的一般趋势，幼儿园教师的专业成长包含以下 3 个方面。

1. 专业精神

专业精神是由教师对教育专业所持有的理想、信念、态度、价值观和道德操守等构成的倾向性系统，是教师从事专业工作的精神动力。学前教育不同于其他阶段的教育，它是个体成长过程中的奠基教育，最具特殊性。现代幼儿园教师的专业精神应涵盖“专业理念”“专业态度”“师德”几个方面的内容。

专业理念是教师在理解教育本质的基础上形成的关于教育的理想和信念。它是教师个人价值观的体现，也是区分专业与非专业人员的重要标志。幼儿园教师要对“学前教育的目的与价值是什么？”“儿童是如何发展的？”“教给儿童什么样的知识？”等诸多问题做出回答。

专业态度指的是教师对教育专业所持有的认识、评价与行为倾向，主要表现在对待教育事业、教育对象和教师集体三种对象的态度上，如爱岗敬业，具有爱心、耐心、责任心、团结合作等。作为一种带有倾向性的认识或评价，专业态度可以对幼儿园教师的行为产生调控作用。

师德是幼儿园教师工作的基本规范，是其应遵循的最起码的行为准则，如为人师表、尊重儿童、民主平等、公平公正、热情诚恳、不体罚或变相体罚儿童等。幼儿园教师的一言一行都会对儿童产生巨大影响，幼儿园教师对职业、儿童、教育的理解和认识以及个人的素质、修养都需要结合学前教育的特殊性进行定位，其中幼儿园教师的师德乃是专业素质的核心和灵魂。遵循师德的基本准则，幼儿园教师就可以妥善地处理与儿童、家长、同事的关系，为儿童的健康成长营造良好的环境和温馨的氛围，使教育工作取得应有的成效。全美幼教协会（NAEYC）颁布的《伦理规范和承诺声明》包括了学前教育的核心价值观以及教师处理与儿童、与儿童家长、与同事、与社区关系的理想目标和伦理责任等方面。

☞全美幼教协会《伦理规范和承诺声明》简介

2. 专业知识和能力

作为专业人员，幼儿园教师必须具备从事专业工作所要求的相关知识，并且应有一个全面、合理的知识结构。根据学前教育的特殊需要，幼儿园教师的专业知识应该由三部分构成：文化基础知识、教育科学基本知识、学前教育专业知识。在文化基础知识方面，幼儿园教师要尽可能全面、通识、广博，通晓自然、社会的常识，以适应学前教育的综合性特点；在教育科学基本知识方面，幼儿园教师要尽可能地以大教育的视野看学前教育；在学前教育专业知识方面，幼儿园教师要尽可能地精深，以把握学前教育的特殊规律。

幼儿园教师也需要特定的专业能力。专业能力主要指作为专业人员的教师在从事教育教学活动时能利用教育理性和教育经验，灵活地应对教育情境，做出敏捷的教育行为反应，以促进儿童全面发展所必需的教育技能。其中既包括一般的能力，如观察分析能力、逻辑思维能力、人际交往能力、组织管理能力、解决问题能力、总结评价能力等；也包括根据儿童的具体情况，进行教育活动设计的能力、创设儿童成长的支持性环境的能力、实时调控活动的能力等。

3. 专业创新

创新是一个民族进步的灵魂，同样也是专业发展的关键。幼儿园教师如若有专业创新的热情，就会有不断学习和进修的热情，就会有参与专业团队的热情，就会有开展专业研究的热情。拥有专业创新精神和能力才能向“专家型教师”迈进。幼儿园教师如果仅仅满足于照顾好儿童的一日生活、不出安全事故、完成教育任务，没有质疑和批判的精神，没有反思、探究和变革的行为，那么在专业发展的道路上就无法走得更远。

（二）幼儿园教师专业成长的途径

幼儿园教师专业发展一般从接受系统化、专业化的师范院校学前教育专业学习后的准教师阶段起步，随着教育理论知识和教学实践经验的积累，逐渐发展为合格的幼儿园教师，继而逐渐锻炼成长为能够独当一面、具有丰富教育教学经验与智慧的优秀幼儿园教师。幼儿园教师专业成长的途径主要有以下几个：

1. 教师教育途径

个人或群体的专业成长离不开社会提供的环境和条件。社会促进幼儿园教师专业成长主要是通过培养、考核和培训实现，即幼儿园教师教育。

2011 年，教育部为贯彻落实《国家中长期教育改革和发展规划纲要（2010—2020 年）》，深化教师教育改革，全面提高教师培养质量，建设高素质专业化教师队伍，颁布了《教师教育课程标准（试行）》，指出教师教育课程广义上包括教师教育机构为培养和培训幼儿园、小学和中学教师所开设的公共基础课程、学科专业课程和教育类课程。《教师教育课程标准（试行）》提出了“育人为本”“实践取向”“终身学习”三大基本理念，对幼儿园职前教师教育课程目标和课程设置进行了相应的规定。其中课程目标主要有教育信念与责任、教育知识与能力、教育实践与体验；课程设置规定了儿童发展与学习、幼儿教育基础、幼儿活动与指导、幼儿园与家庭社会、职业道德与专业发展、教育实践 6 个方面。

☞《教师教育课程标准（试行）》

此外，为加强农村幼儿园教师队伍建设，提高农村幼儿园教师素质，教育部、财政部决定从 2011 年起，实施“幼儿园教师国家级培训计划”，培训对象为中西部地区农村公办幼儿园（含部门、集体办幼儿园）和普惠性民办幼儿园园长、骨干教师、转岗教师。此项措施为幼儿园教师尤其是贫困地区的幼儿园教师提供了在职培训的机会，促进其在职期间的专业成长。

2. 自我实现途径

幼儿园教师专业成长既要充分利用社会提供的资源，也要立足于岗位，通过自身的努力实现提升。主要途径有进修培训、成为研究者、行动中反思。

进修培训是专业成长的重要途径。幼儿园教师走上工作岗位之后，需要根据儿童的实际发展特点、幼儿园教育的实际工作、幼儿园管理者提出的要求、家长的满意度等诸多方面，重新审视自己专业知识与技能的长处与不足，明确自己进修的需求并及时更新自己的知识、能力结构，使其更加科学化、合理化，促进自身专业成长。

成为研究者是幼儿园教师专业成长的必然选择，也是重要趋势。“教师即研究者”是国际上教师专业发展的重要理念。幼儿园教师的工作离不开研究儿童，没有儿童的园本教研是没有实效的。同时教育的对象不是静态的，而是动态的，儿童总是在不停地成长、变化。因此，教师的专业成长必须研究儿童，尤其是研究儿童的发展需要。换言之，幼儿园教师应该成为儿童研究者。只有这样，教师才能真正“看懂”儿童，找到有效支持儿童发展的策略。

实践反思是幼儿园教师专业成长的主要途径。认识来源于实践，反思就是人们对实践过程的各个环节进行审视，对实践中获得的认识进行再思考、再认识，是思维不断深入、升华的过程。每一位优秀的幼儿园教师的成长都离不开实践反思，以教育活动作为思考对象，对自己所做出的行为、决策以及由此产生的结果进行审视和分析。只有通过反思，教育观念才会内化为教师自己的知识，才能最终转变为教师的行为。幼儿园教师并非拥有了先进的儿童观和教育观，其教育行为就会科学、恰当，而是要经历一个过程，反思就是这个过程中必不可少的要素，它是理论与实践的对话，是把教育观念转化为教育行为的关键。如果一个教师仅仅满足于获得经验而不对经验进行深入的思考，那么，即使有 20 年的教学经验，也许只是一年工作的 20 次重复。教师要善于从反思中汲取经验，否则就很难有所进步。

第三节 师幼关系

师幼关系是幼儿园生活中最基本、最重要的人际关系。良好的师幼关系对儿童认知、情感、心理健康等方面的发展有着积极的影响，是保证教育活动顺利开展的重要条件。幼儿园教师要想做好教育教学工作，不仅要有扎实的专业知识与技能技巧，更要重视与儿童良好关系的培养与建立。

一、师幼关系的内涵与要素

儿童、教师和学前教育影响是构成学前教育过程的基本因素，三者相互作用，贯穿学前教育过程的始终。三者互动的过程就是学前教育的过程，互动状况的好坏将直接影响学前教育过程能否顺利进行。其中，教师与儿童的互动关系是核心与关键，直接影响着其他互动关系能否顺利进行以及效果。

（一）“师幼关系”的概念

师幼关系也称师幼互动，“指发生在托儿所、幼儿园等正规的学前教育机构内部的、教师与孩子之间相互作用、相互影响的行为及过程”。[①] 师幼互动贯穿于幼儿园一日生活的所有环节中，是一切教育理念与目标得以实现的核心，同时通过师幼互动，也能体现出教师的儿童观、教师观以及儿童的教师观。因此，提

---

① 刘晓东，卢乐珍，等. 学前教育学［M］. 3 版. 南京：江苏教育出版社，2009：170.

升师幼互动质量是提高幼儿园教育质量的关键所在。

在幼儿园中，教师与儿童之间发生关系的途径与方式多种多样，如与个别儿童、小组儿童和全体儿童的交往，或是与儿童共同游戏、指导教学、对儿童表扬鼓励、讲解示范等。师幼互动的具体情境可能是千变万化的，既可能发生在有组织的教学活动中，也可能发生在非正式的游戏、生活和交往活动中。内容也可能丰富多样，如对儿童知识的传授、情感的交流、行为的指导和社交能力的培养等。因此，从本质上讲，师幼互动是一个包括发生在多情境中的，具有多种形式、多种内容的互动体系。

（二）师幼关系的要素

师幼互动不仅涉及外显的行为层面，同时也涉及内隐的心理层面，这相应地构成了师幼互动的两类要素，即外显要素和内因要素。其中，外显要素是可直接观察到的，包括施动者与受动者、施动行为与反馈行为、互动行为的性质、互动行为的主体与结果。内隐要素涉及互动主体的内部心理活动与过程，包括场景界定、角色认知、行为期待。①

二、师幼关系的影响因素

（一）文化

中国自古以来就有“尊师重教”和维护“师道尊严”的传统。先秦时代的荀子是“尊师”之说的代表人物，他把教师的地位提升到与天地、先祖及君主并列的高度。他强调：“国将兴，必贵师而重傅；贵师而重傅，则法度存。”（《荀子·大略》）后世汉朝大儒董仲舒、唐代文豪韩愈都强调“师”对于“道”的价值，即强调教师职业的社会价值，他们在维护“道”的前提下尊重“师”的角色，提倡学生对教师的尊重和服从。此外，中国传统的师生关系还深受封建等级制度的“管、教、养”意识的影响。“一日为师，终身为父”即是这种师生关系的形象比喻。因此，教师与学生只能是一种“上”与“下”的“授”“受”关系。在这种师生关系中，不可能存在师生互动的空间。

应该看到，中国传统文化对师生关系还有其他的认识。如韩愈在传世名作《师说》中写道：“弟子不必不如师，师不必贤于弟子。”民间也广为流传“青出于蓝而胜于蓝”的俗语。这让我们看到了师生之间可以教学相长的平等关系。在现代社会的师幼关系中，也提倡教师与儿童可以互相学习、共同成长，这与中国

---

① 刘晓东，卢乐珍，等．学前教育学［M］．3版．南京：江苏教育出版社，2009：172-177.

传统文化中“教学相长”倒是不谋而合的。

（二）教育政策

一个国家的教育政策直接体现了时代对幼儿园教师社会价值的认识，从而会间接影响到教师与儿童互动交流的性质。例如，清末政府对学前教育机构“蒙养院”的设置规定，蒙养院系设在育婴堂或敬洁堂内，以堂内乳媪和节妇经过训练后充当保姆。这就把幼儿园教师等同于受过专门培训的保姆，她们和儿童的关系也只能停留在这一层面上。新中国成立以后，幼儿园的教育人员获得了一个崭新的称呼“人民教师”，他们与其他劳动者一样得到了社会的承认，幼儿园教师以教育者和保育者的双重角色与儿童交往。

1993 年，我国政府颁布了《中华人民共和国教师法》，指明“教师是履行教育教学职责的专业人员”，并首次提出“国家实行教师资格制度”。1998 年教育部颁布的《面向 21 世纪教育振兴计划》中，突出了教师职业培训、学历要求、专业素质的培养。国家对教师专业性质的高度重视，使我国幼儿园教师的专业化得到初步发展，反映在师幼交往中，教师的教育意识更加自觉，专业嗅觉也更加敏锐，对师幼互动中如何体现教育理念、达成教育目标、促进幼儿发展等专业问题给予了前所未有的关注。

从以上分析可以看出，国家的教育政策往往会间接影响到幼儿园教师与儿童的交往性质和交往内容。

（三）教师人格特质

儿童的可塑性非常强，善于模仿成人的一言一行。由于教师在儿童的心目中具有很高的威信，因此，幼儿园教师的人格对儿童的影响十分明显。“学会学习、学会生存、学会关心”是社会对 21 世纪个体的要求。而要让儿童学会关爱他人，首先就必须要求幼儿园教师拥有健全的人格特征。

从一项“最受欢迎的教师”的调查中发现，对学生的人格塑造产生积极、有效影响的人格特质包括：自制、体谅、热心、有适应能力、兴趣广阔、诚实、合作、文雅、细心、有活力、健康、仪表端庄、勤奋、整洁、可靠、好学、有创造力、敏捷、虚心坦诚、进取、节俭等。幼儿园教师的人格之美会深入到儿童心灵深处，陶冶着他们的情操，促进其人格健康、和谐的发展。

（四）教师的教育能力

著名教育学者叶澜教授认为，未来的教师应具备三个方面的能力：理解他人和与他人交往的能力、管理能力、教育研究能力。其中，理解他人和与他人交往的能力决定着师幼关系的质量。因为教师的工作是育人，通过人与人之间的合作和共同活动，对人的发展产生积极影响的活动。[①]

和儿童的对话、合作与沟通，是实现教育目标的必经途径，也是幼儿园教师教育能力的集中体现。一位有经验的教师，可以通过有效交流解决教育实践中产生的诸多问题；而一位不擅沟通的教师，却会由于这一能力的缺乏滋生出若干教育难题，平添工作的困扰。所以，我们会在幼儿园中看到这样一种景象：有的教师频繁地告诫儿童遵守行为常规，并不断指责“犯规”的儿童，但是儿童还是不断“出错”；有的教师看似对儿童没有过多要求，但却很少为维持秩序而消耗大量时间和精力，教师和儿童之间常会面带微笑、表情轻松。分析其原因，其实正是两类教师教育能力不同导致的结果。在幼儿园班级管理中，如果孩子出现频繁违规的现象，往往并不是这个班的幼儿有多么调皮与特殊，而是更多地反映了教师不能很好地理解儿童、与他们达成有效的沟通与合作。

（五）儿童的个性特征

师幼互动是一个双向交流的过程，教师和儿童各自的特点都会对对方产生影响。因此，儿童的个性特征也会影响师幼交往的机会和内容。一般来说，活泼、整洁、乖巧、容貌漂亮的孩子容易引起教师的喜爱；而那些沉默少言的孩子就易遭到教师的冷落，与教师或同伴交往的机会也会大大减少。对于幼儿园教师来说，“师爱”不只是单纯的关注，还应体现出“师爱”的理智、公平、宽厚、博大。因此，在师幼交往中，教师不能由于个人喜好偏爱部分儿童，而要把爱的种子向全体儿童播散。这种爱护“不是一种朴素直觉的情绪反映，而是一种无私纯净的合乎理智的情感，是通过理性培养起来的一种普遍的高度的责任感”。[②]

儿童的个性特征还会影响到师幼交往的内容。比如，一个细腻敏感、渴望被关注的儿童可能会引发教师更多的情感支持；一个爱动脑筋，善于发问的儿童也许会推动教师对教育活动的深入思考。

三、优质师幼关系

建立优质师幼关系是提升幼儿园教育质量的关键与核心。

☞优质师幼关系的特征

（一）优质师幼关系的特征

1. 平等性

教师应尊重儿童的兴趣、需要，不将自身价值观、兴趣等强加给儿童。教师

① 叶澜．新世纪教师专业素养初探［J］．教育研究与实验，1998（1）：45.
② 王枬．论“师爱”［J］．教育科学，1988（4）：13.

与儿童虽然在年龄、知识、经验、能力等方面存在很多不同，但彼此是关系中平等的主体，对幼儿园教师来说，引导要多于说教。

2. 民主性

教师要尊重儿童的个体权利与自由，要有倾听的态度，注意倾听儿童的“声音”，彰显其“话语权”，保障儿童的个体权利与自由。教师在与儿童讨论活动的过程中，不是事事都由教师说了算。在强调自由民主的同时，也不应忽视规则的建立，要处理好自由与规则的关系，要明确“自由的规则”。

3. 激励性

在强调教师和儿童平等民主的基础上，要看到教师在知识、经验、能力等方面优于儿童，这决定了教师需从各方面提供支持与帮助，以促进儿童成长。教师是“理性的权威”，这种权威“是建立在权威的拥有者与受权威制约者双方平等之基础上的，两者仅仅是在某个具体领域里有知识和技术程度上的不同而已”。[①]

4. 互动性

优质师幼关系互动性的核心即彼此相倚，即教师与儿童互为主体，互相认可对方，彼此都是互动的控制者，而非一方对另一方单向的控制与被控制的关系。美国社会心理学者琼斯和西鲍特将人际互动分为假相倚、非对称性相倚、反应性相倚和彼此相倚四种类型，而优质的师幼关系恰恰体现了最后一种。

5. 对话性

对话不仅是一种具体的谈话行为，更是一种对话意识、精神，一种平等民主、和睦相处、不断在多元之间寻求融合并促成新生的意识与精神。对话有两个前提条件：一是双方相互承认，二是双方相互信任。

☞优质师幼关系的培育策略

（二）优质师幼关系的培育策略

《幼儿园教育指导纲要（试行）》中明确指出：“要建立良好的师生、同伴关系，让幼儿在集体生活中感到温暖、心情愉快，形成安全感、信赖感。”那怎样才能建立起优质的师幼关系呢?

1. 尊重儿童，关爱儿童，平等对待每一个儿童

儿童是发展中的个体，教师要了解他们的身心发展规律，尊重他们的能力与个性特点，尊重他们作为一个独立的社会成员的尊严与权利，创设、营造一个民主、宽松、和谐的教育环境。幼儿园教师作为保教的实施者，关心爱护每个儿童是基本要求，也只有在关爱儿童的基础上才有可能与儿童建立良好的关系。此外，幼儿园教师要做到公平、公正，不歧视、不偏爱，平等对待每一个儿童。

① 弗洛姆．为自己的人［M］．孙依依，译．北京：生活·读书·新知三联书店，1988：30.

2. 转变教师角色意识，调整教育行为

《幼儿园教育指导纲要（试行）》中提到的“创造一个自由、宽松的语言交往环境，支持、鼓励、吸引幼儿与教师、同伴或其他人交谈”，“为每个幼儿提供表现自己长处和获得成功的机会，增强其自尊心和自信心”，充分显示了对安全、愉快、宽松的外部氛围的重视。要形成这种氛围，教师角色定位是核心问题。教师必须按照要求，将自己定位为良好师幼互动环境的创造者，交往机会的提供者，积极师幼互动的组织者和儿童发展的支持者、帮助者、指导者和促进者。

在幼儿园活动中，儿童的反应经常会超出教师的预设，这时教师应该怎么做？强行将儿童拉回预定的轨道还是根据儿童的反应及时调整活动？后者更能体现尊重儿童的权利与需要，更能体现教师真正关注儿童。教师在活动中要把握时机，引导儿童讨论，在与儿童平等交流的过程中不断调整活动，满足他们的需要。

3. 讲究教育艺术，提升教育技巧

观念影响行为，但观念不等于行为，二者之间需要一个转化的过程，这需要一定的策略与技巧的支撑。教育技巧（如支持儿童探索行为的方法、提问的技巧等）为将现代儿童观与教育观转化为具体的师幼关系行为提供了重要保证。幼儿园教师要注意对儿童的适时回应与评价，把握时机，用甜美的微笑和亲切的话语赢得儿童的信任，激发儿童与教师交流互动的兴趣。

4. 完善管理制度

幼儿园教师在变革传统的师幼关系时，不可避免地会遇到一些挫折，必然要付出更多的精力，还可能会遇到一些来自外部的不解、批评与阻力。这需要幼儿园能从制度层面鼓励与保护教师的探索活动。完善幼儿园管理制度可以为培育优质师幼关系提供重要的保障。

【实践训练】

科学处理师幼关系

在幼儿园里，有个简单的模仿游戏很受孩子们的欢迎，那就是“请你跟我这样做”“我就跟你这样做”。可有一天，我正带着孩子在玩这个游戏，琳琳突然站起来说：“老师，我不想像你那样做！”我一听愣住了，马上停下来问她为什么。她摇摇头说：“就是不想！我想做和老师不一样的动作。”听完后，我想，如果强行拒绝琳琳，她一定不想继续玩下去了。于是，我说：“那好，琳琳就和老师做不一样的动作吧。”游戏又开始了，琳琳做的每一个动作都和我不一样，我拍手，她就做舞蹈动作；我做小山羊，她就学花猫……慢慢地，好多小朋友低声说着："老师，我也不想跟你做一样的。"看到孩子们对游戏规则变化比较感兴趣，我说："好，我们把儿歌改成：请你跟我这样做，我不跟你这样做。每个小朋友的动作都要跟老师的不一样。"游戏重新开始，孩子们特别认真，他们创编了许多平时没有的动作。这样的变化比单纯的模仿更吸引孩子的注意力，带动了每一个孩子都参与游戏，而且使孩子的反应能力、想象力和创造力都得到发展。游戏结束后，孩子们仍然十分兴奋，都说："老师，这样真好玩！"

案例分析：在上述案例中，教师面对孩子们的质疑，不仅没有生气，而且顺应孩子们的想法继续做游戏，孩子们做得非常认真，还创编了很多动作。在这一过程中，教师的权威并没有受到"威胁"，孩子们也玩得很兴奋，案例中的这位教师巧妙地化解了师幼矛盾，值得我们学习。

【做中学】当教师遇到幼儿不愿意按照预定计划进行游戏时是如何指导的？

【学而思】在上述案例中，教师这样做体现了优质师幼关系中的哪些特征？

【思而行】请结合本章所学思考：如果你是幼儿园教师，遇到类似的情况应该如何做？

【学习自测】

1. 幼儿园与小学教师相比，呈现出哪些特点？
2. 幼儿园教师在幼儿园中的作用和任务有哪些？
3. 合格的幼儿园教师应具备哪些能力素质？
4. 优质师幼关系有哪些特征？培育优质师幼关系的策略有哪些？

【理解·反思·探究】

1. 结合实例，谈谈《幼儿园教师专业标准（试行）》中为什么以师德为先。
2. 在一些幼儿园虐童事件中，师德缺失是唯一原因吗？谈谈你对此类事件的看法。
3. 如果你是幼儿园教师，你准备通过哪些途径促进自身专业成长？
4. 观察幼儿园教师的一日工作，了解师幼互动的方式与特点。

第六章 幼儿园游戏

【学习目标】

知识目标：

- 了解不同的游戏理论、特征及种类。
- 掌握幼儿园游戏条件创设的主要内容。
- 掌握不同游戏类型的指导要点。

能力目标：

- 能根据游戏类型从时间、环境和材料三个方面创设游戏。
- 能对不同的游戏类型进行基本的指导。

【知识导图】

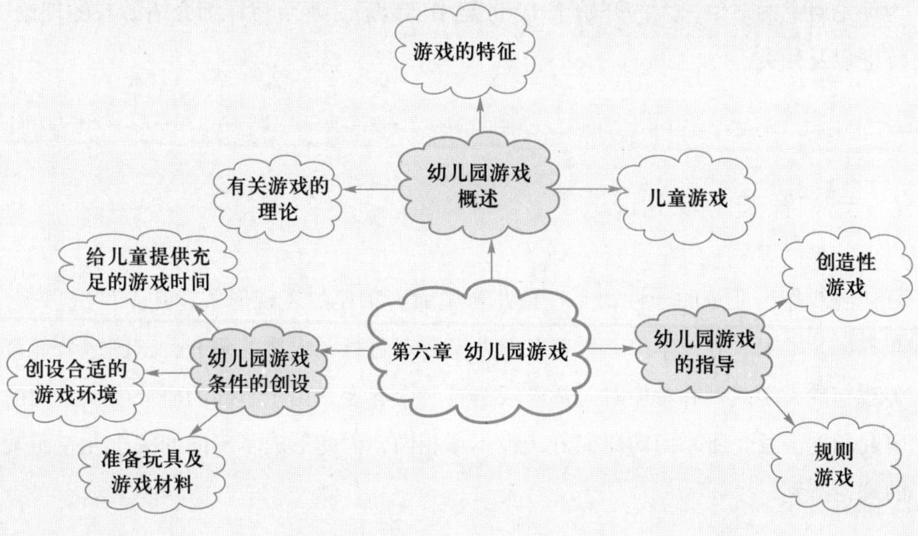

一次去幼儿园参观，看到三个中班的幼儿在教室的“医院”玩“看病”的游戏。一个幼儿做医生，一个做病人，另一个做病人的妈妈。“妈妈”带着生病的“宝宝”，走到“医院”，先在门口“挂号”，然后坐在门口等“医生”叫号，“医生”喊了句“15 号”，“妈妈”就带着“宝宝”进了“诊疗室”。“医生”问“妈妈”：“宝宝怎么了？”还用手搭在“宝宝”手上，用手翻了下“宝宝”的眼皮。“这是感冒了，”“医生”诊断说，“没事，吃药就好了，别担心。”服下药的“宝宝”立刻变得生龙活虎起来，“妈妈”开心地带着“宝宝”向“医生”道谢后就离开了。

《幼儿园教育指导纲要（试行）》总则第五条中指出：“幼儿园教育应尊重幼儿的人格和权利，尊重幼儿身心发展的规律和学习特点，以游戏为基本活动，保教并重，关注个别差异，促进每个幼儿富有个性的发展。”那么什么是游戏？游戏有什么特点？在幼儿园有哪些常见的游戏？在幼儿园如何更好地开展游戏呢？这就是本章要讨论的主要问题。

第一节 幼儿园游戏概述

在我国“游戏”一词与“嬉戏、玩耍”极为相似，最早出现在战国时期的历史文献中。可以说儿童游戏的历史和人类社会历史一样古老悠久，但游戏真正成为理论研究的对象，大约开始于 19 世纪中期以后。本节将详细介绍游戏的理论、特征以及种类。

一、有关游戏的理论

☞有关游戏的理论

游戏作为儿童的天性，一直是儿童生命力重要的表现形式。几个世纪以来，作家、艺术家、心理学家、教育家对儿童游戏进行了大量的研究，试图区分儿童游戏与成人游戏，并希望对儿童游戏进行一个界定。由于不同的研究者从不同的研究角度出发，所采用的研究方法也不尽相同，因此形成了不同的关于儿童游戏的理论派别。

（一）生物学角度

1. 剩余精力说

受到达尔文进化论的影响，该理论流派将儿童看成是人类进化过程中沟通过去和现在的“中间环节”，儿童游戏则成为儿童最为期待的特有现象，研究者对这种现象尤为关注。

剩余精力说是德国思想家席勒和英国社会学家、心理学家斯宾塞提出的，他们认为，游戏实质上是儿童对剩余精力的无目的消耗。席勒对于儿童游戏的兴趣来源于他对审美教育的关注，他认为，游戏和审美活动一样都是超越公益活动的自由活动，但是前提为基本生存需要得到了满足。儿童则因为不需要承担过多的社会责任，于是将剩余下来的精力转变为对游戏的需求。斯宾塞受到达尔文的影响，将生物演化的过程作为解释游戏产生的依据，他认为活动是人和动物共同需要的，但是动物因为把所有精力都用来寻找食物、躲避天敌，因此没有精力游戏。人不一样，在基本生存需要得到满足之时，会利用更多的时间和精力从事与生存无关的游戏活动。

2. 松弛消遣说

松弛消遣说的代表人物为德国的拉扎鲁斯和帕特里克，他们反对剩余精力说，认为游戏并不是对剩余精力的消耗，恰恰相反，是精力匮乏之后的补充活动，游戏被看作松弛性的娱乐活动，个体在游戏中得到了全面放松，从而恢复消耗掉的能量。拉扎鲁斯认为，工作活动消耗了人类大量的时间和精力，这种能力的消耗必须得到恢复和适当补充，而游戏恰好承担了这一重要的责任。帕特里克在拉扎鲁斯理论的基础上，从现代工业分工的角度论述了游戏在现代大工业化生产下的重要作用。

3. 复演说

美国心理学家霍尔受到进化论和复演说的影响，将个体发展看作一系列或多种复演种系进化的历史过程，并将其观点运用到儿童游戏之中，认为儿童游戏是对祖先活动的重现。

4. 生活预备说

德国生物学家和生理学家格罗斯于 19 世纪末期，在反对席勒、斯宾塞理论的同时，提出了游戏其实是作为一种本能存在的，生活环境的复杂性决定了人类必须训练以适应生活的需要，而游戏就是对未来生活的准备做练习。

（二）心理学角度

1. 精神分析论

精神分析学派的代表人物是弗洛伊德、伯勒、蒙尼格以及埃里克森。

（1）发泄论

弗洛伊德认为，本能是一切机体活动的源泉，动物的本能可以得到直接表现，但是人的欲望却往往被压抑不能随意展现，因此，游戏成为不能实现本能愿望的补偿，同时游戏还可以帮助儿童逃避现实生活中的不良情绪，例如，恐惧、担心、紧张等，为儿童提供一条合理发泄情绪的安全途径。

（2）角色扮演模式

伯勒在弗洛伊德游戏理论的基础上，提出儿童的很多游戏行为背后都隐藏着深深的情绪原因，特别是对游戏角色的选择，体现了他们最直接的情绪反应，例如，喜爱、尊敬、恐惧、愤怒等，在游戏情境中通过对喜爱角色的扮演、模仿儿童想要成为成人的愿望得以实现。伯勒将儿童游戏划分为九种，并对不同角色扮演游戏做出了具体分析。

（3）宣泄理论

蒙尼格同样在弗洛伊德发泄论的基础上，衍生出游戏的益处在于帮助儿童发泄焦虑情绪，特别是他认为每个人身上都具有一种攻击性，这是一种完全的本能行为，而要使这种本能行为得以疏解，必须依靠游戏的发泄功能，使其转化为合理、合法且被社会包容的行为。

（4）掌握理论

埃里克森从更加积极的角度发展了弗洛伊德的理论，认为游戏除了具有帮助儿童降低焦虑的功能以外，还具有完善人格的作用，发展了游戏在自我完善中的功能。他认为游戏可以帮助自我对生物因素和社会因素进行调和。

2. 认知结构论

认知结构学派的代表人物皮亚杰在思维发展的一般理论基础之上，认为游戏是发展儿童智力的重要手段。核心观点为：游戏是思维的表现形式之一，是同化超过了顺应。儿童早期的认知结构不能保持长时间的平衡，一种是顺应大于同化，表现为主体忠实于重复性动作，即模仿；另一种是同化大于顺应，表现为主体不考虑事物的客观性，只满足自我愿望，这就是游戏。儿童的游戏发展经历了练习性游戏阶段（0—2 岁）、象征性游戏阶段（2—7 岁）、规则游戏阶段（7—11、12 岁），这些游戏阶段会促使儿童熟练新的心智技能。

3. 学习论

学习论是由美国心理学家桑代克提出的，他认为儿童游戏是一种社会学习行为，受到社会环境的影响，也受到学习效果律的制约。有人将这种游戏行为划分为三种类型，并提出此分类是受到社会文化的影响，例如，原始社会儿童的游戏以狩猎为主、农业社会儿童游戏则以机会游戏为主、工业社会的儿童游戏则多呈现计谋型。这些列举旨在证明儿童游戏受到社会文化环境的影响。

4. 活动论

苏联一些心理学家从活动角度出发解释游戏的发生发展，为研究儿童全面发展提供了必要依据。代表人物有维果斯基、乌申斯基、鲁宾斯坦、列昂节夫、艾利康宁等，他们从辩证唯物主义和历史唯物主义出发，创造了从根本上区别于西方的游戏理论。其主要观点如下：

（1）游戏是学前儿童的主要活动

列昂节夫在谈到儿童游戏时曾说："这种活动的发展与幼儿心理发生最重要的变化有关系，而且那些准备幼儿过渡到新的、更高的发展阶段的心理过程是在这种活动里得到发展的。"

（2）游戏的本质属性是社会性，而非本能

维果斯基认为游戏是一种具有社会实践属性的活动，当儿童看到周围成人从事的社会活动时就会模仿，并迁移到正在进行的游戏之中，这种游戏本身就赋予了社会意义，是在真实的实践情况之外行动再造某种社会现象的过程。通过类似的游戏形式，儿童掌握了基本的社会关系，成为主导儿童活动的主因，因此，游戏的本质非本能，而属于社会性的。

（3）成人教育尤为重要

成人在儿童游戏发展的过程中，往往扮演着指导、参与的角色，而儿童与成人的交往活动，对于游戏的发生、发展具有决定性作用。

苏联有关儿童游戏的研究显示，儿童的游戏是实现其积极性的一种形式，是生命活动的一种形式，并与机能的快感相联系。在游戏中，儿童的语言、认知、情感、个性都有不同程度的发展，并相互影响、相互制约。

（三）文化学角度

从文化学角度分析游戏的内涵，典型的代表人物是荷兰著名的文化学家约翰·胡伊青加，他认为整个人类的文明史就是一部充满游戏精神的发展史，游戏是生活中的一种文化符号，而文化则是在游戏中并作为一种游戏形式产生而发展的。

从文化生态学的角度理解，儿童的整个发展历程本身就是一个动态的、变化的文化适应过程，是一部逐步社会化的演变史，从这个意义上来说，学习其实就是对周围环境、文化的主动适应，环境既是规范的也是动态的，这就决定了终身学习是一个人与不断变化的环境保持适应所必需的。而游戏作为儿童早期与"环境的试探性对话"，为儿童的发展提供了一种相对安全的，或者说危险性相对较小的情境，在这个环境中，儿童可以准备未来生活所必需的技能与技巧。

二、游戏的特征

游戏主要具有以下特征：

（一）游戏是儿童主动的自愿活动

主动性是儿童游戏的主要特点，作为儿童的天性，游戏不是在外在强制情况下进行的，而是儿童主动自愿的行为，因为游戏符合儿童身心发展的水平并能满足其基本需要。3岁以后，儿童的体质日益强健，基本动作得到发展，能进行手指活动，思维、想象力也有一定发展，并能使用语言进行交流，独立自主意识日渐增强，具有参加活动的内在需要。儿童的行为是由内部动机产生的，且游戏行为不要求完成外在任务和目标，玩什么、怎么玩，完全取决于儿童，因此，儿童在完全没有压力的情况下，轻松愉快地做自己喜欢做的事，与周围的环境发生积极的互动。

（二）游戏是在假想的情境中反映现实生活

儿童游戏的活动内容主要是对周围客观世界的反映，不是主观臆断或空想，是儿童生活的真实写照，反映出现阶段儿童所具有的生活经验。游戏的主体内容、角色情节、游戏规则及行为方式均具有社会性特质，是儿童渴望参与成人生活的真实写照，但是这种反映却不完全“写实”，而是带有假想性质，以一种虚拟的方式作出反映。也就是说，儿童的游戏是通过想象，将日常生活中的表象“改头换面”加入了自己对客观世界的独特理解，进行着象征性的自我表述，这种自我表述可以不受环境的限制，通过想象创设新的游戏场景，例如，把扫帚当作大马骑，把椅子当成汽车来开；还可以改变物品的实际用途，例如，将铅笔当作注射器，将手绢用作棉被。儿童在游戏中，以真挚的情感体验活动，并相信自己假想世界的真实性，在某种程度上与戏剧反映真实生活相似。

（三）游戏具有社会性和集体性

儿童游戏的发生多半是真实社会生活的缩影，在游戏中儿童体验作用于物的成就感，而且学会与人交往，获得基本的社会行为规范和与人交往的技能。这种游戏往往发生在集体中，因为儿童往往不会一个人单独相处很久，他们更喜欢几个人一起玩，特别是合作游戏，交流彼此的感受和情绪体验，通过协商、互助以达到分享快乐的最终目的。只有在集体中进行游戏，才能满足儿童希望参与成人活动的愿望以及与同伴交往的需要。

（四）游戏伴随着愉悦的情绪体验

“正是这种把以前获得的印象组合成新的创造物的可能性，正是这种对自身力量的考验，是游戏使幼儿产生巨大愉快的源泉。”[①] 这是苏联心理学家柳布林斯卡娅对游戏的评价，正是因为游戏之中存在的无限可能，才真正满足了儿童的好奇心，吸引他们心向往之。这其中游戏不带束缚与限制地为儿童提供身心发展的满足感，帮助儿童积极活动并充分表现自己，在动手操作的过程中表现自我、控制环境，体会到自己改变环境的强大力量并建立起应有的自信心，从成功和创造中获得愉悦的情绪体验。

三、儿童游戏

（一）游戏是儿童的主要活动

1. 游戏是儿童内部需要的反映

游戏之所以会成为儿童的主要活动，原因在于儿童需要游戏，而游戏也适合儿童的身心发展规律，更重要的是游戏为儿童的身心发展提供了最好的条件，是一种独特的实践。《幼儿园工作规程》中，幼儿园教育工作的原则是以游戏为基本活动，寓教育于各项活动之中。游戏是对儿童进行全面发展教育的重要形式。《幼儿园教育指导纲要（试行）》中指出：“教育活动内容的组织应充分考虑幼儿的学习特点和认识规律，各领域的内容要有机联系、相互渗透，注重综合性、趣味性、活动性，寓教育于生活、游戏中。”游戏化的教学方能适合儿童的发展，一味地以教师为中心的“满堂灌”是不可取的。《3—6岁儿童学习与发展指南》中也指出要“理解幼儿的学习方式和特点。幼儿的学习是以直接经验为基础，在游戏和日常生活中进行”。这些文件都反映了游戏是儿童真正需要的。

学前教育家卢乐山对于“游戏是儿童内部需要的反映”极为赞同，认为儿童游戏的动机是因为遇到了适当的刺激而发生的，它是客观世界和外界影响在儿童头脑中的反映。简言之，游戏满足了儿童以下需要，并帮助矛盾顺利转化。

（1）情绪、情感的需要

愉悦和兴趣是儿童进行游戏的最大动力，儿童在游戏中通过自身的动作获得乐趣，还可以不受限制地实现自己的愿望，使自己的情绪、情感和态度自然地流露出来，由被动转为主动，因而感到愉快、自信和心情舒畅，游戏使儿童产生新的兴趣和积极的情绪，并逐渐学会自觉地控制自己的消极情绪。

（2）好奇心和重复练习的需要

儿童对周围的世界充满着好奇心，在活动方式上，喜欢不断重复自己感兴趣

---

① 柳布林斯卡娅．儿童心理发展论［M］．李子卓，译．北京：人民教育出版社，1980：224-225.

的行为。因此，在游戏中，儿童不仅可以通过各种实物满足自己不同类型的重复动作需要，还可以通过摆弄、操作、直接感知和“实验”满足自身的好奇心，偶然摆弄中所获得的新鲜效果，又会引起他们不断重复练习的需要。

（3）表现自我的需要

儿童具有强烈的自主活动需要，喜欢按照自己的意愿进行活动，自由支配并自主展现才能，欣赏自己控制事物并作用于环境的乐趣。儿童在游戏的过程中感受到了因为自己的力量而使周围世界发生改变产生的自信心与满足感，这对于儿童自我实现、表现自我具有积极的作用和意义。

（4）参与成人活动的需要

伴随儿童语言能力的日益完善及与成人接触的日益频繁，儿童希望自己像大人一样参与社会活动，但是实际情况是不可能的，因此，儿童便借助游戏的形式，模仿或代替成人的活动，从而间接达到参与成人活动的目的。

2. 游戏最适合儿童的心理特点

所谓“最适合”的含义在于游戏发生在儿童身心发展的特定阶段，最适合该年龄阶段儿童的发展需要，反映了现阶段他们的真实水平。

（1）游戏最适合儿童的心理发展水平

3—6 岁儿童心理发展的主要特点就是具体性和随意性，儿童认识一切事物都带有强烈的具体性，即建立认知离不开具体的实物，而游戏中游戏材料的提供正好适合儿童的这一心理特征。随意性主要表现为儿童以无意注意和无意记忆为主，在活动过程中行为不稳定，很容易被新异刺激所吸引而改变注意方向。因此，单调烦琐的学习行为不适合儿童，只有游戏这一充满乐趣及愉快情绪体验的活动才能保证儿童的良好发展。

（2）儿童的动作、语言发展水平也保证了游戏的顺利进行

3—6 岁儿童的动作、语言发展水平有了极大提高。儿童有了探索欲望，自己能去探究感兴趣的事物，也会与成人和同伴表达自己的想法，这也是进行游戏所必需的。

3. 游戏是儿童一种特殊形式的实践活动

从以上对儿童游戏的分析，我们不难得出一个结论，游戏是儿童认识世界的主要途径，是一种主动的、积极的社会性活动；同时因为历史背景、文化背景、生活环境的不同，儿童游戏内容也千差万别。

我们需要明确一点，虽然儿童游戏被烙上了深深的“社会”烙印，但是它与成人实践活动还是具有本质的不同，原因在于，儿童游戏无法像成人活动一样创造社会价值，不承担社会义务，也不具有社会成果，是一种随心所欲、不需要承担后果的特殊社会实践活动。例如，“医生”手术用错了工具，可以随时换，“病人”毫无怨言；“超市售货员”可以不管顾客随意走动、聊天、上厕所等。所有

这些都反映一个现实，那就是儿童游戏是一种特殊形式的社会活动，它为儿童认识世界打开了一个崭新窗口，又不曾给儿童增添社会负担，让儿童在轻松活泼的氛围中成长。

（二）游戏在儿童全面发展中的作用

☞游戏在儿童全面发展中的作用

1. 游戏对儿童生理发展的作用

（1）游戏促进儿童身体的发展

在游戏中，儿童身体的各个器官处于积极的感知状态，不同类别的游戏形式、活动量的大小不同、身体活动的部位不同，促进了儿童神经、心脏、呼吸、骨骼、肌肉等各个身体组织及生理机能的发育与成熟。

（2）游戏满足儿童的生理需要

人自出生以来就不仅仅具有吃、喝、睡等基本生理需要，还有活动的需要，对于儿童来说，活泼好动是一个典型的特征，是与儿童处于生长发育中的机体有密切的关系的。活动是受神经支配的，整个幼儿期的神经系统发育都不成熟，长期处在兴奋状态。此外儿童的骨骼、肌肉发育也需要适当的活动，儿童的骨骼柔软、肌肉收缩力差，长时间保持一种状态，会使肌肉处于紧张状态，而活动可以改善肌肉的紧张度，帮助肌肉获得充分的血液和氧气，所以积极的身体活动可以满足儿童基本的生理需要，并由此产生积极的情绪体验，避免厌烦和疲劳，使机体感到舒适。

2. 游戏对儿童心理发展的作用

（1）游戏与认知发展

著名心理学家皮亚杰对儿童游戏的价值持肯定态度，他认为，游戏可以帮助儿童获得早期的知识经验，成为学习的主体，特别是让儿童体验到真正意义上完整自由的人，因此，只有这个基础上发展而来的知识经验才是真正有价值的。

游戏对于儿童智力的发展主要体现在摆弄实物的过程。儿童在游戏中主动与环境建立联系，通过操作物体，认识事物特征，发现事物之间的差别，进而逐渐意识到事物之间的关联，对物体进行分类，形成概念。

（2）游戏与情绪、情感发展

游戏对于儿童情感发展的作用是研究者关注的问题，儿童常常通过游戏表达自己的情感，不受压抑地实现自己内心的愿望，因此，儿童可以在游戏中找到愉快、满足和自信。在游戏中儿童可以通过支配物体、操作材料进行大胆的艺术创作活动，其创造表达的愿望得到极大的满足。当然，为了实现预定目标，需要儿童具备面对困难的心理准备以及克服困难、进行自我约束的能力，因而游戏也有助于意志力的形成，对于儿童的心理健康具有积极的意义。

（3）游戏与儿童个性发展

个性是指一个人总的精神面貌，它是通过个人的生活道路而形成的，反映了人与人之间稳定的差异的特征。苏联游戏理论的代表人物艾利康宁就特别强调游戏对儿童个性形成的作用，他认为人的个性是两种内在系统的关联：一种是儿童与社会现象的关联，即儿童掌握使用对象的方式，其特殊过程是内部需要，在掌握社会上形成的使用对象的方式时就帮助儿童转变为社会成员。另一种是儿童与社会成人的关联，即成年人是作为使用对象的新的和复杂的方式，以及在周围现实中定向所需的社会标准。这两个系统是一种动态的统一过程，这个统一过程成就了儿童的个性，而游戏是体现这两个系统的最佳方式，在游戏中，儿童的个性逐步形成，自然地表现其能力、兴趣及态度，表现他的优缺点，同时游戏有利于谦让、遵守规则等良好个性品质的形成。

（4）游戏与社会性发展

儿童游戏，特别是幼儿园游戏往往是在集体中发生、发展的，儿童在集体游戏中逐渐了解了自我和他人，了解到自己行为赋予集体的意义，特别是在游戏中，儿童明白了作为集体的一名成员，要想将游戏顺利进行下去，需要相互适应并遵守规则，掌握和学习等待、协商、合作等社交技能。特别是在社会性角色游戏中，儿童有机会转换角色扮演他人，站在他人的角度，体验别人的情感和态度，学习成人在社会中扮演角色时应有的行为方式，从而用自己的方式理解成人世界、理解身处的家庭环境和社会，并练习遵守生活准则。作为进入社会的准备阶段，游戏能激发儿童身心发展的巨大潜力，为其步入社会，从事学习和生活做足充分的准备。

（三）儿童游戏的分类

儿童游戏的种类是多种多样的，根据研究者依据的不同标准及理论或可观察到的游戏行为，可将游戏分为不同的种类。一般说来，在自然条件下发生的游戏行为，通常依据儿童游戏活动中占优势的心理成分、活动材料等作为判定游戏类型的依据。

1. 游戏的认知分类

皮亚杰认为，游戏的发展水平与儿童的智力相关，在不同智力发展水平下所呈现出的游戏类型也不同，因此儿童游戏经历了从练习性游戏、象征性游戏到规则游戏的过程。

（1）练习性游戏（0—2岁）

练习游戏也称作感觉运动游戏、机能性游戏，这类游戏多数是由外部刺激引发的视、触觉的感官快感，由此带来满足和愉快的反应，并引起积极的感官活动。这是游戏发展的萌芽时期和最初形态，其特点在于取得的“机能性快乐”是在重复的动作中获得的，既可以徒手活动，又可以接触操作材料。练习游戏随儿童年龄的增长频次日渐减少，鲁宾（K. H. Rubion）曾在自己的研究中表述到，练习游戏在各个年龄阶段的比例会呈现下降趋势，在 14 个月到 30 个月中间，所占比例为 53%，3—4 岁时下降为 36%—44%，4—5 岁为 17%—33%，6—7 岁为 15%。

（2）象征性游戏（2—7 岁）

象征性游戏出现在儿童自我中心主义出现的时期，其典型特征为运用表象把眼前事物当作另一种不在眼前的事物使用，皮亚杰认为 2—4 岁是象征性游戏出现的高峰时期，4—7 岁呈现下降趋势。

另外有研究表明，儿童的集体象征性游戏发展呈现“侧 U 型”模式，即 5 岁是集体象征性游戏的高峰值阶段，在儿童游戏种类所占比例最高约为 71%；6 岁次之，约为 61%；而 4 岁、7 岁，出现的比例稍低于 5 岁和 6 岁。儿童的个体象征性游戏发展呈现“正 U 型”模式，即 5 岁时是独自象征性游戏发展的低谷时期，4 岁和 6 岁是独自象征性游戏发展的高峰时期。

（3）规则游戏（7—11、12 岁）

伴随儿童抽象逻辑思维的萌芽，特别是语言能力的发展，儿童可以按照一定的规则进行游戏，规则游戏的出现标志着儿童游戏进入高级发展阶段。

规则游戏出现在幼儿中期，但是这一时期的儿童往往不能准确把握游戏规则，特别是会根据自己的情绪或新异刺激破坏规则；到了幼儿末期，儿童可以较好地理解并遵守规则，同时还会用规则约束旁人。德弗里斯对 3—7 岁儿童规则游戏的研究证明了这一点，换句话说，只有到了幼儿末期才真正出现了规则性游戏，而规则游戏的迅速发展期出现在 7、8 岁以后。

2. 游戏的社会性分类

1932 年，美国心理学家帕顿根据儿童在游戏中结成的人际关系的不同类型将游戏分为六种水平，层次是逐渐由低向高发展的。

（1）无所事事的行为

儿童并不是在游戏，而是碰巧遇到了让他感兴趣的事，如果没有发现令人兴奋的事，他就只会摆弄自己的身体或者爬上爬下，东张西望。

（2）旁观者行为

看到其他儿童在游戏，只是会与同伴交谈、出点子、提问题，但并不参与到游戏中。

（3）个体游戏

自己一个人玩，所使用的游戏材料与周围同伴的不一样，虽然同伴近在咫尺、但是并不交谈。

（4）平行游戏

两个以上的儿童在一起，游戏材料类似，玩的内容也接近，但相互之间不发生协作关系，各玩各的。

（5）联合游戏

儿童在一起玩，游戏材料类似，玩的内容也接近，彼此之间会交谈，互借玩具，但这种配合没有明确的分工。

（6）合作游戏

几个儿童在一起玩，而且对于游戏材料、玩的内容都会合理分工，并进行互助合作。

3. 基于游戏教育功能的分类

苏联教育家对于儿童游戏的分类侧重于幼儿园游戏是作为针对一定教育目的而存在的“教育手段”，倾向于区分不同儿童游戏的教育作用，因此根据儿童游戏的功能，将儿童游戏分为两类：

（1）创造性游戏

创造性游戏，是儿童主动地、创造性地反映现实生活的游戏，是学前儿童典型的、特有的游戏，多为自选、自主的游戏。它包括角色游戏、表演游戏和结构游戏等。

（2）规则游戏

规则游戏，是成人为发展儿童的各种能力而创编的、有明确规则的游戏，多作为完成教育任务的教学手段，包括智力游戏、体育游戏、音乐游戏等。

第二节 幼儿园游戏条件的创设

游戏时间、游戏环境以及游戏材料是确保儿童各项游戏顺利开展的必要条件。那么对于幼儿园来说，时间、环境和材料有哪些要求呢？这是本节要探讨的主要内容。

一、给儿童提供充足的游戏时间

（一）充足的时间是儿童游戏的保障

无论是哪种类型的游戏，儿童都需要有充足的时间去探索和尝试。如果游戏时间过于仓促，儿童就无法深入了解游戏材料的性质和玩法，游戏的作用就无法发挥，也会阻碍儿童进行游戏的兴趣，因此游戏时间的长短会直接影响游戏的数量和质量。

在幼儿园的一日生活中，游戏应被当作主要活动，成为实现教育目的的主要途径。教师应把游戏活动作为儿童的主要活动，保证儿童游戏时间充裕，用游戏的方式组织教育活动，使游戏成为幼儿园教育中真正意义上的基本活动。

（二）减少过渡环节，提高单位时间内儿童游戏的时间

幼儿园可以制定严格的作息时间表，利用一日生活的各个环节，开展游戏活动，但是目前存在的主要问题在于：有些幼儿园活动室的区角布置不合理，没有专门的游戏空间，因此，一到游戏环节，教师就开始搬桌子、挪椅子，临时准备活动场所，把本该属于游戏的时间浪费在准备工作上，要解决这个问题，需要教师打破传统观念，在区角设置上动脑筋、想办法，创设相对固定的游戏场所，以提高单位时间内儿童的游戏时间。

二、创设合适的游戏环境

（一）创设游戏环境的基本要求

1. 确保儿童的安全

儿童活动的游戏场地必须保证可靠、安全，游戏场地和一切环境设施都要排除可能存在的危险因素，保证儿童的安全是创设游戏环境的第一基本原则。

2. 促进儿童的发展

游戏环境的设置是为儿童提供探索、发现的环境，满足儿童自身发展的内在需求，为此游戏场地和游戏设施应当能促进儿童知识经验的丰富，激发儿童参与游戏以及对周围事物探索发现的兴趣和欲望，达到促进儿童身心发展的目的。

3. 培养儿童的自信心

游戏环境要在适宜儿童发展水平基础之上进行创设，帮助儿童不断提高自我水平、增强自信心。儿童所能做的主要取决于他们自身所具备的技能和对该游戏环境的自我信念，当儿童自我效能水平高时，他们就会想方设法达到最优结果，因此，游戏环境的设置要考虑儿童的年龄特点及能力水平，培养其参与游戏的自信心。

（二）游戏环境的分类创设

1. 室外游戏环境的创设

室外游戏环境具有以下特点：

（1）自然性。室外游戏环境相对于室内游戏环境最大的特点就在于自然性，

在室外游戏中，儿童可以充分享受到大自然中郁郁葱葱的树木、争奇斗艳的鲜花、活泼欢唱的小鸟、辛勤采蜜的蜜蜂、涓涓的流水……所有这些都能引发儿童无限的好奇心和探索欲望，这是大自然赋予儿童最珍贵的礼物，也是儿童喜欢和享受的童年乐趣。

（2）趣味性。室外游戏的趣味性主要体现在大型器械上，例如，儿童都喜欢滑滑梯、荡秋千，也喜欢骑脚踏车、拍皮球，这些游戏符合儿童活泼好动的生理特点，也为儿童发展大肌肉运动提供了便利条件。除此之外，室外游戏的趣味性还体现在没有约束羁绊的开阔空间，儿童可以随意奔跑追逐，让身心得到完全放松。

（3）挑战性。儿童在具有竞技性质的室外游戏中，感受着各种游戏材料带给自己的新异刺激，使自己的胆量和能力得到提升和锻炼。特别是儿童通过种种的挑战活动，能发展自己的肢体动作，感受获得成功的自信以及充分享受室外游戏的趣味。

（4）变化性。室外游戏的变化性源自于自然性，随着一年四季的季节变化，室外的景色也千变万化：春天万物复苏、夏天鸟语花香、秋天硕果累累、冬天白雪皑皑，四季的交替丰富着儿童的生活经验。除了四季变化外，还有早晚变化，儿童的探索活动也因此变得丰富起来。

室外游戏环境设计需要遵循以下要求：

（1）创设适合各年龄阶段儿童需要和发展的空间。室外游戏环境的设计要充分考虑儿童的年龄特点和需要，例如，小班儿童肢体动作发育不完善，容易摔跤，因此要为他们设计一个专门的半开放游戏区，可以铺设软垫、塑胶垫或人工草坪等，这样既可以保证儿童自由跑动、攀爬跳跃，又可以保证儿童的基本安全。

室外游戏环境设计还要考虑不同的组织形式，既要包括集体游戏，也要有小组游戏，还要有个别游戏，因此在场地设置上要根据具体需要设置大小不一的游戏区，可以用灌木丛适当隔开并设置多个出入口。

（2）巧妙利用自然元素。在设计室外游戏场地时，可以因地制宜利用自然环境的基本要素，使游戏场地丰富多彩，例如，可以将原本低洼的地方改造成沟渠和小河，并架设小桥或桥索；在高大的树木上架设秋千、摇椅等。

（3）创设适合四季游戏活动的环境。室外游戏环境的规划一定要考虑季节因素、考虑室外游戏的需要，例如，夏天烈日当头，如果没有树荫，上午 10 点到下午 4 点这段时间就很难组织儿童外出游戏。因此，如果条件允许，可以设计绿色长廊，栽种绿色植物，如葡萄、紫藤等藤蔓类植物，并架设一些秋千。

室外游戏环境主要由以下区域构成：

（1）运动器械区。主要包括攀登架、滑梯等大型组合玩具，秋千、跷跷板、转椅等中型玩具。如果室外空间够大，运动器械区可以设置在任何空间，玩具之间保持一定距离，并在出入口处放置软垫；如果园内空间不足，也可以将多种大型功能玩具放置在一起，节省空间和成本。

（2）攀爬区。儿童普遍喜欢攀爬，特别是大班儿童，所以应该设计1～3个攀爬区，例如，可以利用已有墙面设计横向攀岩，在长廊里设计软索爬梯，在草坪上设置轮胎爬墙等。

（3）草坪。条件允许的幼儿园，可以设计开阔的草坪，这种草坪不等同于观赏草坪，而是能让儿童在上面爬滚嬉戏的草坪。没有条件的幼儿园可以铺设带状草坪，或者在裸露的土壤地面上铺设草坪，作为软化地面的手段。

（4）种植区。幼儿园可以在每个班级附近设置一块种植区和养殖区，并标注相应的班级，由班级儿童自行管理。当然如果条件有限，可以利用简单的瓶瓶罐罐进行种植养殖活动，这是儿童自我的探索活动，也可以作为幼儿园教学活动深入开展。

（5）玩沙区。儿童普遍喜欢玩沙，是因为沙子本身富有的变化性，因此，幼儿园可以根据在园儿童人数的多少设计不同规格的沙池，边缘可以进行软化处理，为儿童提供一个安全的玩沙环境，当然沙池周围最好有高大的树木，夏季可以蔽日遮阴。

（6）玩水区。玩水区可以和玩沙区相毗邻，可以利用玩水区设置游戏区、喷泉、鱼池等，也可以设计简单的矩形玩水区，紧邻玩沙区既可以为玩沙池提供水源，也方便儿童玩沙后洗手。

（7）投掷区。儿童通过投掷活动锻炼臂力，发展手眼协调能力。如果幼儿园空间不足，投掷区可以借用门廊、墙面、树林、长廊等，不单独占用空间，使得空间优化配置，最大限度地促进儿童的全面发展。

（8）涂涂画画区。幼儿园室外的涂涂画画区与室内的绘画区相比，更有吸引力。儿童可以用水彩、水粉、粉笔、毛笔或者大刷子在墙面上自由涂画。在无拘无束的环境中，儿童的创造性和个性更容易培养出来。

（9）室外游戏小屋。可以利用室外的场地为儿童提供一个充满趣味、增加儿童之间社会性交往的场所。可以是直接购买的大型玩具屋，也可以是充分利用当地材料（秸秆、稻草等）搭建的自然风貌的小屋，还可以是后勤人员根据教师的指导自行制作设计的帐篷。户外游戏小屋为儿童之间的交往提供适宜的场所，促进儿童语言、社会性的发展。

2. 室内游戏环境的创设

室内游戏环境的基本要求如下：

在幼儿园，室内游戏环境主要指班级的活动室。需要明确的是足够的室内空间是儿童在室内开展各种游戏活动的必要条件，而且为了满足和鼓励儿童经常开展游戏特别是自选游戏，应当在室内设置较为稳定的游戏活动区。

（1）要符合儿童身心发展的规律。游戏区的设置要符合儿童身心发展的规律和特点，所包含的内容和材料一定要丰富且具有挑战性，以此激发儿童对游戏活动的兴趣。例如，小班孩子喜欢模仿且主要以角色游戏为主，因此在“娃娃家”要投放尽可能多的材料，基本保证每一名儿童人手一份材料。小班游戏材料多呈现形象具体、颜色鲜艳的特点；到了中、大班，以探索活动材料为主，在内容和形式上也趋于多样化。

（2）室内游戏区应该是动态的，可随时根据需要调整。室内游戏区是开展教育活动的主要区域，是集体教学的延伸和补充，游戏区会伴随不同时期教育目标的变化而发生改变。例如，在“磁铁”主题课上，教师在科学区域中投放了有关磁铁的各种材料，目的是帮助儿童建立对磁铁的认知，儿童在操作的过程中，会出现物体对吸的情况，那么这就可能生成新的教育目标，游戏区域活动的设置也会随之发生改变。

（3）室内游戏区要安全、卫生、井然有序。

安全、卫生、井然有序是幼儿园环境的基本要求，特别是小班儿童，对于环境危险性的意识低，自我保护能力也很薄弱，但是又对陌生环境充满好奇心。所以我们必须保证室内游戏区的安全，对于科学区、美术区的特殊材料，要每天检查，所操作的物品要定期消毒等。

在现阶段幼儿园室内游戏环境大多以区域形式呈现，适宜的区域环境规划，有利于儿童按照自己的能力和兴趣，自主地选择区域、玩具和同伴；主动进行游戏活动、探索活动和交往活动；也有利于教师更好地观察儿童，更好地组织班级活动，促进师幼良好的互动。多种多样的区域归结起来大致有以下三种类型：

（1）常规区域。如建构区（积木区），美工区，表演区，角色扮演区（如“娃娃家”、理发店、超市、医院、银行、餐馆、交通岗、小记者、小警察），阅读区（语言区），益智区，科学区（自然角）等。

这些区域在很多幼儿园都有，在各个年龄班都可以设计这样的区域，只不过具体投放的材料和开展的活动有难度差异，所以称之为常规区域。

（2）特色区域。特色可以是地域特色，也可以是园本、班本特色。特色区域不仅反映在独特的名称上，有些区域用的是常规区域的名称，比如建构区，但投放只有本地区独有的建构材料，或者只有自己幼儿园开发挖掘的建构材料，开展富有特色的建构活动，这也可以称其为特色区域。还有一种特色区域，尽管别的幼儿园也有，但是某个幼儿园有自己持续深入的探索研究，积累了丰富的经验，形成了自己丰富而独特的环境和活动特色。

（3）主题区域。主题区域是伴随主题教学活动的开展设置的。主题环境既可以体现在墙饰上，也可以体现在区域环境上。在主题区域中主题目标、主题活动内容物化在区域材料当中，引导儿童在区域中开展自主活动。主题区域的活动相对来讲学习成分多一些，游戏成分少一些。主题区域从目标到操作，结构性更高一些，是主题教学很好的补充。

幼儿园班级中也可特设1～2个主题区域，随时把课程教学活动中的操作材料转移到主题区域中，并不断根据主题目标和活动内容调整材料、丰富材料，使主题区域成为课程教学很好的延伸和扩展，满足不同水平儿童发展的需要。一般来讲，主题区域在班级中不可以太多，太多的主题区域会限制儿童的自主游戏。主题区域、常规区域和特色区域应有恰当的比例。

室内游戏区的规划与布置要整体优化。室内游戏区的合理布置要遵循以下要求：

（1）各游戏区之间的界限性。所谓界限性，是指各个游戏区域之间要有明确的界限，划分清晰，便于儿童开展活动和教师管理。在划分界限时除了考虑美观、漂亮之外，更要从教育角度出发。

第一，平面界限的划分。教师可以借助地面、桌面的不同颜色或图案来划分不同的区域，例如，可以在“娃娃家”的地面刷上温暖的粉色，在积木区铺上淡绿色的地毯，这样让儿童一目了然，便于识别不同区域。

第二，立体界限的划分。在幼儿园中多用架子、柜子或者其他物体隔离划分出不同的区域，形成相对封闭或半开放的游戏空间。

（2）各个游戏区之间的相容性。相容性是指游戏区的布置要在充分考虑不同区域性质的基础上，把相似的区域安排在一起，以免互相干扰。美国学者布朗把游戏区的性质描述为静态、动态，用水、不用水等特性，并据此把游戏区归为以下四类：

静态、用水——科学观察区、手工区、美工区

动态、用水——玩沙区、玩水区、“娃娃家”

静态、不用水——图书区、数学区

动态、不用水——音乐区、益智操作区、积木区

（3）各游戏区之间的转换性。转换性是指幼儿园在创设室内游戏区时要充分考虑儿童可能出现的，将一个游戏区内的活动延伸转换至其他游戏区的需要。创设优良的室内游戏区是以游戏区的设置为核心的，因此各个游戏区之间的相互配合、协调很重要，从而营造出一个和谐适宜的游戏活动场所。

三、准备玩具及游戏材料

（一）玩具及游戏材料的配备

1992年，国家教育委员会颁布了《幼儿园玩教具配备目录》，规定了幼儿园玩教具具体包括以下九大类：

（1）体育类。主要包括室内外大型活动器械和儿童活动用的器材，可供儿童练习走、跑、跳、钻、爬、攀登、投掷和平衡。

（2）构造类。主要包括堆积、接、插、拼、搭、穿、编等造型玩具。

（3）角色、表演游戏器具。主要包括扮演各种角色、模仿动作等器具。

（4）科学启蒙玩具（包括常识和数形教育内容）。主要包括儿童动手操作、演示各种物理现象的玩具，玩沙、玩水用具。

（5）音乐类。教师教学用的乐器和儿童使用的打击乐器。

（6）美工类。主要包括儿童的剪、贴、粘、捏、画等用具。

（7）图书、挂图和卡片。主要是保证幼儿园完成教育任务的辅助教学材料。

（8）电教类。包括电化教育的软件、硬件。

（9）劳动工具类。主要是用来让儿童自己动手进行种植、饲养等活动的用具。

☞《幼儿园玩教具配备目录》

《幼儿园玩教具配备目录》包括教师用的教具，但大部分是儿童学习、游戏的玩具，各地应结合自己的条件，量力而行，有计划、分期分批地达到配备要求。

（二）选择玩具及游戏材料的标准

1. 教育性

所谓教育性，并非传统意义上的教幼儿识文断字，而是强调玩具及游戏材料的新颖性，能引发儿童的好奇心和创造性活动，使其增加生活、学习经验，而不是将现成的结果告知儿童。具备教育性的玩具及游戏材料应该有利于儿童的身心发展，特别是活动身体、启发想象、训练思维等，其造型、色彩富有审美意味，装饰美观且富有情趣，能深深吸引儿童。

2. 操作性

不同年龄阶段的儿童在选择玩具及游戏材料时都倾向于能活动的、可操作的，例如，一套完整的组合柜家具模型，有冰箱、衣柜、煤气炉等家居用品，唯一不同于其他玩具之处在于所有的门、柜、抽屉都是可以自由活动的，内置物体也是可以随意取出的，结果 80% 的儿童都喜欢这套玩具。玩具及游戏材料具有操作性，能让儿童最大限度地参与到游戏之中，保持长久的游戏兴趣。

3. 符合卫生标准

对于木制的、金属质地的玩具要注意玩具本身的坚固程度，以防破裂边角割伤儿童；玩具的零部件应该结实，防止脱落后被儿童误食；玩具的材料应保证无毒；玩具应该常消毒，可以放在太阳下暴晒，也可以使用消毒液清洗；带有马达或发条类的玩具不宜提供给儿童玩耍。

4. 经济实惠

玩具及游戏材料的好坏并不完全体现在价格上，实际上，越简单的材料越具有意义和价值，因为它没有固定的结构和形状，可以让儿童根据自己的想法随意操作、创作，实现“一物多用”的目的，因此，幼儿园应多采用一些低结构的材料，例如，用废旧物品加工而成的儿童玩具，既可以充分发挥玩具的可玩性，也可以弥补玩具价格高的不足。

5. 符合儿童的年龄特点

不同年龄阶段的儿童对于玩具及游戏材料的需求是不同的，小班儿童所选用的玩具及游戏材料多数与自己的实际生活相联系，因此，给小班儿童提供的玩具及游戏材料应能促进其发展，种类不必太多但数量要有保证。中班儿童因能依据玩具及游戏材料本身的性质选择，喜欢边选边玩，因此，给中班儿童提供玩具及游戏材料时种类要比小班多且涵盖范围要广。大班儿童可以根据游戏需要、游戏情节有目的地选择玩具及游戏材料，特别是对智力游戏、规则游戏开始产生兴趣，因此，可以给大班儿童提供更为复杂、多样的玩具及游戏材料；还可以提供具有一定难度的智力玩具，如棋牌类。

（三）玩具及游戏材料的管理与使用

1. 玩具及游戏材料的管理

（1）定期添置玩具及游戏材料

玩具及游戏材料每天都需要使用，因此势必会产生损耗，定期购买、更换玩具及游戏材料成为幼儿园玩具及游戏材料管理的首要任务，保证玩具及游戏材料的数量，满足儿童的游戏需要。

（2）向所有儿童开放

幼儿园摆放玩具的玩具柜应该是开放式的且方便儿童拿取，这样有利于他们根据自己的游戏意愿和需求选择玩具。常用的玩具放在固定的位置，新玩具则需要摆放在显眼的地方以引起儿童注意。

（3）建立玩具及游戏材料使用常规

玩具及游戏材料使用常规主要体现在两个方面：一方面是幼儿园对全园购置玩具的统筹管理，幼儿园要根据本园的实际情况制定合理的管理制度。另一方面是每个班儿童使用玩具及游戏材料的常规，例如，规定玩耍的时间、规则、收放等。

（4）定期检修玩具

玩具的破损会影响儿童对玩具的兴趣，且易养成儿童不爱惜玩具的情况，因此教师要对玩具进行定期检查，发现有破损的要及时报修，保证儿童使用玩具的安全。另外玩具还要清洗、消毒，防止细菌传播，保证幼儿的身体健康。一般情况下，幼儿园一周对玩具清洗一次。

2. 玩具及游戏材料的使用

在玩具及游戏材料的使用中，主要问题是儿童之间的争抢及由此导致的冲突，一般表现为：（1）玩具及游戏材料数量不够引发的争夺；（2）同一地点不同类型玩具及游戏材料引发的争夺。

因此，要准备充足的玩具及游戏材料供儿童选择，并帮助儿童建立合理的规则意识，学会谦让、轮换、先到先玩、不独占、不抢玩，等等。教会儿童玩不同类型的玩具及游戏材料，相同类型的玩具及游戏材料摆放在一起，使儿童玩玩具及游戏材料的矛盾冲突尽量减少。

第三节 幼儿园游戏的指导

幼儿园游戏从教育功能的角度可以分为创造性游戏和规则游戏，在本节主要按照这种分类进行具体的阐述。

一、创造性游戏

创造性游戏主要包括角色游戏、表演游戏、结构游戏三种。

（一）角色游戏

角色游戏是幼儿时期典型的游戏形式，是学前儿童通过模仿和想象扮演角色，创造性地反映现实生活的一种游戏。3—5 岁是角色游戏发展的高峰期。

1. 角色游戏的结构

角色游戏的构成要素包括情境转变、以物代物、以人代人，这三个要素在幼儿时期逐步转变，并逐渐体系化。

（1）情境转变。情境转变是角色游戏发生的标志，是以物代物、以人代人的前提。情境转变是指儿童行为脱离原有真实生活情境而做出的反应。例如，匙子、碗是日常生活吃饭的用具，但是当儿童不在吃饭时间且不觉得饿时，眼前也没有食物，在类似工具的刺激下儿童假扮吃饭的动作，这个时候角色游戏就发生了，一般认为情境转变是角色游戏产生的主要标志。最初，角色游戏只是儿童对成人动作的学习和模仿，随着儿童年龄的增长，抽象逻辑思维和语言能力的发展，角色游戏的内容也日渐丰富起来，情境转变的频率也不断增加且时间也越来越长，游戏内容由家庭生活转向更广阔的社会生活，以物代物、以人代人的特点逐渐凸显出来。

（2）以物代物。以物代物是指在游戏中用一种东西代替不在眼前的另一种东西，这要求儿童的想象力发展到一定水平，能对过去感知过的物体，分析其特性并与当前物体结合，最终形成表象。以物代物一般经历两个阶段：第一个阶段是以动作为中心的以物代物，主要发生在1.5—2岁，这一时期，儿童掌握的动作越来越多，拿到任何物体都喜欢摆弄，并发掘其不同的用法和功能。例如，孩子既可以把扫帚当马骑，也可以当飞行器使用。第二个阶段是真正的以物代物，发生在2—3岁，这一阶段儿童已经能够按照社会约定俗成的用法使用实物，甚至开始关注物体之间的关系。

（3）以人代人。以人代人是指儿童在游戏中能过通过自己的身体、表情、动作模仿或假扮其他角色，主要包括角色行为、角色意识、角色认知。

角色行为是角色扮演最基本的部分，也是最早出现的，是儿童根据已有人物的行为进行的简单模仿，一些研究表明，角色行为到幼儿阶段才能较为彻底地完成由以自我为参照向以他人为参照的转变，成为真正的角色行为。

角色意识是在角色行为基础上发展而来的，是儿童在角色扮演行为中，明确角色行为及替代的基本意识。到了幼儿中期，角色行为和角色意识的关系会出现质的变化，角色意识成为游戏的出发点，围绕角色意识儿童开始确定角色行为、选择替代物、组织活动等一系列游戏行为，这表明角色扮演进入更加成熟的阶段。

角色认知是角色意识的进一步发展，是对游戏关系的基本认识，主要表现为在互补角色中，儿童能清楚自己所扮演的角色。例如，售货员对应于消费顾客，有医生就要有病人，司机与乘客等。

2. 角色游戏的指导

角色游戏的指导包括以下四个方面：

（1）为开展角色游戏做好准备工作。开展角色游戏需要较长的时间，且最重要的是要为儿童提供丰富的材料，游戏中的玩具与游戏材料能引起儿童的好奇心，激发想象力和思维活动，促进游戏情节的发展，增加儿童参与游戏的愿望。因此，游戏场所、设备、玩具和游戏材料都要提前准备好，这是教师开展角色游戏的首要任务。

（2）帮助儿童丰富现实生活经验。儿童的角色游戏多数建立在丰富的现实生活经验基础上，儿童所掌握的生活经验越丰富，角色游戏的开展就越多彩，因此，开展角色游戏之前，教师要为儿童提供尽可能多的生活经验，帮助儿童了解周围的环境，积累生活经验。

（3）教师作为游戏的引导者和支持者。角色游戏是儿童自主自愿的活动，作为教师，应当转换角色，成为游戏的引导者和支持者。教师对于游戏的指导多数应是间接指导，而不是直接指挥和支配。教师的指导艺术在于保持而不破坏游戏的自发性和创造性，尊重儿童的主动性、积极性和创造性。在游戏开始前，教师可以适当参与，帮助儿童分配角色、宣布规则等；游戏进行时要适时转换身份，成为游戏的参与者和指导者；当游戏结束时要帮助儿童一起分析总结，发现问题、解决问题。

（4）对游戏进行评价。对游戏进行评价，有利于后期游戏的组织与开展，也是教师对儿童游戏的间接指导，让儿童明确游戏进行中存在的问题及解决方法。特别是中、大班儿童对游戏进行的评价，是一种帮助他们自我意识增长的积极措施。

▶案例 6−1

“照相馆”游戏中的生活经验①

在“照相馆”里，我们投放了玩具照相机、相册、空化妆品瓶子、镜子、裙子、纱巾等材料。孩子们似乎对这里很感兴趣，“照相馆”里一下子热闹起来了，可没过多久就出现了混乱无序的现象。在游戏开展前，我认为孩子们都有到照相馆拍照的经验，他们喜欢装扮自己，也爱摆出各种姿势拍照，对照相的过程乐此不疲。由此我想当然地认为他们肯定了解照相馆的工作程序，明白不同角色的分工。可事实上，孩子们的表现与我的期望相差甚远。

于是我带孩子们参观了幼儿园附近的一家照相馆，了解了照相馆里的区域划分、物品摆放、工作内容和流程等。回到幼儿园，我又组织孩子们开展讨论。

师：你们觉得我们的照相馆该怎么布置？

幼：现在我们的照相馆里没有接待室和选样照区，应该加上；真正的照相馆里的布景很丰富，而我们只有一种；我们的服装也太少，应该再收集一些。

师：那我们收集些什么材料好呢？

幼：可以收集假发、发卡、项链、手链、布娃娃、小伞、帽子、假花……

师：我们是否还要做一个柔光灯呢？

幼：我们可以去美工区订货。

师：照相馆里的叔叔、阿姨是怎样工作的？和我们哪里不一样？

幼：叔叔和阿姨每个人都在做自己的工作，他们对顾客很热情，会为顾客倒水，会记录顾客的要求，会安排顾客照相的时间，化妆师会领顾客先选择服装、再化妆……

① 陈菲菲．对“照相馆”游戏材料投放的反思［J］．幼儿教育（教育教学），2009（4）．节选有改动。

请分析案例 6-1 中教师进行游戏指导有哪些值得学习的地方，填写在下面：

____

____

提示：在案例 6-1 中，教师对儿童游戏现状的反思，引发了教师对儿童已有生活经验的关注。而教师有针对性地组织儿童开展参观活动，以及对儿童讨论的有效引导，就是从丰富儿童的生活经验入手的，引导儿童有目的地去体验生活，从而有效地支持了角色游戏的开展。

值得注意的是，儿童在角色游戏中所反映的内容，并不是周围生活的直接再现，而是经过认知和情感的加工和创造以后，于适当的场合才在游戏中表现出来的。例如，儿童参观了邮局，并不会立即玩邮局游戏，而往往是在后来玩商店游戏时，增加了邮递员来送信、送报的情节。因此，教师不能急于要求儿童将看到的和听到的，立即反映在游戏中，更不能要求儿童将参观到的内容照搬到游戏中。

▶案例 6-2

孩子们的求助①

教师站在“娃娃家”一旁，静静地观察孩子们的活动。在果果家里，玲玲拿起了围裙准备当妈妈。乐乐从小床上抱起娃娃做爸爸。欢欢、政政、苏苏和杰杰也想当爸爸，他们争执了起来。“老师，我想到果果家当爸爸，你帮帮我好吗？”“老师，我也想到果果家当爸爸，你帮帮我好吗？”他们一起围向了教师。教师没有直接迎合他们的请求，而是问道：“一个家里有几个爸爸和妈妈？”“一个爸爸，一个妈妈。”“现在果果家已经有一个爸爸和一个妈妈了，你们看该怎么办？”欢欢和政政想了想，便去其他区了。但苏苏和杰杰仍不肯离开，继续向教师求助。“要是有什么办法使你们两个人都可以留在果果家玩就好了。”教师“轻描淡写”地说了一句。苏苏立刻叫了起来：“我来当奶奶，你当爷爷。”杰杰跟着说：“好，我当爷爷，我们都可以去玩喽。”

请分析案例 6-2 中教师进行游戏指导有哪些值得学习的地方，填写在下面：

____

____

提示：在案例 6-2 中，教师以引导者、支持者的身份给儿童的角色游戏提供帮助，引导儿童自己想办法解决游戏中遇到的问题，从而使儿童体验到自主解决问题的快乐。儿童在此期间与同伴交往的能力也得到了发展。

① 周正红．面对幼儿求助，教师不妨拐个弯儿［J］．早期教育，2010（12）．节选有改动。

☞表演游戏

（二）表演游戏

表演游戏同角色游戏一样，是创造性游戏的一种，是儿童根据故事和童话等作品，运用语言、动作、表情创造性地扮演其中角色的游戏活动。

1. 表演游戏的特点

（1）表演游戏是“游戏”而非戏剧表演。表演游戏与戏剧表演的根本区别在于：表演游戏是儿童“自娱自乐”的活动，他们在表演时并不关心观众是谁，也不在乎表演效果如何，而是专注于表演活动本身，这是游戏活动的特质。促使儿童进行表演的根本原因就在于游戏活动的“好玩”，因此，在这样的表演活动中，更加凸显的是活动的游戏性。

（2）表演游戏兼具游戏性和表演性。虽然表演游戏强调的是其中的“游戏性”，但是它也兼具“表演性”。表演游戏以故事为蓝本，这就决定了游戏的开始是在一个故事框架之下进行的；在游戏过程中，儿童会自发选用语言与行为表达故事情节、人物关系，故事的发展会直接“规范”儿童的行为，成为表演游戏中儿童行为的准则。正是基于相应的故事作品，再现故事情节，因此，表演游戏如果缺乏表演性，就缺乏了作为有别于其他游戏类型独立存在的依据。所以表演游戏是游戏性与表演性兼具的游戏类型，具有不同于其他游戏类型的典型特征。

（3）表演游戏需要教师指导。因为表演游戏需要参照故事、童话等幼儿文学作品，且运用包括语言、表情、动作、姿态等手段来再现特定的故事情节，这个再现的过程对于儿童来说是一种挑战，也是锻炼和学习的机会，但受到年龄以及能力的局限，儿童自身并不能完成从一般性表演到生动性表演的升华，也不能完全按照目的进行演绎，因此教师对于儿童表演游戏的指导就显得尤为重要了。

2. 表演游戏的指导

表演游戏的指导包括以下几个方面：

（1）选择适当的游戏内容。选择内容是表演游戏中的一个重要环节，内容的选取是否符合儿童的年龄特点、心理特点，直接影响儿童参与游戏的积极性。教师为儿童选取的文学作品应该是健康活泼、符合儿童生活经验，场景集中、内容紧凑，道具容易制作，易于开展的。

（2）提供材料。在表演游戏中，教师提供材料的目的是支持儿童的活动，而并非道具这么简单。因此，什么时候提供、提供什么样的材料，应当根据当时的实际情况确定。另外，让儿童参与到道具的制作中来，也是一个蕴含丰富学习机会的过程，教师不能只为追求表演结果而忽略了这个颇有教育意义的重要环节。

（3）组织讨论。对于表演游戏，教师一般不加干涉，只在儿童出现遗忘或表演困难时给予提醒，因此教师是儿童表演游戏的引导者和支持者。教师可以采用组织讨论的方法，通过引导性提问帮助儿童发挥主动性和提高表演能力。例如，在儿童表演“昆虫怎样过冬”时，教师就可以问演得如何、好在哪、存在什么问题等，这些问题将有利于儿童自行反思，发现存在问题并寻求解决方法。

（4）观察记录。观察记录是对整个游戏活动的密切关注，可以整体扫描式关注，也可以有重点地个别观察，并对观察结果进行记录，包括幼儿的作品、搜集使用的游戏材料、幼儿表演过程中言谈举止的描述等，记录的主体既可以是教师也可以是儿童。

（三）结构游戏

☞结构游戏

结构游戏，是一种儿童利用各种结构材料如积木、积塑、沙、土、金属部件等，通过建构活动创造性地反映现实生活中物品结构及特性的游戏。

1. 结构游戏的特点

（1）结构游戏是儿童的创造活动。结构游戏在幼儿园是一种比较常见的游戏活动，进行结构游戏需要儿童在形状和空间直觉上发展到一定水平并且具有一定操作技能。另外它也需要儿童具有一定的想象力，即儿童在类似活动中，通过自己对某一材料的操作，使当前造型与真实物体之间建立某种象征联合。因此，结构游戏是儿童的一种创造活动。

（2）结构游戏是儿童的操作活动。结构游戏需要提供大量的材料，如七巧板、积木等，儿童在不同的动作中，如堆、放、推、拉、拼、套等，身心得到满足，发展感知运动技能，特别是小肌肉运动，同时发展动作的精确性及手眼协调能力。

（3）结构游戏是儿童的艺术活动。结构游戏如同艺术活动一样，要求成品在形状、颜色、线条等各方面对称、协调，这就要求儿童掌握艺术造型的简单知识与技能。儿童在进行结构游戏的同时将体现他们对事物的感受、表达和创造，具有审美价值。

2. 结构游戏的指导

结构游戏的指导包括以下几个方面：

（1）熟悉材料，掌握结构游戏的基本知识和技能。为了便于儿童开展游戏，应该先让儿童熟悉和了解各种游戏材料的性质，并学会如何使用这些材料。

以积木为例，积木包括小型积木、中型积木、大型空心积木等，在开始游戏之前，教师可以对不同积木的性质、类型进行简单介绍，并列出游戏中应该遵守的游戏规则，此外要让儿童学会搭积木的技能技巧。例如，小班最初可以采用小组的形式，让儿童从不同颜色、不同形状的积木中选出适合搭桥铺路的积木，并逐步扩展技能，学会造城、建门、砌小桥，学会平铺、加高、围合、平衡等方法；中班则需要培养儿童识别不同形状的积木，知道几何形体的变化，学会搭建汽车、宝塔、楼房等简单的建筑物；对于大班儿童则要求对已经搭建好的建筑物进行装饰，体验多人合作的乐趣。

（2）加深对建筑物的印象。

结构游戏的搭建内容主要来源于生活，为了让儿童在搭建活动中尽可能多地正确表达物体的形状、特征和结构，就要让儿童在平日生活中仔细观察。在观察中，引导幼儿建立对物体的基本形状、特征、结构的认识。除了实地观察以外，还可以通过观察图片、模型、海报等作品进行了解。

（3）提供丰富的材料，适时启发引导。材料除了购买以外，还可以利用生活废旧品改造而来，如纸盒、瓶罐、木板等。另外在游戏进行中可以对儿童进行适时的启发引导，例如，可以向儿童提出各种问题：你搭的是什么呢？房子里都住些什么人呢？桥下有没有轮船？通过类似的提问引发儿童对游戏情节的扩展。中、大班中还可以在游戏结束时，征求儿童的意见，讨论下次搭建的主题是什么，存在哪些问题，该如何解决等。

（4）培养儿童良好的习惯。要保证结构游戏的顺利开展，需要建立起必要的游戏常规和规则，例如，要爱护材料，学会独立收拾材料、放回原处，轻拿轻放，有条理地进行游戏等。教育儿童对于他人的成果和作品要懂得珍惜，一些好的、儿童感兴趣的作品可以长时间保留，供儿童欣赏。

二、规则游戏

☞规则游戏

规则游戏是由成人编制的以执行规则为中心的游戏形式，是儿童游戏的高级阶段，反映了儿童开始摆脱自我中心，趋于服从现实，服从客观规律的认知发展特点，体现了儿童游戏在认知发展上的新特征——规则性。在规则游戏中，儿童更加注重游戏的结果，目的性、坚持性逐渐增强，并通过规则游戏的竞争性体现出来。

（一）规则游戏的种类

目前，我国将规则游戏主要分为智力游戏、体育游戏和音乐游戏三种。

1. 智力游戏

智力游戏是规则游戏的一种，是依据一定智育任务而设计的。它以生动、新颖的游戏形式使儿童完成增加知识、发展智力的任务，帮助儿童认识事物、巩固知识。

智力游戏的种类繁多，内容丰富，依据使用材料可以分为使用专门玩教具的智力游戏、图片类智力游戏、语言类智力游戏。如果按照游戏任务，可以将智力游戏分为训练感官的智力游戏、锻炼思维的智力游戏、发展语言的智力游戏、练习记忆的智力游戏、训练计算能力的智力游戏。

2. 体育游戏

体育游戏是以发展基本动作为主的游戏形式，同时兼具培养儿童意志品质的功能。体育游戏大多数都是规则游戏，例如，老鹰抓小鸡、对对碰等。体育游戏符合儿童爱好活动的特点，而且易于开展。值得一提的是，体育游戏的内容相对比较固定，有很多传统民间游戏流传至今，发展为体育游戏的重要内容，如捉迷藏、丢沙包、踢毽子、丢手绢等。

3. 音乐游戏

音乐游戏是在音乐伴奏下进行的游戏，也是规则游戏的一种。作为一种律动游戏，音乐游戏的典型特征在于将音乐和游戏结合在一起，音乐和游戏相辅相成、相互促进，音乐伴随并制约着游戏活动，而游戏活动又帮助儿童更具体、形象地感受音乐律动，最终目的在于发展儿童对于音乐的感受能力。根据游戏的内容和主题可以将音乐游戏分为有主题音乐游戏和无主题音乐游戏，根据游戏的形式可以将音乐游戏分为歌舞游戏、表演游戏和听辨反应游戏。

（二）规则游戏的指导

规则游戏的指导包括以下几个方面：

1. 对游戏规则和规则游戏的科学认识

要充分发挥游戏规则和规则游戏对儿童发展的作用，首先需要在观念上建立科学认识。规则游戏的本质在于游戏规则，游戏规则是游戏顺利进行的前提和保证，必须严格遵守。一方面，只有遵守游戏规则才能开展游戏，实现规则游戏本身蕴含的教育目标。另一方面，只有真正沉浸在游戏情境和游戏规则之中，才能发挥游戏的作用。

正确认识规则游戏的价值和含义，需要明确规则游戏并非教学的工具、手段，而是依据儿童发展水平所选择的游戏类型，特别是规则的制定，要想达到满足儿童需要和预期教育目标的目的，需要教师充分运用智慧、知识、经验以及把握全局的能力。

2. 制定科学合理的游戏规则

规则的含义明确之后，就需要制定一套科学合理的游戏规则。科学合理的游戏规则并非是成人主观臆断而来的，而是要能充分发挥儿童的主动性、积极性，让儿童获得自由且被尊重的规则。

3. 正确处理规则游戏与儿童的创造性发展

规则与创造性之间是否能共存？事实上，在儿童游戏中，儿童对规则的理解是发展创造性的前提，它在一定程度上为儿童的创造性发展提供契机。一方面，儿童在把握游戏规则之后，无意中的规则变动，会拥有意想不到的收获。另一方面，我们应该意识到，正是因为有不同的规则才衍生出不同的游戏类型，从而决定了游戏的多样性，游戏的多样性为儿童的创造性发展奠定了扎实的基础。

【实践训练】

幼儿角色游戏中教师指导行为研究

F老师：医生，这是我挂的号（教师将挂号单递给“医生”），放哪边呢？

（教师去拿筐子里的一个盒子放在“医生”面前，示意“医生”将挂号单放在盒子里；（“医生”将挂号单子放在盒子里，并在筐子里寻找可以看病的仪器……）

F老师：你还没有问我哪里不舒服，你就拿这些东西，你都不问我哪里不舒服啊？坐下来说。（教师示意“医生”坐下。）

“医生”：你哪里不舒服啊？

F老师：哎呀，我感觉我的喉咙特别疼。（“医生”又站起来到筐子里找仪器，这一次拿了一个听力器。）先帮我听一听，是不是？（“医生”戴好仪器，点头。）听哪边？（“医生”用仪器听教师前胸。）（教师假装咳嗽。）来，再给我听听后背。

——资料来源：方建华．幼儿角色游戏中教师指导行为研究［D］．南京：南京师范大学，2008.

案例分析：上述游戏发生在“娃娃家”，“医院”里没有“病人”，“医生”一个人坐在那里摆弄材料，教师此时及时介入，帮助幼儿丰富游戏情节，并在此过程中强化“医生”的角色意识和行为。这是教师对幼儿游戏的正向干预。

【做中学】当F老师发现扮演“医生”的幼儿无所事事的时候，该如何指导？当幼儿因为生活经验不足、行为不符合常理时，教师又该如何用语言指导？

【学而思】在上述案例中，教师为什么这样做？这样做对幼儿进行的角色游戏来说有什么作用？

【思而行】请结合本章所学，思考在实习实践活动中遇到类似的情况应该怎样做。

【学习自测】

1. 幼儿园游戏有哪些特征？
2. 论述三个以上有关幼儿游戏的基本理论。
3. 什么是角色游戏？什么是表演游戏？二者的区别是什么？

4. 说明创造性游戏的教育作用及指导方法。

【理解·反思·探究】

1.《幼儿园教育指导纲要（试行）》为什么把游戏作为幼儿的基本活动?

2. 在幼儿园游戏中玩教具的价值是什么? 请了解当地幼儿园玩教具的制作与使用情况。

3. 结合实习实践活动，调查当地幼儿园教师对室内游戏的认识以及开展情况，并结合相关理论进行分析。

第七章　幼儿园课程

【学习目标】

知识目标：

- 了解课程的含义。
- 理解幼儿园课程的含义、组成要素和价值取向。
- 掌握幼儿园课程的几种典型模式（五指活动课程、行为课程、蒙台梭利课程、高宽课程和瑞吉欧课程）

能力目标：

- 能提出和设计综合实践活动。

【知识导图】

陈鹤琴先生关于“幼稚园的课程理论”提出了“五指活动”课程观，陈鹤琴先生说：“五指活动的五指，是生长在儿童的手掌上的……是指要注意儿童心理和生理的发展，但是不离社会实际，领导儿童做合理的活动，予以适当的教养。”他又说：“五指，是活的，可以伸缩，互相联系……课程是整个的、连贯的，依据儿童心身的发展，五指活动在儿童生活中结成一个教育的网，有组织、有系统，合理地编织在儿童的生活上。”①

陈鹤琴先生将儿童课程内容分为以下既有主次区别又合为整体的五个方面：健康活动、社会活动、科学活动、艺术活动和语文活动。现行幼儿园课程以五大领域为主，即健康领域、语言领域、社会领域、科学领域和艺术领域，是陈鹤琴先生的课程思想在新时期的体现与发展。那么幼儿园课程的内涵是什么？组成要素有哪些？价值取向是什么？国内外幼儿园课程的典型模式又有哪些？这些问题将在本章中一一说明。

第一节　幼儿园课程概述

关于课程的定义可谓五花八门，每一种定义都试图从某种立场解释课程，因而导致对课程的界定众说纷纭，至今未达成共识。事实上，“每一种课程定义都隐含着某种哲学假设和价值取向，隐含着某种意识形态以及对教育的某种信念，从而标明了这种课程最关注哪些方面。”②

一、课程的含义与形态

在了解幼儿园课程的含义前，需先了解什么是课程，课程的形态是什么？

1. 课程的含义

斯宾塞在《什么知识最有价值》一书中首先提出了“课程”这一术语，并将其引入教育领域中。由于不同的学者对知识和教育的理解不同，因此，对课程本质的理解也各不相同，大致上我们把课程的含义归为三类：

☞课程的含义

① 陈建华．谈幼儿园课程的改革：从陈鹤琴先生“五指活动法”说起［J］．山东教育，2003（Z3）：46-47.
② 虞永平、王春燕．学前教育学［M］．北京：高等教育出版社，2012：165.

（1）课程即学习的科目和教材。以知识为中心，以科目为组织形式，即通常所说的学科课程。代表人物有斯宾塞、赫钦斯、贝斯特等。20 世纪初学科课程成为美国的主流；到 50 年代末 60 年代初，以布鲁纳为代表的结构主义课程论者又重新大力提倡以学科为中心；在当今，学科课程仍占主导地位。

（2）课程即儿童在学校获得的学习经验，强调尊重儿童的兴趣需要，主张以儿童的生活经验为课程内容，即经验课程。经验课程以杜威、卡斯韦尔等人为代表。20 世纪 20 年代，进步主义思潮盛行，儿童中心主义的经验课程兴盛起来。该思潮对我国有很大影响，如陈鹤琴的“大自然、大社会都是活教材”观点。

（3）课程即目标。强调教育教学目标的达成，在这种课程观的指导下，教育教学目标的选择和制订成为核心任务。以泰勒、加涅、约翰逊为代表。20 世纪 60 年代，强调教育效率和教育控制，将课程作为目的性活动，虽然这种课程观缺乏灵活性，但它影响颇大，当今课程编制中的“目标模式”就由此演化而来。

每一种代表性的课程含义都有各自独特地看问题的角度和关注重点，并且都涉及课程的某些本质属性，所以每种课程含义都有某些合理性，也都存在着某些局限性。

2. 课程的形态

一般而言，影响课程的要素主要有三个：知识、儿童和社会。学校教育中的课程需要对知识及其结构加以组织，以选取最有价值的知识加以传递；同时，由于儿童是知识学习的主体，因此在课程编制中要重视儿童；此外，社会的发展也构成了影响课程的基本要素，对人的教育必定离不开社会因素，离开社会空谈课程是不科学的。因此，课程往往呈现三种形态，即知识本位课程、儿童本位课程、社会本位课程，它们分别从知识、儿童和社会的角度来看待课程。知识本位课程以文化知识作为课程编制的基点。儿童本位课程是以儿童的直接经验、儿童的需要和兴趣为课程编制的核心，其目的是促进儿童的经验生长和人格发展。社会本位课程是以源于社会生活的问题为课程编制的核心，其目的是使学习者适应或改进当代社会生活，学习者着重研究社会的种种特征与问题，近年来，国际上比较典型的社会本位课程有“环境教育课程”和“国际理解教育”课程等。

二、幼儿园课程的含义与特点

1. 幼儿园课程的含义

幼儿园的教育目标是什么？提供哪些教育内容才能实现教育目标？如何有效地组织这些内容？怎样确定这些教育目标是否达到？这四个问题是研究幼儿园课

程的四个最基本问题。要深入了解这些问题，我们首先要知道什么是幼儿园课程。我国学者关于幼儿园课程比较有代表性的观点如下：

（1）学前课程是反映幼儿园某一门科目的客观规律的整体教育结构，或反映幼儿园整体教育客观规律的总体结构。（赵寄石、唐淑，1988）

（2）学前课程是幼儿在幼儿园教育环境中进行的，旨在促进其身心全面和谐发展的各种活动的总和。（冯晓霞，1997）

（3）学前课程是实现幼儿园教育目的的手段，是保证幼儿获得有益的学习经验，促进其身心和谐发展的各种活动的总和。（李季湄，1997）

（4）学前课程是从幼儿身心发展的特点和特定的社会文化背景出发，有目的地选择、组织和提供的综合性的、有益的经验。（虞永平，2001）

从当代社会的历史条件、学前教育的科学观念以及当前《幼儿园教育指导纲要（试行）》精神出发，我们更倾向于第四种定义，它强调了儿童的身心发展特点和文化背景以及综合经验的选择。幼儿园所进行的一系列活动，不论是专门的教学活动、还是儿童的日常生活活动、游戏活动等，都是幼儿园课程的组成部分，都对儿童的全面发展起重要作用。进入 21 世纪后，学前教育在各方面进行了广泛的改革，其基本价值取向正是以儿童的身心和谐发展和终身发展为最终目的的。

2. 幼儿园课程的特点

（1）基础性。幼儿园课程的基础性可以从两个角度理解：一是从教育体制的角度，幼儿园教育是学制的最初环节，是学校教育的基础。二是从人的发展的角度看，幼儿园课程的对象是 3—6 岁的儿童，他们正处于人生发展的起始阶段，从这一阶段开始，他们的自然生命才开始全面接受人类社会文化的熏陶。《幼儿园教育指导纲要（试行）》指出："幼儿园教育是基础教育的重要组成部分，是我国学校教育和终身教育的奠定阶段。"幼儿园教育应为幼儿近期和终身发展奠定良好的素质基础。

（2）全面性。儿童来到这个世界，对周围所有的事物一无所知，这决定了幼儿园教育目标和内容的广泛性。从另一个角度来说，单方面的发展已不能满足一个人立足于当今社会的需要，身心的全面发展、德智体美的和谐发展，才能符合社会对未来人才的要求。《幼儿园教育指导纲要（试行）》指出："幼儿园的教育内容是全面的、启蒙性的，可以相对划分为健康、语言、社会、科学、艺术等五个领域。"

（3）生活性。受限于儿童身心发展特点，儿童的学习需要建立在已有的知识或经验的基础之上，这样他才能以理解和熟知的方式接受新知识。离开儿童的生活经验，脱离儿童的生活实际的课程内容，既难以使儿童理解其意义，也难以唤起儿童的学习兴趣。《幼儿园教育指导纲要（试行）》指出，教育活动内容的选择应体现“既贴近幼儿的生活来选择幼儿感兴趣的事物和问题，又有助于拓展幼儿的经验和视野”原则。

（4）活动性。由于儿童认知水平较低，他们对事物的认知主要通过感官和动作，通过感知、操作，获取直接经验。在这种实际操作中，幼儿才能发展动手能力、问题解决能力，并获得相关的知识和经验。《幼儿园教育指导纲要（试行）》指出，幼儿园“应尊重幼儿身心发展的规律和学习特点”，有目的、有计划地引导幼儿在生活和活动中生动、活泼、主动地学习。

（5）整合性。儿童所生活的环境中包含各种因素，这些因素是以整合的、联系的形式存在的，因此，儿童经验的获得也是综合性的。《幼儿园教育指导纲要（试行）》指出，“教育活动内容的组织应充分考虑幼儿的学习方式和认识规律，各领域的内容要有机联系，相互渗透”，“注重综合性”。

（6）潜在性。幼儿园课程的潜在性主要体现在儿童的日常活动之中，儿童的活动中往往蕴藏着巨大的教育意义和教育价值。儿童生活中的点点滴滴都可生成有意义的课程。教师应注重从儿童的生活中抓住教育契机，不失时机地发掘新的课程内容。教师要善于发现儿童感兴趣的事物和偶发事件中所隐含的教育价值，把握教育时机，提供适当的引导。

三、幼儿园课程的组成要素

幼儿园课程的组成要素如下：

（一）幼儿园课程的目标

幼儿园课程目标是幼儿园教育工作者对儿童在一定期限内获得发展的预期。课程目标的设定有非常重要的导向作用，它既对教育行为起导向作用，又是检查教育效果的标准。

课程目标具有不同的层次，高层次的概括性目标必须转化为低层次的具体目标才可能被理解和实施。一般来说，幼儿园课程目标划分为五个层次：幼儿园课程总目标—年龄阶段目标—学期目标—月计划的教育目标—某一教育活动的目标。这个层次是从时间维度、从长远到近期的目标实施角度来划分的。

1. 幼儿园课程总目标

幼儿园课程总目标属长远目标，即《幼儿园工作规程》中阐述的幼儿园教育目标，《幼儿园工作规程》第五条指出，幼儿园保育和教育的主要目标是：

（1）促进幼儿身体正常发育和机能的协调发展，增强体质，促进心理健康，培养良好的生活习惯、卫生习惯和参加体育活动的兴趣。

（2）发展幼儿智力，培养正确运用感官和运用语言交往的基本能力，增进对环境的认识，培养有益的兴趣和求知欲望，培养初步的动手探究能力。

（3）萌发幼儿爱祖国、爱家乡、爱集体、爱劳动、爱科学的情感，培养诚实、自信、友爱、勇敢、勤学、好问、爱护公物、克服困难、讲礼貌、守纪律等良好的品德行为和习惯，以及活泼、开朗的性格。

（4）培养幼儿初步感受美和表现美的情趣和能力。

2. 年龄阶段目标

年龄阶段目标是幼儿园小、中、大三个年龄段的目标，各年龄段目标依据儿童的不同年龄特征制订及分步实施，彼此承接，属于中长期目标。

3. 学期目标

学期目标是各年龄段目标在一个学年中的上、下两个学期的分步实施，同属于中长期目标。

4. 月计划教育目标

月计划教育目标是学期目标的按月分步实施，属于近期阶段目标。

5. 某一教育活动目标

某一教育活动目标是一个具体的教学活动所期望达到的效果，是月计划教育目标在每日教学过程中的具体反映。通过这一最小目标单位，总目标可转化为直接的教育行为，落实到儿童的发展上。

在目标纵向层次化的过程中，教育者应把握儿童的年龄特点和实际发展情况，把握目标实现的梯度，层层分解目标，使之具体和细化，在每日的具体教育活动目标的基础上，还要根据儿童的个体差异制订不同水平、层次的活动目标。例如，“能用对称折叠的方法剪出连接的图案”这一活动目标中，可按儿童能力的强弱，规定能力较强的儿童“可以自己设计图案，自己折叠”；能力中等的大部分儿童“可以照着范例画图案，自己折叠”；能力较弱的儿童“可以教师帮助画图案，自己折叠”。

学前课程目标的分类，按照儿童心理结构的维度，划分为认知领域目标、情感领域目标、技能领域目标；按照教育内容五大领域的维度，划分为健康领域目标、语言领域目标、科学领域目标、社会领域目标、艺术领域目标；按照儿童年龄段维度，划分为3—4、4—5、5—6岁三个年龄段的目标。幼儿园课程目标体系的建构，就是由上述三个方面综合构成的三维立体结构，在具体制订和表述课程目标时，往往要先限定上述维度。教育活动目标的整合是整个教育活动整合的基础，整合并不是必须面面俱到，在某一活动中可以有所侧重，但从长远和整体上来看，应当保证儿童身心的全面发展以及认知、情感和技能的全面发展，不可偏废。

例如，中班科学活动“恐龙”的教育目标（限定了年龄阶段为中班，教育领域为科学领域）如下：

（1）了解恐龙的外形特征、生活习性和恐龙灭绝的原因。（认知领域目标）

（2）体验动手创造恐龙模型的乐趣。（情感领域目标）

（3）能根据恐龙的不同外形特征进行分类。（技能领域目标）

（二）幼儿园课程的内容

课程内容是课程目标的载体。课程目标解决的是学习达到何种效果和程度的问题，课程内容则解决的是通过学习什么才能达到目标的问题。课程内容的选择应综合考虑社会对人才的期望和要求、儿童的身心发展特点和规律，并要以终身学习、学会学习为指导思想，科学选择和合理安排，以促进儿童的全面可持续发展。

幼儿园课程内容的选择应符合以下几点要求：

1. 符合儿童发展的适宜性原则

发展适宜性是指在选择课程内容时，应充分考虑儿童的身心发展特点，包括儿童的一般年龄特点和儿童的个别差异性，在符合儿童水平的基础上获得“最近发展区”内的高水平发展。同时，课程内容还要符合本地区、本幼儿园、本班的实际情况。

2. 符合儿童的生活经验和兴趣

儿童的生活实践既包括衣食住行等物质生活，也包括认知、情感等精神生活；既包括个人生活，也包括社会生活。生活赋予了儿童丰富多彩的学习内容，这些内容的学习能够使儿童进一步感受生活、体验生活、热爱生活和创造生活。但源于生活并不是简单地重复生活，而是通过学习帮助儿童扩展和提升生活经验，加深儿童对生活的理解。

大量的心理学研究表明，儿童的兴趣和需要及已有的经验是学习的动力和基础。因此在选择课程内容时，应注意儿童的兴趣和需求。同时，在儿童不经意间的好奇和发问中，可能蕴藏着丰富的教育价值，教师应善于关注儿童的好奇心，从中发现教育契机。同时，儿童对事物的探究缺乏深度和耐心，教师应注意引导和深化教育内容。

3. 符合儿童的长远发展和全面发展原则

幼儿园课程内容主要涉及的是人的一生发展的最基本问题，如行为习惯、生活能力等做人的基本能力，这都为儿童的长远发展奠定了良好的基础。同时，儿童的发展包括身体的、认知的、情感的、社会性的发展等多个方面，各方面的发展相互配合，形成有机的整体，因此，选择课程内容不能孤立发展儿童某一方面的机能，要从全面发展的角度满足儿童整体发展的需要。只有以促进儿童全面发展为目标选择课程内容，才能培养出身心、人格完整的儿童。

美国的全美幼教协会和教育部的幼儿教育专家协会为评价课程的内容提供了具体的标准（1991）。课程设计应当符合以下标准：

（1）它能促进儿童间相互学习和鼓励儿童进行知识建构吗？

（2）它有助于实现儿童在社会性、情感、身体和认知方面的发展目标吗？

（3）它在鼓励儿童的学习倾向和情感积极发展的同时，有助于儿童的知识和技能的学习吗？

（4）对儿童来说，它是有意义的吗？与儿童的生活有关吗？通过把课程和儿童个人已有的经验联系起来，能使课程变得更有意义吗？

（5）在这个时候，对儿童的那些期望是切合实际的或是可以实现的吗？或者儿童以后能更容易和有效地获得知识和技能吗？

（6）它对儿童和教师来说是有趣的吗？

（7）它对文化和语言上的差异保持敏感和尊重吗？它尊重、允许和欣赏个人间的差异吗？它能促进儿童和家庭间的积极关系的建立吗？

（8）它是建立在能发挥儿童现有的知识和能力的基础之上的吗？

（9）它能通过帮助儿童在有意义的背景下建构他们自己的理解来发展对概念的理解吗？

（10）它能促进相关内容在传统学科领域之间的一体化吗？

（11）根据各相关领域的已有标准，它所提供的信息正确和可信吗？

（12）课程的内容有学习价值吗？现在儿童能有效地学习它们吗？

（13）它鼓励儿童积极地学习，允许儿童做出有意义的选择吗？

（14）它有利于儿童的探索和调查，而不是强调“正确”答案和完成任务的正确方式吗？

（15）它有助于儿童的高级能力，如思维能力、推理能力、问题解决能力和做出决策能力的发展吗？

（16）它促进和鼓励儿童与成人之间的社会交往吗？

（17）它尊重儿童的生理需要，如活动的需要，感官刺激的需要，对新鲜空气、休息和营养、排泄的需要吗？

（18）它有利于儿童的生理安全、心理安全感和归属感的发展吗？

（19）它能提供促进儿童成功感、学习能力和学习兴趣发展的活动吗？

（20）它给予儿童和教师一定的灵活性吗？

（三）幼儿园课程的实施

课程的实施是一个动态的实践过程，是有目的、有计划、有步骤地进行的。教师可通过多种方式的活动来实施课程，主要包括日常生活活动、游戏活动、教学活动等。幼儿园课程的实施是通过制订教学计划，并把计划付诸实践的过程。

教学计划是根据教育目标或课程方案系统地设计、组织和安排教学活动。

在学前教育的实践中，课程的实施存在三种取向：教师完全忠于教学计划的取向（忠实取向）、教师适当调整教学计划的取向（动态调整的实施取向）和师生生成课程的取向（生成课程的取向）。忠实取向的课程实施观在一定程度上反映出了我国传统的预设课程的理念，即强调课程的预先计划和按步骤的忠实实施，这种实施，目的性较强，教师易把握，但过分拘泥于计划，不利于儿童主体性的发挥，易忽视儿童的兴趣和想法，这在关注儿童主体性和创造力的今天，是非常不合时宜的。动态调整的实施取向是教师在不改变教学计划的前提下，进行适当程度地微调，但这种微调只是内容和细节上的细微变动。生成课程的取向比较富有弹性、动态性和开发性，师生共建课程，且没有严密的计划，而只是设定一个大体框架，实施过程是师生共同围绕儿童感兴趣的问题合作学习，儿童成为学习的真正主体，学习积极性也得以调动。

幼儿园课程实施的具体情况会受到以下因素的影响：组织制度、时间因素、物质空间因素和教师因素。幼儿园组织管理者的教育观和课程观，会直接影响课程实施的计划和安排，良好的组织制度也是课程实施的后方保障，影响着正常的教学秩序。课程实施中一个最大的时间问题就是时间浪费，过分整齐划一的集体行动使个别儿童丧失参与兴趣，环节过渡中儿童长时间等待，准备工作未提前做好等，都会阻碍课程的实施和教学效果的发挥。物质空间因素主要是指幼儿园环境创设和玩教具的提供，这直接影响着儿童活动的积极性、学习方式、想象力等方面的发挥和发展，同样影响了课程实施的效果和效率。教师因素是课程实施效果的关键因素，因为教师是课程的实施者，教师的教学能力、教学观念等都会影响课程的实施，同时，上面提到的影响课程实施的各因素，也都需要教师进行一定的组织、利用和安排，教师应树立正确的课程观和儿童观，加强自身教学组织能力，推动课程的高效实施。

（四）幼儿园课程的评价

课程的设计从拟定目标、选择和组织内容到课程的实施，其教育效果如何，是否达到预期目标，是否有效地促进了儿童的发展，均需对这些做出评价，这是完整的课程结构中不可或缺的一个重要因素，是促进课程不断完善和发展、教学效果不断提升的重要环节，它既是课程运作的终点，又是课程继续发展的起点。幼儿园课程评价是对学前课程进行考察分析，以确定其价值和适宜性的过程；是促进儿童发展、提高教育质量的重要过程和必要手段。幼儿园课程评价主要包括对课程方案、课程实施过程和课程效果三个方面的评价。

1. 对课程方案的评价

主要包括两个方面的内容：第一，课程方案是否依据科学原理、原则制订，是否以先进理念或理论为指导。第二，课程结构是否合理，各要素之间是否都具有较高的内部一致性。

2. 对课程实施过程的评价

主要包括以下几个方面的内容：第一，儿童在教育活动中的反应，包括其主动性、参与程度、情绪表现等。第二，教师的教育态度和行为，包括对儿童的控制程度、课堂管理方式、教育机制和技巧等。第三，教师与儿童互动的质量。教师应对儿童互动行为保持高度关注，并给予积极回应。第四，儿童学习环境的创设和利用等。《幼儿园教育指导纲要（试行）》指出："环境是重要的教育资源，应通过环境的创设和利用，有效地促进幼儿的发展。"教师能否提供丰富有趣的多元环境、可促进互动的挑战性的环境等，都是需要评价和考察的。

3. 对课程效果的评价

主要包括四个方面的内容：儿童学习后的发展状况；发展状况与课程目标的符合程度；产生了哪些非预期的结果；了解教师发生了哪些变化，有怎样的提高等。

课程评价并不是一次性完成的，也需要有步骤、分阶段地进行。在课程实施前后，需要有针对性地进行四次评价：

（1）前评价。即在教学活动之前，对儿童已有的学习经验和学习能力进行评估，以此作为设计教学的参考和活动之后效果比较的依据。

（2）教学过程中的评价。在课程实施过程中，教师应依据具体情况调整原来的活动设计，从而使课程实施过程成为一个从活动到评价，再到研讨修正，再回到计划的良性循环的过程。

（3）后评价。即对课程实施后的效果的评价，以此了解儿童发展的情况及教育目标的达成度。

（4）追踪评价。即在教学活动结束之后过一段时间再进行的评价，以此了解儿童对知识的掌握程度，评价其学习效果是否能够保持、运用和迁移。

四、幼儿园课程的价值取向

幼儿园课程的价值取向是幼儿园课程活动的起点和目标，是课程实施过程中始终持有的信念。课程的价值问题是课程的核心问题，课程的价值取向决定了课程中的目标、内容、方法和评价等各要素以及它们之间的各种关系，各类课程之间的差异主要反映其所依据的哲学观和教育目的的不同。

学前教育旨在促进儿童的全面发展和长远发展，课程的基本取向也应立足于此，课程就应反映儿童的全人格教育，呈现出基础性的价值取向，注重儿童的主体性，这是幼儿园课程的基本价值追求。

21世纪，我们迈向了信息化、学习化、全球化的现代社会，这要求未来的人才具有较高的、全面的素质，他们不仅能学习、会学习，还具有较强的信息搜集能力、创造能力以及较高的道德水准和社会责任感。要实现这样的教育目的，就要求我们的教育必须“以人为本”，在这种理念的影响下，当前我国幼儿园课程主要表现出以下价值取向：

1. 把儿童当作儿童，强调儿童的幸福童年

过去的社会世俗观念把儿童当作“小大人”或家庭的财产，儿童的社会地位低下。卢梭首先强调了儿童的价值，随后人们从生理、心理、教育等诸多方面不断挖掘儿童的独特性，对儿童的看法有了根本性的变化。1989年联合国大会一致通过了《儿童权利公约》，肯定了儿童拥有基本的人权。儿童具有巨大的发展潜力，蒙台梭利提出儿童具有“吸收力的心智”，但这并不意味着成人可以超负荷地强行向儿童灌输知识、人为地加速儿童的发展和剥夺儿童游戏、玩乐的权利，我们应在儿童成长阶段提供与之身心发展相适应的生活，让儿童的自然天性得以自由的发展，给儿童一个幸福快乐的童年。

2. 注重儿童的主体性，强调儿童的实际探究和操作

由科学世界向生活世界回归，是现代哲学的一个普遍趋向。在学前教育领域，这种价值观同样适用。儿童生活的周围环境具有重要的课程意义，它对儿童来说不可或缺，生活以及生活经验是构成儿童认识各种素材的主要来源，也只有在儿童所能熟知和理解的生活经验之上，儿童才能吸收、建构和生成新的知识和经验，课程的目标才能更好地达成。忽视儿童的主体地位、忽视儿童的需求和兴趣，幼儿园课程也就失去了它本身的价值。我们应以儿童的想法和意愿作为学习的起点，让儿童从好奇、有趣、好玩的活动中产生学习的动机；从实际体验、操作活动中感受认知的喜悦和发现的兴奋；从讨论、对话中不断发展知识、统整经验、增进能力和享受学习的乐趣。要加强儿童与周围的人、社会和自然的交互作用，增加直接的接触和体验；利用多种方式来体验学习，如种植、制作等，并将在这些活动中体验到的各种感受或知觉用语言、图画、动作、戏剧等方式表达出来。在此过程中发现每个儿童的优点、个性和发展的潜能，使儿童真正成为学习的主体。

3. 注重儿童个性，强调儿童个性与社会性的和谐发展

幼儿园课程强调社会性的培养，因为人离不开社会，也必须适应社会的发展和需求，但人首先是一个个体，其次才是社会人。社会不断发展，社会中的每一个个体也应得到尊重、完善和提升。幼儿园在进行集体教育的同时，也应防止产量化的、千篇一律的教育倾向，尊重儿童的不同个性，这也是当前世界课程改革的一个重要价值取向。

4. 注重儿童的全面发展，强调课程的统整性

幼儿园课程要关注儿童身心全面和谐发展。要注重学习与发展各领域之间的相互渗透和整合，从不同角度促进儿童全面协调发展，而不要片面追求某一方面或几方面的发展。不管是体、智、德、美的划分，还是健康、语言、社会、科学、艺术的领域区分，都表明了儿童生活的世界是一个完整的整体，儿童经验的获得也必然不可割裂。因此，幼儿园课程内容的组织与呈现，从分科课程到单元课程、分领域课程，再到主题课程，其整合程度不断提高。但在很多幼儿园中实质上还是分科教学。例如，开展“我爱春天”的主题活动，教师将其划分为五个小单元，分别对应五大领域：春季运动会（健康）、诗歌朗诵《美丽的春天》（语言）、环保工人劳动忙（社会）、寻找春天的小树叶（科学）、我眼中的春天图画展（艺术）。这是教师所预设的课程内容，泾渭分明的五个单元并不能很好地促进儿童寻找它们之间的联系点，其传递给儿童的经验依然是割裂和分散的。

第二节　幼儿园课程典型模式简介

在世界学前教育的理论与实践发展中，曾出现过许多课程模式，尽管每一种课程模式都是在特定的历史时期和特定的文化背景下形成的，不可能适合所有社会文化背景中的所有儿童，但在一定程度上能让我们了解其特定的理论基础、基本内容、实施情况，进一步理解每一种课程模式的精髓，从各种课程模式中得到启发与提示，从而为学前课程的设计提供借鉴。

一、我国幼儿园课程典型模式

（一）五指活动课程

1. 五指活动课程产生的背景

☞五指活动课程

中国的传统教育由于长期受封建主义和科举制的影响，注重知识的灌输和死记硬背的学习方法，儿童的思想被牢牢地禁锢在书本和课堂之中。20 世纪二三十年代，西方近代教育理论传入中国，当时中国的幼儿园课程有教会幼稚园的宗教课程，有蒙养院的日本式课程，也有少数幼稚园实施福禄贝尔、蒙台梭利课程。针对这一现象，陈鹤琴提出改革中国学前教育，创造一种符合我国国情的

课程，五指课程就在这样的背景下产生了。

2. 五指活动课程的理论基础

陈鹤琴自 1940 年在江西办幼儿师范学校时开始提出“活教育”思想，并提出了“教活书、活教书、看活书、读活书、活读书、读书活”的口号，经过几年的教育实践，1947 年，他创立了“活教育”的思想体系，包括三大纲领：目的论、课程论和方法论。

（1）“活教育”的目的论：做人、做中国人、做现代中国人

针对当时中国面临的现状，社会进步人士都在探寻救国图存之路，陈鹤琴等教育家认为，只有中国人提升自身素质和水平，才能从根本上改善国情。他认为“活教育”要讲做人，应当努力来学习如何做人，如何求得社会的进步、人类的发展。因此，他指出“活教育”的目的就是培养人成为人，成为中国人和现代化的中国人。他提出的教育目的是从人出发，分层次地指明了儿童发展的渐进顺序。第一层次的“做人”是最基本意义上的教育目标，即教会儿童做人，强调了儿童的主体性；第二层次的“做中国人”则强调了民族性，是要了解中国人的文化传统、有身为中国人的自豪感和爱国情怀等；第三层次的“做现代中国人”则强调了时代精神和国家发展的需求，现代中国人必须具备健全的身体、建设的能力和创造的能力。他将“做人”这一基本目标贯穿于课程始末，重视儿童的主体性，在此基础上强调儿童社会性和现代社会发展能力的培养，在当时的中国学前教育中，这一观点的提出具有重要的改革意义。

（2）“活教育”的课程论：大自然、大社会都是“活教材”

陈鹤琴认为，“活教育”的课程就是把大自然、大社会中有益的东西拿来让儿童学习，认为大自然、大社会是知识的主要源泉。他认为从书本上能看来的知识是死的、间接的，而从大自然和大社会中接触到的知识才是活的和直接的。但他并没有完全摒弃书本学习，认为书本可以当作参考资料。

（3）“活教育”的方法论：做中学、做中教、做中求进步

陈鹤琴强调教学中儿童直接经验的获得和实践操作。在他看来，教学应着重于室外活动，着重于生活的体验，以实物作为研究对象，以书本作为辅助参考。陈鹤琴深受杜威“实用主义”教育理论的影响，他的这一思想正是源于杜威的“寓学于做”的理论。

3. 五指活动课程方案

（1）课程目标

以“活教育”的目的论为基础，陈鹤琴指出五指活动课程的目标包括四个方面：做人、身体、智力和情绪。

- 培养受教育者有合作的精神、同情心、服务的精神。（做人）
- 培养受教育者有健康的体格，养成卫生的习惯，并有相当的运动技能。

（身体）

● 培养受教育者有研究的态度，充分的知识，表达的能力。（智力）

● 培养受教育者能欣赏自然美和艺术美，养成欢天喜地的快乐精神，消除惧怕的情绪。（情绪）

（2）课程内容

陈鹤琴认为儿童的生活是整个的、连成一片的，如果按照学科分类的形式组织课程，就会割裂知识的完整性。因此，他以人的五个连为一体的手指作比，创造性地提出了“五指活动”观点，将五指活动课程内容分为以下既有主次区别又合为整体的五个方面：

● 健康活动：饮食、睡眠、早操、游戏、户外活动、散步等。

● 社会活动：朝夕会、周会、纪念日、集会、每天的谈话、政治常识等。

● 科学活动：栽培植物、饲养动物、研究自然、认识环境。

● 艺术活动：音乐（唱歌、节奏、欣赏）、图画、手工等。

● 语文活动：故事、儿歌、谜语、读法等健康活动。

他认为儿童健康是最为重要的，强身健体是强国的必需教育任务，是为了儿童的发展和国家的未来。健康的成长需要儿童多到户外活动，在自然中舒展身体，沐浴阳光。此外，幼稚园还应特别注重音乐，因为音乐可以陶冶儿童性情，鼓励儿童进取。

（3）课程组织：单元教学法

单元教学法或称作“整个教学法”，是指把儿童所应学习的东西整个地、有系统地教给儿童，以单元主题来组织活动，使各科形成整体，这与他倡导的连为一体的课程内容一脉相承。他认为如果按照学科分类的形式来组织课程是不合教学原理的。他指出，幼稚园的课程全部包括在五指活动中，并采用单元制，各项活动都围绕单元进行教学。课程应依据幼儿身心发展，有组织、有系统、合理地组织安排，课程内容应尽量整合。

（4）课程实施：游戏和小团体式教学

游戏法是整个教学法的具体化，游戏不仅是儿童最喜欢的活动，而且具有统整作用，因此采用游戏化的方式组织课程，可以使儿童的学习能起到事半功倍的效果。同时，由于儿童个体的差异性，每个儿童的发展水平不同、兴趣不同，因此应采用小团体式的教学，这样才能充分照顾每个儿童的不同需要，并且可以使处于不同发展水平的儿童在相互作用中获得发展。

陈鹤琴先生的五指活动课程方案创立了从课程理论到课程目标、课程内容、课程实施等一系列的理论体系，这为建立中国本土化的学前课程体系奠定了良好的实践基础，且“五指”划分的课程内容与当今五大领域活动的划分一脉相承，实践证明，这种划分方法不仅符合儿童心理发展特点，而且科学有效。该课程很好地体现了陈鹤琴的“做中学”的生活教育观，开创了中国化、科学化的幼儿园课程改革运动。当然，受时代的局限性，五指活动课程也存在一些不足：在理论层面虽强调应避免课程中的知识中心倾向，但在实践层面上仍比较注重教材；尽管一再强调“五指”并不是五个学科，而应整合为一个有机整体，但在推行时仍被以分科的方式进行。

（二）幼稚园行为课程

幼稚园行为课程是我国著名的学前教育家张雪门先生编制的。他针对当时幼稚园以教材为中心的状况，提出了使幼稚教育生活化和儿童生活教育化的建议，经过长期的实践和理论研究，形成了这套完整的幼稚园课程理论。

1. 幼稚园行为课程的理论来源

张雪门的行为课程深受杜威“实用主义”教育思想的影响，在其行为课程中，特别强调儿童的直接经验，以及儿童与环境的相互作用，把课程的本质看作直接经验的总和。1918 年前后，杜威的弟子克伯屈创立的“设计教学法”传入我国，在当时的教育界引起了广泛的关注。张雪门以“设计教学法”为基础，结合自己的亲身实践，发展出了行为课程实施的一般程序，即动机、目的、计划、实行和评价。此外，张雪门的行为课程也受到福禄贝尔、蒙台梭利教育思想的影响，同时也吸收了行为主义心理学的一些观点，这些都是构成其行为课程的重要理论基础。

2. 幼稚园行为课程的基本观点

张雪门提出，课程是适应生长基本价值的选品，其目的和自然生长完全一致，因此，他提倡幼稚园的课程应“给三足岁到六足岁的孩子所能够做而且欢喜做的经验的预备”，并且主张把技能、知识、兴趣、道德、体力、风俗礼节等种种经验都包括到课程里。因此，张雪门在其《增订幼稚园行为课程》中提出了“行为课程”的概念——生活就是教育，五六岁的孩子们在幼稚园生活的实践，就是行为课程……这份课程包括了工作、游戏、音乐、故事等材料，也和一般的课程一样，然而这份课程，完全根据于生活，它从生活而来，从生活而开展，也从生活而结束，不像一般的完全限于教材的活动。行为课程的基本要素即生活与行动，它以生活为基础，以实际行动为中心，注重将幼稚园课程作为一种具体的整个的活动，将其自然地融合在儿童的生活中。

3. 幼稚园行为课程方案

（1）行为课程的目标

张雪门从幼稚教育应当“完全以儿童为本位，成就儿童在该时期内身心的发展并培养其获得经验的根本习惯，以适应环境”的角度出发，提出幼稚园课程的目的在于“联络孩子们的旧观念，以引起其新观念，更谋求其旧经验的打破，新经验的建设”。他反对将成人的需要和经验强加于儿童，儿童应生活在他自己的环境里，而非成人的社会。因此，幼稚园的课程目标就是要满足儿童自身的身心需求，养成儿童扩充经验的方法与习惯，培养其生活的能力与意识，使儿童的身心得到全面的发展。

“九一八”事变后，面对民族危亡与救国图强的现实，张雪门提出要把社会的需要也组织在课程之中，但同时也要贴合儿童的生活。因此，他在课程目标中兼顾了社会需要和儿童身心发展的需要。1933 年，在国家的特殊历史时期，张雪门把其学前教育定位为改造民族的幼稚教育，他对课程目标的阐述如下：“铲除我民族劣根性；唤起我民族自信心；养成劳动与客观的习惯态度；锻炼我民族为争中华之自由平等而向帝国主义作奋斗之决心与实力。”因此，他确立的是以社会需要为长远目标，以儿童个体发展需要为近期目标的幼稚教育目标，依然强调将儿童置身于他们可以接触到的生活环境之中，体现了幼稚园课程对儿童自身需求和兴趣的尊重。

（2）行为课程的内容

张雪门曾提出：“儿童到幼稚园要学些什么？幼稚园教师须教些什么？教和学又怎样地联络起来？这三个问题就是幼稚园教材研究的中心。”他认为幼儿园“教材”是儿童在幼儿园生活的经验，这个“教材”的范围很广，凡是能够引起儿童生活的要求、扩充儿童生活经验、潜移默化儿童生活意识的都是教材。因此教材的主要来源包含三个：一是儿童个体本身发展获得，二是和自然环境相接触获得，三是从社会环境交际获得。对此，他提出了选择教材的五条标准：第一，合于儿童的需要；第二，符合社会生活的意义，这样才能适应社会生活；第三，应在儿童自己的环境中搜集材料；第四，教材内容既要注重现实环境，又要有利于社会的发展；第五，儿童的兴趣感情和动作的冲动。据此，张雪门将行为课程的内容划分为以下三类：

① 儿童的自发活动，即儿童自身发展中所进行的一些活动。

② 儿童对各种自然现象的活动，即儿童周围生活中一切有关自然界的事物与知识，如认识动植物、旅行等。

③ 儿童对各种社会环境的活动，即儿童现在生活与未来生活相关的社会生活知识，如公共场所、社会职业、家庭亲属关系等。

从上述三类内容出发，他又将儿童活动分为了以下七大部分：

① 游戏活动：感觉游戏、猜测游戏、表演游戏、节拍游戏。

② 自然活动：饲养动物、种植植物、观察自然现象、旅游参观、科学小实验等。

③ 社会活动：有关家庭的认识活动、参观附近的社会场所和设施、了解各种职业的活动、了解其他社会团体的活动、节日和纪念日活动等。

④ 工作和美术活动：参加家庭与学校的工作、模拟成人的职业工作、模仿成人家庭的工作、美术工艺活动等。

⑤ 言语文学活动：自由谈话、特殊谈话、述说故事和歌谣。

⑥ 音乐活动：听音乐、辨音、拟音、唱歌、演奏简单的乐器等。

⑦ 常识活动：关于衣食住行方面的生活活动，关于社会团体方面的认识活动，以及其他自然方面的活动。

从教材科目上看，张雪门认为行为课程应主要包括手工、美术、语言、常识、故事、音乐、游戏和算术。虽有上述分类和划分，但张雪门依然强调儿童的生活是整个的，不能孤立地进行分割。

（3）行为课程的组织

张雪门认为幼稚园课程组织有以下三点要求：

第一，幼稚园课程组织应是整体的。幼稚园课程与中小学、大学的课程组织不同，因为“幼稚生对自然界和人事界没有分明的界限；看宇宙间的一切的一切，都是整个儿的。花开、鸟啼、客人来，凡能够引起他注意的，没有一样不当作自己的生活看待”。[①] 因此，幼稚园课程组织不应是分科的，而是整体的。

第二，应偏重于儿童个体的发育。张雪门在制订课程目标时就曾提出：“幼稚生时期，满足个体的需要，实甚于社会的希求。”[②] 因此，在编制课程时，虽不能忽略社会的需求，但仍要极力注意儿童现在的需要和能力水平。

第三，注重儿童的直接经验。“幼稚园的课程，须根据儿童自己的直接经验”，[③] 虽然这种经验不如传授的经验整齐、经济，但对于儿童来讲，通过直接的学习价值更大。

此外，张雪门还提出了组织幼稚园课程的具体标准：“课程须和儿童的生活联络，是有目的有计划的活动。事前应有准备，应估量环境，应有相当的组织，且须有远大的目标。各种动作和材料，全须合于儿童的经验能力和兴趣。动作中须使儿童有自由发展创作的机会。各种知识、技能、兴趣、习惯等全由儿童直接的经验中获得。”张雪门还带领学生一起编写拟订了幼稚园全年的课程表——各月活动估量表，将幼稚园的活动分为儿童类、社会环境类与自然环境类。儿童类包括游戏、疾病；社会环境类包括学校、公共机关、风俗、职业、店铺、家庭、农作、纪念日、令节；自然环境类包括自然现象、植物、动物、节气。他们还拟订了每月的中心活动，将幼稚园课程内容很好地进行了组织和编排。

（4）行为课程的实施

行为课程以行为为核心，强调“做”的价值。张雪门认为：“凡扫地、抹桌、

---

① 戴自俺. 张雪门幼儿教育文集：上卷 [M]. 北京：北京少年儿童出版社，1994：342.

② 戴自俺. 张雪门幼儿教育文集：上卷 [M]. 北京：北京少年儿童出版社，1994：342-343.

③ 戴自俺. 张雪门幼儿教育文集：上卷 [M]. 北京：北京少年儿童出版社，1994：343.

熬糖、炒米花以及养鸡、养蚕、种玉黍和各种小花，能够实在行动的，都应让他们实际去行动。”[①] 他反对向儿童进行知识的灌输，提倡“做学教”联结为一片的幼稚园教育。对此，张雪门提出了“行为”在课程中应用的两条原则：第一，课程虽注重自然的行为，但也要经过人工的精选；第二，课程虽注重劳动行为，但也需要在劳动上劳心。并且，他还引进了美国的“设计教学法”，运用“设计教学法”来拟订行为课程计划，并采用“单元教学”进行，具体实施过程如下：

① 动机。行为课程把激发儿童的学习动机放在第一位，张雪门认为人的行为均是由一定的动机引起的，因此，行为课程的实施首先要诱导儿童自发的动机。

② 目的。教师只有确定了课程和教学目的后，才能有效指导儿童在课程中的行为，教学也才能有一定的标准。

③ 活动。为达到教学目的，必须认真设计活动的要领、参加人数、活动时间和地点以及每一阶段的程序等，因此，这一步骤主要是对预设活动的计划，在之后的行为实践中，就应做更详细的计划，以便能切合实际需要。

④ 活动过程。在进行活动时要考虑具体的活动如何开始、如何展开、如何结束等问题，只有拟订了具体的活动过程，才便于教师进行指导。

⑤ 工具及材料。这一过程需要根据科目的不同拟定教学过程中要具体应用的工具和材料，“但由于行为不是机械的，所以也有一定的变化”。[②]

幼稚园行为课程的目标考虑儿童需要和社会要求两个层面，以“生活”为起点组织幼稚园行为课程，以“行动”为中心实施幼稚园行为课程，以“做、学、教合一”为手段贯穿幼稚园行为课程。张雪门也曾说：“真正的单元活动就是行为课程，我们若在形式上讲，是单元活动；若在实质上讲，就可以叫做行为课程。”从中可以看出，行为课程注重的是单元教学和活动。幼稚园行为课程的基本思想就是“行为即课程”，体现了“教育生活化”“生活教育化”的基本理念，创立了当时幼稚园教育的新的课程模式，对当前的幼儿园课程改革具有一定的借鉴价值和启发意义。

二、国外幼儿园课程典型模式

（一）蒙台梭利课程模式

蒙台梭利是世界著名的学前教育家，于 1907 年在罗马贫民区创办了“儿童之家”。在她亲身实践和探索中，逐渐形成了一套独特的学前教育理论和方法，至今仍然影响着世界学前教育的发展，蒙台梭利也被誉为世界学前教育史上自福

① 戴自俺．张雪门幼儿教育文集：上卷［M］．北京：北京少年儿童出版社，1994：342-343．
② 戴自俺．张雪门幼儿教育文集：下卷［M］．北京：北京少年儿童出版社，1994：1193．

禄贝尔以来影响最大的教育家之一。

1. 蒙台梭利课程理论基础

（1）儿童观

① 儿童具有吸收力的心智。蒙台梭利认为儿童天生具有一种自发的内在冲动力，表现为一种下意识的、不自觉的感受能力与特殊的鉴别能力，即吸收力的心智。蒙台梭利十分注重遗传和内在的生命力，她认为正是这种内在的冲动力，促使儿童不断地发展。借助于“吸收力心智”，儿童通过与周围环境的密切接触和情感联系，在自发的活动中获得行为方式。0—3 岁，儿童处于无意识的吸收状态，通过感官和运动探索环境，对环境中的事物采取完全接收的态度，不具备选择能力；到 3—6 岁，儿童开始发展到有意识的吸收阶段，能从众多事物中选择自己需要的加以接收，进而发展自我。

② 儿童发展具有阶段性。蒙台梭利认为儿童生长的过程有其既定的“自然程序表”，分为不同的阶段，在发展的过程中儿童不能跳过其中任何一个阶段，而且发展的阶段与阶段之间有本质的不同，有不同的心理和生理特点，因而应循着儿童自己内在的法则进行不同的教育。

③ 儿童发展具有敏感期。敏感期是指特定能力和行为发展的最佳时期，在这一时期，个体对形成这些能力和行为的环境影响特别敏感。蒙台梭利把敏感期看作个体一生中发展重要的特性或能力的最佳时期，正是由于这种敏感性使儿童能从复杂的环境中选择对自己生长适宜和必需的东西，使儿童对某些东西敏感。敏感期相当短暂，主要目的是帮助生物获得某些机能或特性，过了这些特殊时期，感受性便会消失了。蒙台梭利对儿童的敏感期进行了简单划分：0—2 岁为秩序和行走的敏感期，出生后 8 个星期—3 岁为语言的敏感期，1.5—2 岁是细节的敏感期，1—3 岁是手部动作的敏感期等。教育应抓住儿童的敏感期，从而促进儿童的正常发展，避免由于延误时机而带来的教育困难。

④ 儿童的发展通过“工作”实现。蒙台梭利认为，儿童发展不是成人教出来的，而是儿童在与环境的相互作用中，通过自发性的活动，即“工作”完成的。只有工作才能促进儿童多方面能力的发展。

（2）教育观

① 自由教育。蒙台梭利主张自由教育，认为儿童有权利选择自己要做什么和决定自己的工作做到什么程度。她提出教育的基本任务就是使儿童的潜能在一个有准备的环境中得到自我发展的自由。但自由并非放纵或放任，而是以独立为前提、重视纪律的自由。自由体现在活动中，是让儿童自由选择对象物，自由决定工作要做到何种程度。教师的职责则是帮助儿童排除自由发展中的障碍，帮助儿童建立常规和观察了解儿童的需要，以更好地保护儿童自身的潜能。

② 为儿童发展提供有准备的环境。蒙台梭利认为只有在与环境接触的过程

中，儿童的心理和外界取得协调，才能发展完整的人格，因此，教师应为儿童提供一个有准备的环境。在这个环境中，既包含充满爱与快乐的心理环境；也包括教师组织与安排的物质环境，为儿童提供各种可供其操作使用的材料或教具，以及有关的设备。蒙台梭利强调环境的六个要素：自由的观念、结构与秩序、真实与自然、美感与气氛、蒙氏教材和群体生活发展。在这种有准备的环境中，儿童可自由地活动、自然地表现，获得丰富的感觉刺激。同时，这个环境也是一个有规律、有秩序的生活环境。

总之，在蒙台梭利的教育思想中，自由、工作和秩序是其主要支柱，自由能满足儿童的需要，而且能使工作更加符合儿童兴趣，使儿童专心工作，从而达成良好的秩序。

2. 蒙台梭利课程方案

（1）课程目标

基于“吸收力心智”的观点，蒙台梭利认为教育的目的就是运用科学的方法，协助儿童开发自己内在的潜力，使之获得自由的发展，培养儿童具有独立自主精神和成为善于工作的人。

（2）课程内容

蒙台梭利课程内容以感官教育为核心，将课程内容分为四个基本领域：日常生活活动教育、感官教育、语言和数学。此外，在课程中还包括音乐、艺术、运动和戏剧。

① 日常生活活动教育。蒙台梭利认为通过参与日常生活的实际体验，有助于儿童在其他所有教室活动中专心学习，在蒙台梭利课程中，“实际生活”的课程无处不在。在儿童每天都必须进行的生活活动中，暗含着诸多教育因素，如独立性、秩序、专注、手眼协调的发展、团体感及自尊感等。蒙台梭利日常生活教育的内容包括以下三大类：

——儿童的自我服务：如穿脱衣服、刷牙、洗脸等。

——儿童初步的动作练习：如走、跑、抓握等。

——管理家务的工作：如打扫、缝纫、园艺等。

② 感官教育。蒙台梭利认为感官活动是一切智能发展的基础，因此，感官教育在蒙台梭利教育体系中有相当重要的作用。她认为幼儿时期正是感官和感觉系统发展的敏感期，感官教育的目的在于促使儿童感官的敏锐，以便儿童更好地发展其观察、判断、区别、比较、归类等能力，同时可以使儿童为适应环境做好最佳准备。蒙台梭利的感觉教育内容主要包括触觉、视觉、听觉、嗅觉、味觉等感官训练。触觉训练主要帮助儿童辨别物体的轻重、大小、长短、冷热等，可采用限制戴指套的练习和闭目练习进行；视觉训练主要帮助儿童提高鉴别度量的视知觉，如颜色、形状、高低、长短等，可通过镶嵌不同大小、形状

的木块进行训练；听觉训练主要使儿童能够辨别和比较声音的差别，可运用音色不同的小铃帮助儿童区别声音；嗅觉和味觉训练主要是提高儿童嗅觉和味觉的灵敏度，可通过多种嗅、尝活动进行训练。蒙台梭利主张不同的感觉训练使用不同的方法和材料，使感官的刺激孤立化，使训练材料集中在“某种感觉”的某种属性上进行。每一种材料突出一个具体的概念和感觉属性。为此蒙台梭利创造出了许多有特色的教具，如长棍、色卡、触觉卡等，这些材料多是开放式的组合形式，可以灵活组合和交叉使用。在运用蒙台梭利教具时，儿童可以自主探索和创造，比较各种材料之间的差异和相关性，或进行排序、扩展等升华性的学习。

③ 语言教育。蒙台梭利把语言机制看作高级心理活动的先决条件，认为语言能促进智力的发展。语言教育包括口头语言训练和简单的书写活动，按照“听—说—读—写”的顺序进行。此外，她强调环境对语言学习的重要性，社区的开发性环境、精确的术语环境、集体活动环境、图书角的阅读环境等都对儿童的语言学习产生重要作用。蒙台梭利教室主张为儿童口语发展提供丰富的环境，为儿童最终获得书面语言技巧创造条件。蒙氏语言教育包括谈话活动、讲述活动、听说游戏、早起阅读、文学作品欣赏等。

④ 数学教育。蒙台梭利数学教育的内容包括数数、用书写符号表示数、数的排序、数的守恒、几何图形的认识等。蒙台梭利认为，利用实际生活材料和感觉材料有助于产生秩序感、精确度、对细节的注意和顺序感，为形成儿童的“数学头脑”奠定良好的基础。例如，扣纽扣可以体现数学中“一一对应”的概念，在排队时可以熟悉高低的排序，等等。所以，蒙台梭利数学教育中也有大量的实际材料操作的活动，如纺锤棒、金色串珠等。

（3）课程组织与实施

蒙台梭利课程的组织与实施强调以教具为中心、以环境为基础、儿童的自由操作、教师的协助四个方面。教师应提供一个有准备的环境，同时适时做好观察、示范、指导和准备工作，协助儿童自由而有秩序地操作教具材料，完成工作。

蒙台梭利课程模式重视儿童的内在需要，强调给予儿童充分的自由，有完整成套的教具材料来具体支持和实施课程，强调儿童在操作过程中的自动学习，为当代教育者提供了切实可行的选择，至今仍然影响深远。但我们也应看到蒙台梭利课程的不足：要求儿童按规则刻板地操作教具，给儿童创设格式化的环境，忽视儿童创造力的发展，以及孤立地进行感官训练等。

（二）高宽课程模式

1. 发展背景及理论依据

高宽课程是一个以皮亚杰认知发展理论为基础而形成的课程方案。始于

1962年美国密歇根州海伊·斯科普佩里学校的一个学前教育科研项目，是美国“开端计划”中第一批通过的帮助处境不利的学前儿童摆脱贫苦的学前教育课程方案。该课程模式在20世纪70年代基本成型，主要在美国影响较大。随后，由于高宽课程在课程推广、课程研究上卓有成效的工作，在国际上也产生了重要影响。

高宽课程将儿童看作主动的学习者，该课程的主导思想就是让儿童在主动的活动中学习并获得发展。教育者应在学习环境中创设有趣的区域，维持日常工作，并且还要鼓励儿童运用关键经验，帮助他们学会解决问题。关键经验的获得要依靠儿童主动地操作物体、与他人交流以及经历事情。教师会对儿童的发展水平进行评价，并为他们提供与发展水平相一致的材料和活动，在这些活动中儿童获得探索问题的机会，这是由儿童自己发现的，而不是教师直接提供的。

2. 高宽课程的目标及内容

高宽课程强调以主动学习为中心，促进儿童在认知、情感、社会性等方面的协调发展。所谓主动学习，是指由学习者发起的学习，是学习者主动建构知识的过程。高宽课程认为儿童主要依靠动作、直接作用于环境而获得经验，因此，特别强调丰富材料的提供，鼓励儿童对材料进行操作，而不是教师手把手地教或直接进行知识的语言传递，高宽课程的最终目标就是使儿童成为能主动学习的人。以此为目标评价儿童的发展时，重心是儿童对学习的态度、主动性和学习能力，而不是掌握知识的多少。概括地说，主动学习具有以下特征：

（1）主动学习是以儿童的内部学习动机为基础。

（2）是儿童以自己的方式与材料互动的身体活动。

（3）能够为儿童提供解决问题的机会。

（4）是儿童对身体活动进行反思的思考过程。

由此可见，主动学习是一个完整的过程，从学习动机的激发、对学习材料的操作、问题解决到活动反思，这一系列过程中儿童充当了完全的主体，主动性被充分地调动起来。

20世纪80年代之后，高宽课程吸收了社会生态学的观点，开始重视教师与学生之间的积极互动。为达成主动学习的目标，教师角色不再是学习活动的控制者，而要成为儿童解决问题的积极鼓励者，教师的作用在于提供材料，提出问题和建议，帮助儿童制订计划，倾听儿童的想法并记录儿童的发展等。

同时，为达成最终目标，高宽课程提出一个主要概念，即“关键经验”，关键经验可以理解为“关键性发展指标”。关键经验主要包括语言与文字、创造性表征、分类、排列、数概念、空间、时间、自主性与社会关系、运动、音乐等十大类。在每一类关键经验下又细分成若干小的子关键经验，其中，0—2.5岁儿童的子关键经验共38条，分为社会交往、自我意识、交流、运动、探索物体、探索物体的结构、对比和计数、空间和时间等领域；2.5—6岁儿童的子关键经验共58条，分为创造性表征、语言和读写、主动性和社会交往、运动、音乐、分类、排序、数字、空间和时间等领域。这些关键经验都是儿童发展必不可少的，是成人支持、观察儿童活动并作出计划的指示物，也是评估儿童发展状况的指标体系，它能帮助教师理解、支持及扩散儿童的自我设计。教师依据关键经验预设活动，创设教室环境，设计儿童发展的支持策略，对儿童的观察记录进行阐释。

高宽课程的内容即围绕关键经验展开，强调环境的创设，以活动区为中介进行，注重儿童在各活动区的主动学习，这些活动区主要包括积木区、娃娃家、美工区、安静区、音乐区、木工区、玩沙水区、动植物区、户外活动区等。

3. 课程的组织与实施

将关键经验具体落实在一日活动安排中，主要包括三类活动：自选兴趣区活动、小组活动、团体活动，并且每类活动都由计划—行动—反思几个环节组成。高宽课程中，儿童一日生活安排有半日和整日之分，一般包括以下环节：问候时间、计划时间、工作时间、整理时间、回顾时间、茶点时间、小组活动时间、大组活动时间和户外活动时间。

高宽课程以主动学习作为其核心教育理念，从一日生活的安排、计划—行动—反思的学习环节、学习环境的创设、教师对儿童学习的支持、小组活动等方面入手，围绕关键经验展开。这些教育理念值得我们借鉴和思考，使学前教育走向更加高效化和多元化。

（三）瑞吉欧课程模式

1. 基本观点

瑞吉欧教育理论认为，儿童是拥有独特权利的个体，儿童是坚强的、主动的，有能力担任自我成长过程的主角，有权利与义务发表自己的看法，以个人特殊的经验及理解程度与他人共同行动。所有的孩子通过与他人的对话、互动与协商，找到自己的定位、独立性、完整性与满足感。同时，儿童天生都是艺术家，能广泛运用各种象征性语言来表达自己对世界的认识，《儿童的一百种语言》是阐释瑞吉欧教育的经典著作。

瑞吉欧教育理论非常重视环境的作用，把环境视为第三位老师，认为教育的目标就是要创设一个和谐的环境，发展儿童的创造力，使儿童形成完整的人格。工作坊是瑞吉欧学前教育机构中最富有特色的环境，它的全面的功能为学前教育带来了生机和活力。每一个年龄层儿童的教室隔壁都是一间小工作坊。学校还有一间大工作坊。在工作坊中摆放了各种工具箱，随着科技的发展还增添了照相机、录音机、录像机、复印机、电脑等设备。工作坊由受过训练的驻校艺术教师负责，他们参与到儿童与教师的经验活动中，还负责记录的编辑与设计工作。儿童和成人都可以使用工作坊。工作坊的设置不仅能够鼓励儿童用各种“象征语言”来表达世界，激发儿童的创造性，还能够让教师、家长更加了解儿童。

瑞吉欧教育重视各方面的教育资源，把学前教育作为一种全社会的幼儿文化加以弘扬，并充分地利用各方面的资源，视学前教育为全社会共同参与的一种责任。

2. 课程目标

瑞吉欧教育者旨在为儿童创造一个和谐的环境，并借此为儿童带来更多的可能性去创新和发现，其中，主动性、创造性被视为愉快、幸福、健康的前提与核心。瑞吉欧学前教育体系更多地立足于儿童需要和个性发展，因此它的课程目标并没有预先制订的具体细致的行为目标，而是更注重教育的内在品质，强调在活动过程中的生成性目标和表现性目标的实现。课程目标的来源是与儿童有关的事，教师依据儿童的兴趣与儿童一起确定主题，随着活动展开过程中儿童遇到的新问题情境而变化。

3. 课程内容

瑞吉欧学前教育体系没有明确规定的课程内容或预先设计好的活动方案，强调课程内容贴近儿童的生活、兴趣与经验，强调内容的非预设性与生成性。他们认为日常生活是取之不尽的课程内容的资源，广场上的狮子雕像、城市中的雨和雨中的城市、人群、影子……都是儿童进行探索的好主题。

4. 课程的组织与实施

瑞吉欧课程以“项目活动”方式展开，又称“方案教学”，它是根据儿童的经验或兴趣确定活动主题，并以该主题为中心加以延伸，由教师引导，儿童以小组形式，灵活运用多种方式对该主题进行探索。方案教学是一个完整的、自然连贯的过程。其具体实施过程如下：

（1）师生共同合作设计主题。在这个过程中，教师应具有敏锐的眼光，善于洞察儿童所感兴趣的事物中蕴含的教育价值并将其扩大化。确定好主题后，教师还应与儿童根据主题充分互动，利用“一百种语言”，即各种形式的表达和表征，使儿童充分展现自己，教师可以从中了解儿童的已有经验。

（2）师生共同编制主题网络。如在进行“恐龙”主题时可以以“恐龙”为核心概念，纳入一些子主题，如“恐龙的生理习性”等。儿童对自己感兴趣的问题和要探究的问题进行思考、讨论和记录，并对拟定的解决问题的方法进行实际探索，教师应提供各种材料支持、协助儿童，然后进行小组或全班讨论。最后儿童再重新整理思路，利用多种方式作出一个学习计划。

（3）教师们共同讨论方案执行的思路。

（4）创设一定的情境推动方案活动进行。此外，方案活动进行过程中或完成后，应让儿童以各种方式整理他们在探究过程中的发现，然后进行交流和分享，并回顾和反思活动的整个过程。教师应鼓励儿童经由他们随手可得的“表达性、沟通性、认知性语言”来探索环境和表达自我。

方案活动一般采取小组工作的方式进行，由 2～5 人组成，瑞吉欧认为这种工作方式有利于保证同伴间的合作研究。小组活动为每个孩子提供了机会，使他们能意识到自己的观点与其他人的不同，而且学会接纳与欣赏别人的思想和观点，认识世界的多元性。方案教学具有以下特点：

（1）整合性。整合性主要包括两个方面：情感领域（情绪、态度、价值）与认知领域（理智的知识和能力）的整合以及相关学科在某一方案统领下的整合。

（2）弹性计划。将课程设计视为一个具有高度动态性、灵活性和开放性的过程。强调课程能超越事先的计划性，诞生于即时的情境、突发的事件中，也可以根据儿童在活动中的兴趣、需要和提出的问题，适时向各种有利于儿童发展的方向延展。

（3）长期深入的专题研究。瑞吉欧的项目活动不是匆忙走过场，而是深入且富有实效的学习，并且注重真实生活中的问题解决。

（4）档案的支持。瑞吉欧的教师们注意收集、保存儿童学习过程中和师生共同工作过程中的有关资料。纪录可以协助儿童进一步加深、拓宽学习的范畴，诠释儿童在方案活动中的想法与思考过程，帮助儿童进一步回忆与记忆，同时还可以协助教师作下一步的规划，也为家长了解孩子，与学校和孩子进行互动提供了机会。

（5）图像（视觉）语言及多元象征。儿童的象征方式是极其丰富的，鼓励儿童运用自己的自然语言和表达风格——词语、动作、手势、姿态、表情、绘画、雕塑等自由地表达和相互交流。多种表征的结合形成多元象征，形成了儿童的“一百种语言”。

（6）师生共同建构课程。这一互动合作过程被瑞吉欧人比喻为“打乒乓球”，教师接住儿童丢来的球，并以一种可以引起儿童继续游戏的方式把球扔回给儿童。

瑞吉欧为世界创造了一个与众不同的教育与课程构架，为世界学前教育提供了一个最佳的教育典范，著名教育家加德纳这样评价瑞吉欧教育：“瑞吉欧成功地挑战了相对立的两极：艺术相对于科学，个人相对于团体，幼儿相对于成人，玩乐相对于读书，小家庭相对于大家庭。在这些相对事物中，又达到了某种独特的和谐。”① 瑞吉欧教育不追求外在目标，而更多地注重内在品质；在教学方法上，

① 卡洛琳·爱德华兹，等. 儿童的一百种语言［M］. 罗雅芬，等，译. 台北：心理出版社，2000：前言 9-10.

反对传统的灌输式，反对把语言文字作为获取知识的途径，重视儿童主动建构知识；重视协商式的教学；重视多样的学习和表现方式；将幼儿学校看做社会生态大系统中的一个组成部分，充分利用社区资源和环境中的教育因素等。这些优秀的教育理念使得瑞吉欧学前教育体系自问世以来一直备受瞩目，成为继蒙台梭利后又兴起的一种颇具世界影响力的学前教育实践方式。

【实践训练】

枪（折纸活动）

这段时间班上几个男孩对插枪特别感兴趣，只要有空，就立即跑进操作区用积塑材料插枪，对其他区域的材料，尤其是美工区用来折叠的纸张丝毫不感兴趣。而投放这些纸张的主要目的是希望孩子们在折纸的过程中潜移默化地获得有关几何图形的变化、组合、等分等数学方面的直接经验，这是积塑拼插所不能代替的。怎么办？教师突然想到了一条妙计，下班后她精心用纸折了一把手枪。第二天，当那几个男孩又在津津有味地用积塑材料插枪时，教师一下亮出了自己的“秘密武器”。

“啊！这么棒的枪！”“老师，让我玩一会儿。”“让我玩一会儿。”

“不行，老师自己也要玩！”怎么办？几个男孩的胃口被吊得高高的……“老师，你教我们做好不好？”“好啊！想学吗？可是有点难。”“想！”“难点也没关系！”简直是异口同声！

于是，男孩们心甘情愿地来到了美工区，全神贯注地投入了折纸活动。

——资料来源：http://www.doc88.com/p-2763081115531.html.

案例分析：案例中男孩们的喜好单一，只对操作区的积塑材料感兴趣，对美工区的纸张视而不见，但这些纸张对于幼儿的数学教育大有裨益。教师自己巧妙地用纸张做了一把枪，成功地使幼儿对美工区产生兴趣。教学目标的设定要符合幼儿发展的适宜性原则，考虑幼儿的生活经验和兴趣，遵循幼儿的长远发展和全面发展原则。

【做中学】教师是如何选定教学内容、教学目标的？

【学而思】在上述案例中，教师这样设计教学活动有哪些优点，又有哪些不足呢？

【思而行】请结合本章所学，思考在实践活动中应该如何确定活动目标？如何选择教学内容？这个教学活动在后续活动中如何更深入展开？

【学习自测】

1. 幼儿园课程的特点有哪些?
2. 幼儿园课程评价的内容有哪些? 如何理解?
3. 如何选择和组织幼儿园课程内容?
4. 如何制订幼儿园课程的计划?

【理解·反思·探究】

1. 幼儿园课程目标的制订为什么要考虑教育目的?

2. 幼儿园课程目标有长远目标、中期目标和近期目标，举例说明三者之间的关系。

3. 张雪门的“幼稚园行为课程”对我们今天的幼儿园课程改革有何启示?

4. 结合实习实践活动，调查当地幼儿园课程的现状并结合相关理论进行分析。

5. 瑞吉欧学前教育体系中所体现出的教学特色有哪些? 对照本地区的幼儿园教学实践，你认为哪种课程模式更适合?

第八章 幼儿园教学活动

【学习目标】

知识目标：

- 理解幼儿园教学的内涵与特点。
- 理解幼儿园的教学过程与教学原则。
- 理解幼儿园教学活动设计的环节与要求。
- 了解不同的幼儿园教学方法。
- 熟悉幼儿园教学活动评价的要素。

能力目标：

- 能根据儿童的年龄特点进行教学活动设计。
- 能选择合适的教学方法将教学活动设计进行展示。
- 能对一个具体的幼儿园教学活动进行适当的评价。

【知识导图】

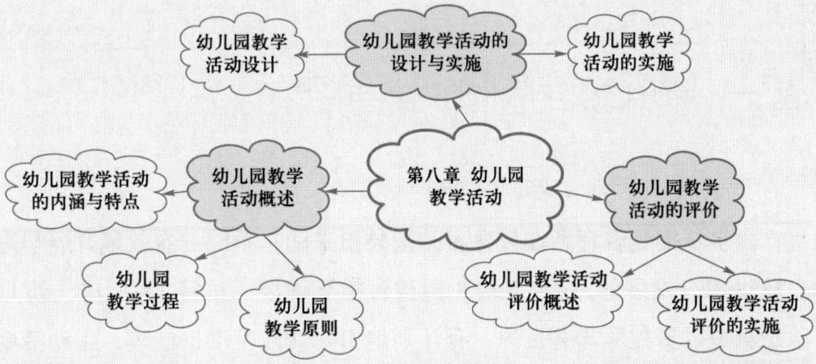

幼儿园语言领域活动的场景:“小手拍拍，小手拍拍，小手放在膝盖上，眼睛看着赵老师。”孩子们在教师的反复重复下终于坐在了半弧形摆放的小凳子上，“今天我们班来了一个新朋友（出示猩猩玩偶），它的名字叫啵啵，它给大家带来了一个好听的故事。”教师模仿着猩猩说话的声音、动作开始讲故事，孩子们在座位上也手舞足蹈，模仿猩猩的样子，并不时打断教师的话，“为什么猩猩要把手举得那么高？”不一会儿，有的小朋友离开座位和其他小朋友交头接耳，配班教师赶紧上前组织大家观看猩猩讲故事的动画，教室终于安静下来了！ 25 分钟的一个语言活动结束了，教师接着组织孩子们去小便、洗手、喝水。

幼儿园的教学活动与游戏活动、生活活动是幼儿园三大活动，其中教学活动具有非常重要的地位。在《幼儿园教师专业标准（试行）》“专业能力”部分对幼儿园教师的教学能力提出了相应的要求，要求教师掌握教学活动的设计与实施，支持和促进儿童的主动学习等。如何设计优秀的教学活动，促进儿童的全面发展？活动目标如何能准确反映发展的全面性？如何评价幼儿园集体教学活动等都是本章要阐述的内容。

第一节 幼儿园教学活动概述

《幼儿园教师专业标准（试行）》明确提出教师应该掌握教学活动的设计与实施。理解幼儿园教学活动相关的理论是有效进行教学活动的前提，只有深入了解幼儿园教学活动的本质，才能更好地实施教学活动，并进行有针对性地指导。

一、幼儿园教学活动的内涵与特点

（一）幼儿园教学活动的内涵

教学是指受教育者在教育者的指导下主动、系统、有效地开展学习活动，身心获得相应发展的过程。《幼儿园教育指导纲要（试行）》指出，幼儿园教学活动是教师以多种形式有目的、有计划地引导幼儿生动、活泼、主动活动的教育过程。因此，幼儿园教学活动是以幼儿为主体，在教师创设的符合幼儿身心发展规律、需要和特点的多种形式的活动中，在与环境材料相互作用的过程中，引发幼儿积极参与、主动探索、大胆表现的活动，是以促进幼儿全面、健康、和谐、整体发展为最终目的的活动。

通过教师组织的学习活动和幼儿比较自由的自发学习活动，幼儿获得生活、社会、自然、数学和艺术等方面的知识和经验，形成简单的概念，发展智力。幼儿园教学活动是游戏活动、生活活动所不能取代的，它必须与游戏、生活等活动紧密联系、有机结合，才能实现幼儿全面发展的教育任务。

（二）幼儿园教学活动的特点

☞幼儿园教学活动的特点

幼儿园作为专门的学前教育机构，其教学是在教育目标的指导下，有目的、有计划地针对儿童的身心发展特点精心设计的。与中小学教学活动相比，幼儿园教学活动有自身独特的特点。

1. 启蒙性

幼儿对世界充满了好奇，引导他们学习健康、语言、社会、科学、艺术五个领域的粗浅知识，让他们掌握周围世界的最基本的知识，有助于他们适应社会生活和小学生活。幼儿园教学活动的主要目标是开启幼儿的智慧，培养他们优良的品质，而不是以掌握学科知识和专门的技能为目的。

2. 活动性

爱动是儿童的天性，儿童正是在与周围环境的相互作用中得到发展的。儿童不是被动地接受知识而是通过主动地同外界环境进行相互作用来建构知识的。因此，在幼儿园教学活动中，教师应让儿童调动多种感官参与活动，提供主动活动和充分活动的机会，鼓励儿童操作、观看、触摸各种物体，使其对教学活动产生浓厚的兴趣，感受主动参与活动的快乐，促进其身心健康发展。

3. 游戏性

游戏是儿童重要的学习途径。在幼儿园教学活动中，游戏与学习的关系是辩证统一的，游戏既是娱乐，也是学习。儿童的一切活动都带有浓厚的游戏性，游戏贯穿于儿童的全部生活中。游戏可以促进儿童运动能力、认知能力、社会性与情感的发展。游戏符合儿童的兴趣和内部需要，游戏的愉悦性可以让儿童在没有压力的情况下，积极主动、富有创造性地学习，从而大大降低为达到某种目标而产生的紧张感。

4. 整合性

《幼儿园工作规程》指出，要合理地综合组织各方面的教育内容，并渗透于儿童一日生活的各项活动之中；充分发挥各种教育手段的交互作用。幼儿园教学活动应促进儿童认知、情感和技能各方面的整合发展。一个完整的儿童应该是体、智、德、美整合性地发展，分科教学不利于儿童的整体发展。所以，幼儿园各领域的教学活动应相互渗透，形成一个整体，共同促进儿童的全面发展。另外，教学活动的目标、内容、过程、方法以及环境创设等因素也应相互联系，综合构成教学活动的整体结构。

5. 灵活多样性

幼儿园教学活动的灵活多样性体现在教学形式的多样性和教学方法的灵活性上。幼儿园教学活动具有多种形式，有集体教学活动、小组教学活动、个别教学活动，多样的教学形式决定了教学方法的灵活性。因此，在实际教学中，教师应该根据不同的教育目的、教学内容、教学对象、教学情境选择不同的教学方法，综合运用不同的教学组织形式完成教学任务，促进儿童的全面发展。

二、幼儿园教学过程

任何活动都是作为一个过程展开的，教学也是一个过程。教学过程极其复杂，它具有丰富的内容，也具有很大的动态性。各种具体形式的教学过程都是教师和学生协同活动的过程，是学生在教师指导下，依据课程计划和课程标准的要求，积极主动地掌握系统的科学文化知识和基本技能，提高身体素质、心理素质和社会文化素质，并形成一定的思想品德和心理品质的过程。在这个协同活动过程中，教与学都必须通过教学内容和教学手段才能形成。

在教学过程中，教师以特定的教学内容与手段为中介，与儿童相互作用，促进他们的学习与发展。因此，儿童、教师、教学内容与手段成为教学过程中相对独立但又相互作用、相互制约、不可缺少的基本要素。

（一）儿童

儿童是求知的个体、教学的对象、学习的主体。幼儿园教学活动是一种体现学前儿童“自主与主体特质”的活动，儿童在教学过程中是主动的学习者，儿童主动地与外部世界不断接触、作用，产生探究、求知的需要。儿童会根据自己的经验和兴趣对教师组织的活动内容做出过滤、选择和加工，对于感兴趣的活动，他们会积极参与，因此，教师要准确把握儿童已有的认知发展水平和知识经验，正确认识儿童在教学过程中的地位，用真诚的态度去对待每一个儿童，使每一个儿童得到相应的发展。

（二）教师

教师是教学活动的设计者，是教学过程的组织者、引导者和参与者，也是教学过程中的活动主体。教师始终直接或间接地控制着教学过程的方向和进程，引导着儿童向教育目标要求的方向发展。在实际的教学过程中，教师应把儿童视为一个独立思考的人，要尊重儿童的权利、感情、意见和个性，要主动地调整自己的教学内容、教学方法等以适应学前儿童的发展。

（三）教学内容与手段

教学内容是教育主体与教育客体共同认识、掌握和运用的对象，是二者进行交往、沟通的信息中介，是实现教学目标的根本保证，是选择教学方法、形式的重要依据。凡纳入教学活动过程中的知识、技能、思想观念、行为规范、风俗习惯等文化形态，都属于教学内容，在学校教学中，一般以课程计划、课程标准和教科书来呈现。在幼儿园，教学内容是教师对儿童传递的主要信息，是儿童学习的主要材料，是促进儿童发展的重要中介。教学内容的选择直接影响到教育目标的实现程度。教学内容应是全面的，可以促进儿童体、智、德、美全面和谐地发展；教学内容应是适宜的，能够引起儿童的求知欲，能够激发儿童内在的学习动机。

教学手段包括教师布置学习环境、运用教具、为儿童提供操作材料等。它是教师有效传递信息，激发儿童的学习兴趣，保证教学顺利进行的不可缺少的重要因素。

综上所述，儿童、教师、教学内容与手段构成了教学过程，教师应努力将这些因素的组合最优化，以达到促进儿童身心发展的整体效应。

三、幼儿园教学原则

幼儿园教学原则，是指导幼儿园教学活动的一般原理和对教学工作的基本要求。它是根据教育目的、任务和学前儿童的年龄特点制订的，反映了幼儿园教学过程的客观规律，是教师教学实践经验的概括和总结，也是教师组织教学活动必须遵循的基本准则。

（一）生活性原则

生活性原则是指选择符合儿童学习特点的生活经验，把富有教育价值的生活内容纳入教学中，使幼儿园教学活动具有生活的气息和意义。学前儿童的认知特点决定了幼儿园教学不能以系统知识的传授为任务，儿童是在生活实践中积累起对周围世界的认识和体验的。所以幼儿园教学活动要以儿童的兴趣爱好为基础，从儿童的生活中发现教学内容，并在能获得直接体验的生活中开展教育，从而使教学具有生活的特征。①

（二）科学性和思想性相结合原则

幼儿园教学活动的中心是为了实现教育目标，培养身心和谐发展的人。因

① 刘光仁．学前教育学［M］．长沙：湖南大学出版社，2014：103.

此，教学内容和方法要具有科学性和思想性，给儿童提供正确的知识、经验，使儿童正确地感知客观事物和现象，帮助儿童形成正确的概念和对事物正确的态度。此外，在教学中要遵循儿童的身心发展规律和儿童认识事物的规律组织教学，选用正确的教学方法。

（三）发展性原则

发展性原则就是指通过教学使儿童的体力、智力、道德、意志、情感和个性等获得全面的发展。它要求教师为儿童选择的学习内容，应有一定的难度，而且是逐步加深的，需要儿童作出一定努力才能学会。除了完善教学内容之外，发展性原则还要求教师改进教学方法，如采用比较的方法、创设问题情境的方法等，促进幼儿积极主动地开展智力的、情感的独立活动，以促进幼儿个性的全面发展。

（四）直观性原则

直观性原则是指在教学过程中，通过实物或教具，让儿童在充分感知的基础上，引导其形成对所学事物及过程的清晰认识，丰富他们的感性知识，真正掌握科学知识。教师要根据儿童的发展水平，运用不同形式的直观手段，从具体的、有情节的事物向无情节的事物过渡，从实物向图片、模型等过渡。因为图形直观比实物直观更具有概括性，它能缓和儿童现有概括水平与提出的教学任务之间的矛盾，是形象思维向抽象思维过渡的有效形式。

（五）差异性原则

由于遗传、环境、生活和教育条件的不同，每个儿童在生活经验、知识技能、兴趣爱好、智力发展等各个方面都存在差异。为了使每个儿童都能在原有基础上得到最大限度的发展，在教学中就必须要针对每个儿童的情况，提出教育对策。除了集体的教学活动之外，教师还应提供个别的、小组的学习活动，使每个儿童的兴趣与需要得到满足，能力得以发挥，促进每个儿童在不同水平上获得发展。

（六）活动性原则

儿童的学习是一个主动的建构过程。一方面，人类有一种自发地探索与认识环境的需要和潜能，儿童主动地通过自身的活动作用于客体；另一方面，儿童在心理上是主动的，依照自己的活动方式来建构知识与认识环境。因此，活动对儿童十分重要。为了贯彻活动性原则，教师要为儿童提供丰富的材料和充分的活动时间，以及进行人际交往的机会。教师既要放手让儿童进行各种活动，又要进行必要的指导，同时还应鼓励儿童在活动中的积极性、主动性和创造性，使活动真正成为儿童全面发展的手段。

第二节　幼儿园教学活动的设计与实施

在教学活动开展前，教师往往需要进行教学活动设计以获得优化的教学效果。教学活动设计是以学习理论、教学理论为基础，运用系统方法分析教学问题，确定教学目标，制订解决教学问题的方案，试行方案，评价试行结果和修改方案的过程。

一、幼儿园教学活动设计

（一）幼儿园教学活动设计的类型

在幼儿园教学活动中，教师既需要在活动开展之前预先设计，也需要在活动的实际进程中观察儿童的活动情况，根据儿童的反应灵活地调整原有计划，及时进行现场设计。因此，幼儿园教学活动设计的类型就可以相对划分为预成设计和生成设计。

1. 预成设计

预成设计是指教师在分析儿童目前的知识能力发展特点和需要的基础上，结合目标的要求选择适当的内容和方法，设想活动的步骤、可能出现的问题以及解决方法等，写出活动方案的过程。预成设计能加强活动的目的性和科学性，对于缺乏经验的教师来说，掌握这种设计技能尤为重要。①

2. 生成设计

生成设计是指教师在教学活动现场，针对活动中出现的问题、现象，为决定接下来所要进行的有针对性的教学活动而进行的临时设计。这种设计既可以是对预定的某个环节的临时调整，也可以是针对儿童自发的学习而临时进行的设计。②

在实际的幼儿园教学活动中，教师不能机械地照搬计划，用预成设计束缚儿童的创造力。教师应有教育机智，要随时关注生活、关注儿童的兴趣，根据儿童生活中突发的、有教育意义的事件来调整教学计划，在“预成”和“生成”之间找到一个平衡点。

（二）幼儿园教学活动内容的设计

1. 教学内容选择的原则

教学内容的选择主要依据以下原则：

---

① 卢新予，柳阳辉. 学前教育学［M］. 郑州：郑州大学出版社，2012：154.
② 卢新予，柳阳辉. 学前教育学［M］. 郑州：郑州大学出版社，2012：155.

（1）兴趣性原则

教师要了解儿童的兴趣和需要，根据儿童的兴趣和需要选择教学内容。同时为了使儿童身心发展达到预期的目标，所选的教学内容还要能促进儿童的发展，对儿童的个体发展具有意义。

（2）目的性原则

幼儿园教学是儿童全面发展的重要手段，同时也是把各种政策、精神转化为教育实践的载体，幼儿园教学内容的选择必须考虑国家、政府、家长对学前教育的要求。

（3）联系性原则

联系性一方面表现在教学活动内容中概念之间的纵向发展的联系，确保由已知到未知、由整体到部分、由一般到个别，不断分化。另一方面表现在教学活动内容之间的横向联系，从横向方面加强活动内容所涉及的相关概念之间的联系，以及知识、技能、情感各部分内容之间的协调衔接，以促进儿童融会贯通地去学习，并保证儿童的协调发展。[①]

（4）"最近发展区"原则

根据维果斯基的"最近发展区"理论，教师应选择难易适中的内容，这些内容对儿童来说有一定的挑战性，但又符合儿童现有的认知经验范畴，即能够"跳一跳，摘到桃子"。

2. 教学内容的组织形式

在选择内容的同时，教师必须考虑以何种方式来组织这些内容，以便儿童有效地学习。目前，我国幼儿园基本的教学内容组织类型有以下几种：

（1）分领域教学

《幼儿园教育指导纲要（试行）》将儿童学习的范畴按学习领域相对划分为健康、语言、社会、科学和艺术五个领域，教学内容的组织要结合领域特点、逻辑，系统地组织与安排，循序渐进地开展相关教学活动。

（2）主题教学或方案教学

主题教学是教师按照某一逻辑（思路、线索），将相关的内容整合进去，在一段时间内围绕着某一中心内容（即主题）来组织、开展教学活动。方案教学是在教师的支持、帮助、引导下，儿童围绕某个感兴趣的生活中的"课题"或"主题"或"问题"进行深入的研究，教师在这一过程中组织有关内容。[②]

（三）幼儿园教学活动方案的设计

分领域教学活动近年来在幼儿园中比较普遍，现以分领域教学活动为例概述

① 黄瑾. 幼儿园教育活动设计与指导［M］. 上海：华东师范大学出版社，2007：53–58.
② 郑健成. 学前教育学［M］. 上海：复旦大学出版社，2007：134.

其教学活动的设计环节。分领域教学活动方案设计的基本环节包括活动设计意图、活动名称、活动目标、活动准备、活动过程、活动延伸等，它们之间相互联系，形成教学活动的整体结构，并且直接关系着教学活动的成败。

1. 活动设计意图

活动设计意图是根据当地教育资源、幼儿园及学前儿童的实际情况，结合活动内容，概述活动过程中拟实践的教育理念、原则、方法等。[①] 它主要包含以下内容：选题原因及分析、对象特点及发展水平分析。

2. 活动名称

活动名称是活动设计的基础。一个规范的活动名称一般包括以下三个要素：年龄段、内容（领域）、具体的活动名称。年龄段是指活动适合的班级，包括大班、中班、小班；内容是指活动属于哪一个领域，包括健康、社会、语言、科学、艺术领域；具体的活动名称是指给予这个活动的人为的名称。例如，中班艺术活动“大树妈妈”，此活动名称清晰地反映了该活动的基本信息。

☞活动名称

3. 活动目标

活动目标是指某一个具体活动中儿童应获得哪些情感体验与态度，掌握怎样的学习过程与方法，获得哪些方面的能力发展等。它是教学活动的灵魂，对整个教学活动过程具有指导作用。在拟订活动目标时，要以阶段教育目标为导向，挖掘教学内容的教育价值，充分考虑儿童的年龄特点和现有发展水平，确保活动设计以引导儿童发展为目的，以尊重儿童发展为前提。活动目标的设计应注意以下问题：

☞活动目标

（1）设计时应突出目标的整体性，尽可能要全面，避免单一、片面。教师在拟订具体的目标时应包括认知经验、情感态度、能力发展三个方面，特别要重视儿童情感发展。

（2）设计时要突出目标的发展性，避免过难或过易。教师制订的目标要符合班级大多数儿童的发展水平，应该在儿童的“最近发展区”内设计目标。

（3）设计时应突出目标的差异性，关注每一个儿童的个体水平，这就要求教师要细致地了解每一个儿童，根据儿童的能力水平设计出高、中、低不同层次的目标，进而促进每一个儿童的发展。

（4）活动目标的表述避免以教师为中心，教师应更多地关注儿童的“学”，要从儿童的角度进行表述。表述的语言要简洁明了，具体，可观察，操作性强，便于评价，避免目标过大、过于笼统。

4. 活动准备

活动准备是教学活动正常进行所必需的知识与物质准备。具体包括儿童的

☞活动准备

① 虞永平，王春燕．学前教育学［M］．北京：高等教育出版社，2012：7．

经验准备、活动材料的准备和环境布置等。在活动准备的过程中，教师要具备对各种信息进行鉴别、分析、筛选、综合的能力。教师要明确材料和环境布置所蕴含和可能实现的教育价值，要根据教育目标、儿童的身心发展水平，为儿童提供适宜的、层次丰富的、全面的物质材料。教师要注重儿童的原有经验并应积极引导儿童主动参与活动准备过程，因为活动准备的过程也是儿童学习的过程。

☞活动过程

5. 活动过程

活动过程是指幼儿园教学活动的展开过程，是教师根据一定的目标、要求和儿童身心发展的特点，借助一定的教学方法，引导儿童认识客观世界，并在此基础之上发展自身的过程。在活动过程设计中，教师一定要具备目标意识：儿童在此活动中要获得什么？怎样的活动可以使儿童的发展和活动的目标得以达成？活动过程一般包括以下三个环节：

（1）导入环节的主要任务是创设情境，激发儿童的学习动机，将儿童的注意力转移到教学内容上，一般不超过 3 分钟。

（2）展开环节是幼儿园教学活动过程的主要部分，是教师引导儿童主动学习、积极探索，以实现活动目标的过程。在展开过程中，教师要充分尊重儿童，真正体现自己的主动作用，与儿童建立平等的关系，营造安全、愉快、宽松的环境氛围。展开环节一般设置 3～4 个子环节，要求教师科学、合理地安排和组织各个子环节，时间安排上应具有一定的灵活性，减少不必要的集体活动和过渡环节，内容方面要注重综合性和趣味性。

（3）结束环节是对学习内容的归纳和总结，包括教师对教学活动的总结，也包括活动中儿童行为表现的小结。

☞活动延伸

6. 活动延伸

在某个活动结束之后，还可以引发并组织其他的活动以促使该活动目标更好地达成，这就是活动延伸。教师一般会将活动延伸至家庭、下一个活动、区域活动等。延伸至家庭可以让家长了解孩子在幼儿园都进行了哪些活动，以更好地实现家园共育；延伸至下一个活动，将有助于实现儿童活动的整体性，使其获得对事物的完整性经验；延伸至区域活动，可以将教学活动和生活活动、游戏活动有机整合。

▶案例

小班科学活动“好听的声音”

设计意图：

小班儿童对声音具有强烈的好奇心，当马路上有车喇叭响了，很多儿童会提醒教师：“小汽车开过来了。”新园舍打桩的声音沉重而响亮，这又会引起儿童的关注："老师，造房子要用大榔头的"……小班幼儿的认识活动往往基于自己的行动与情绪，无意注意占优势，注意持续时间不长。当儿童听到声音后，他们能好奇地去寻找与观察，但当看到事物后，他们就没有继续深入探究的欲望，注意力又转移到其他地方去了。根据儿童这一特点，在实施"好听的声音"活动时，教师应积极去引导儿童关注身边的声音，充分利用身边的各种声音资源，让儿童感受、辨别各种声音的同时，发现它们的有趣：了解声音带来的信息及其所代表的意义，在尝试、发现和探索中使幼儿的情感、技能、知识等方面均获得发展，体验到成功的喜悦，从而进一步激发儿童的学习兴趣，树立自信心。

活动目标：

1. 体验探索声音的乐趣，乐于表达自己的经验和感受。(情感目标)

2. 能辨别生活中不同的声音。(能力目标)

3. 知道用力不同，声音的声响不同。(认知目标)

活动准备：

1. 录音带：大鼓和小鼓音乐。

2. 每人一个塑料小瓶，小盆四个，黄豆若干，三瓶软硬不同的糖果，大鼓小鼓各一个(图片)。

活动过程：

(一)导入部分：谈话活动——生活中的声音

听声音：(以儿童早晨的生活为背景)笑声—鸡鸣—盥洗—汽车—问候(老师好)。引导儿童说出笑声、动物的叫声、水声、汽车声等。

(二)展开部分：动手探索——让瓶子发出声音，为大鼓、小鼓伴奏

1. 让瓶子发出声音

这里有一个瓶子，你能让它发出声音吗？(儿童每人取一个小瓶子，探索用各种办法让它发出声音。)

2. 用瓶子装黄豆让它发出声音

这里有许多豆子，豆子和瓶子在一块儿能发出声音吗？

3.(放录音)引导儿童跟着音乐摇瓶子：用儿歌"你的小瓶子，有声音吗？有有有"有节奏地引导儿童感受音乐。

4. 出示大鼓和小鼓图片，引导儿童用瓶子摇出大鼓和小鼓的声音，感受用力大小不同，发出的声音轻响不同；装的多少也影响瓶子发的声响(太少声音小，装满没声音，感受事物的相对性。)

5. 儿童通过尝一尝、咬一咬，区别糖果的软硬，知道装硬糖果的

瓶子摇起来会发出大鼓的声音，装软糖果的瓶子会发出小鼓的声音。

（三）结束部分

为“大鼓、小鼓”唱歌，边摇瓶子边随乐曲唱歌。

活动延伸：

教师出示装棉花糖的瓶子，提问：棉花糖与软糖发出的声音，谁更像大鼓？谁像小鼓？请儿童到教室去试试看。

二、幼儿园教学活动的实施

教学活动是幼儿园一日活动的重要组成部分，是向儿童进行全面发展教育的有力手段，教学质量直接影响儿童认知技能的获得、行为习惯的培养等。教学活动的实施主要在于对教学过程中各要素的把握。

（一）幼儿园教学活动的组织形式

幼儿园教学活动的组织形式可划分为集体教学、小组教学、个别教学。教师应因时、因地、因内容和儿童的学习特点灵活选择，以保证儿童有充足的时间进行自主活动。

集体教学可以节省教师的时间，比较集中地、较快地实现教学任务，培养儿童的集体性和自制力。但因班级儿童人数较多，教师不能充分考虑每个儿童的认识水平和学习能力，不能针对每一个儿童进行个别化指导。

小组教学，由于儿童人数较少，教师比较容易进行较细致的指导。儿童也易面对教师，集中注意力，有利于相互交流。但教师花的时间和精力较多，还需要有相应的人力和设备条件。

个别教学，教师能较好地考虑每个儿童的能力、接受程度，照顾个别儿童的特点和兴趣，但需要花费教师大量的时间和精力，需要更多的人力和物力。同时也不易培养儿童的集体性和自制力。[①]

集体教学、小组教学、个别教学都具有一定的适用范围，且各自具备一定的优势。在幼儿园教学活动中，三种教学组织形式应结合进行，互相补充。

（二）幼儿园常用的教学方法

教学方法是指在幼儿园教学活动中，教师和儿童为了实现共同的教学目标，完成共同的教学任务，所运用的方式和手段的总称。在教学过程中如何选择恰当

---

① 黄人颂. 学前教育学［M］. 北京：人民教育出版社，1989：324.

的教学方法对提高教育质量，促进儿童的发展有重要作用。

在幼儿园实际教学活动中，常用的教学方法有以下几种：

1. 直观法

直观法是一种让儿童直接感知学习对象的教学方法，它符合儿童具体形象思维的特点。直观法一般包括观察法、演示法、示范法等。

（1）观察法①

观察法是指儿童自发或者在教师的引导下，有目的地感知客观事物的过程。通过观察，儿童可以激发求知欲，认识周围的世界，丰富感性经验，有效地刺激各种感官。观察法是儿童取得直接经验的重要途径，是幼儿园教学活动的基本方法。

运用观察法时应注意以下几点：

第一，要向儿童提出明确、具体的观察要求。如春天来了，教师带儿童到户外观察迎春花，可以问："请小朋友们认真看一看，迎春花是什么颜色？花瓣是什么形状？由几个花瓣组成？"

第二，在观察过程中教师要用语言和适当的手势指导儿童注意观察对象的特征、变化和细节。如教师提问："你刚才观察到了什么？""这只小狗长得怎么样？"等等。

第三，鼓励儿童在观察中进行讨论。如教师提问："小朋友们，通过你们的观察，你们觉得桃花与杏花、梨花有什么不同？把你观察到的东西与身边的小伙伴说一说。"

第四，注意教给儿童观察的方法，让儿童学会有顺序地观察事物。

第五，观察结束后，教师应进行总结，使儿童的知识、经验得到及时的巩固。

（2）演示法

演示法是教师通过向儿童展示各种实物或者教具，或通过对操作步骤的演示，使儿童获取知识的教学方法。儿童期直观性思维占主导，儿童需要直接去感知事物，演示法通过与讲授法、谈话法配合使用，对提高儿童的学习兴趣、发展观察能力和抽象思维能力，减少学习中的困难有重要的作用。在幼儿园的科学活动、语言活动中较常使用演示法，如要认识各种水果，教师一般会先出示实物，引导儿童进行观察。

运用演示法应注意以下问题：

第一，演示前要做好准备，教师要根据教学内容制作好演示教具。

第二，演示时应注意方式与效果。教师要尽量使全体儿童都能观察到演示活

① 郑健成. 学前教育学［M］. 上海：复旦大学出版社，2007：132.

动，尽量采用较大的教具，并尽量使儿童运用多种感官去感知，以加深印象。

第三，演示必须从儿童实际出发，为实现教学目的服务。

第四，演示要与多种方法配合。

（3）示范法

示范法是教师采用语言及身体动作，或采用经过筛选的模型、图画、典型范例等，为儿童提供模仿对象，从而进行模仿学习的一种方法。示范法具有直观性、形象性的特点，在艺术活动、语言活动中经常用到。在运用示范法时，必须注意示范要准确、逼真，富有情感。

2. 口授法

口授法是一种运用语言进行教学的方法。语言是教师与儿童进行沟通的媒介，教师通过语言引导儿童进行各类活动，向儿童提供丰富的信息。在幼儿园教学活动中，口授法主要包括：讲解法和谈话法。

（1）讲解法

讲解法是教师运用儿童能理解的语言来解释或说明客观事物的方法。这种方法不仅用于向儿童传授新知识，还用于各种活动的组织。讲解法是口授法中主要的方法。

教师的讲解主要是为了帮助儿童理解学习内容、建构知识、懂得规则等。教师讲解时必须做到语言规范、精练、明确、生动，易被儿童理解，具有启发性，能唤起儿童头脑中鲜明的表象和丰富的联想，帮助儿童理解事物，获得间接知识。必要时教师可进行重点讲解和反复讲解。

（2）谈话法[①]

谈话法是教师通过提问，引导儿童运用已有的知识和经验，并经过思考、交流后获得新的知识和经验的方法。

运用谈话法应注意以下问题：

第一，谈话话题的选择应考虑儿童的知识经验。有些谈话应该在儿童已具有某一方面的知识时才能进行。

第二，要做好组织儿童谈话的准备。组织儿童谈话的准备包括明确的谈话目标、设计提问的问题等。提问的问题一定要具体、明确、难度适宜，不能模棱两可、含糊不清，也不能是过分简单的问题。

第三，谈话过程中允许儿童争论。教师要注意听取儿童的发言，鼓励儿童大胆地说出自己的想法，并充分尊重他们的意见，在思维方法上给予儿童及时的指导，使其对问题的思考进一步深入，提高儿童的思维能力与语言表达能力。

第四，谈话结束时要进行总结。教师要针对谈话主题做出简短明确的小结，

---

① 卢新予，柳阳辉. 学前教育学［M］. 郑州：郑州大学出版社，2012：142.

帮助儿童形成正确的概念。

3. 操作法

操作法指教师根据教学目标提供物质材料，引导儿童在操作物质材料的过程中充分动手、动脑、动口，从而获得经验的方法。儿童在操作时，教师要注意观察和适当地引导，对于有困难的儿童要给予及时的帮助，要给每一个儿童提供动手、动脑的机会，同时要使儿童明确操作的目的，激发儿童操作的积极性。

运用操作法应注意以下问题：

（1）提供符合活动目标和儿童年龄特点的操作材料。

（2）使儿童明白操作目的。

（3）教给儿童操作的基本方法，让其大胆操作。需要注意的是，操作方法应是多样的，避免机械、简单的重复。

4. 发现法[①]

发现法主要是指儿童根据教师创设的问题情境，自己去探索环境，并解决问题的方法。发现法能培养儿童的独立性和创造性，激发儿童的求知欲，发展儿童的创造性思维。

运用发现法应注意以下问题：

（1）为儿童创造发现学习的环境和条件。

（2）为儿童提供充分的探索和发现的时间。

（3）教给儿童感知、观察、实验等简单的发现学习的方法，让其动手实践，初步掌握这些方法。

（4）给予及时的指导。

（5）注重激发儿童发现学习的欲望。

5. 游戏法

游戏法是指教师以游戏的口吻或用规则游戏组织教学的方法。游戏法体现了幼儿园教学活动的显著特点，是幼儿园教学活动中运用的主要方法。

运用游戏法应注意以下问题：

（1）把握游戏法的基本要求。教学活动中使用游戏法的目的在于完成一定的教学任务，必须按照教师预定的计划，严格遵守预定的规则，组织全班儿童参加。

（2）在教学中，各年龄班运用游戏法的比例应有所不同。小班应是最多的，中班与大班游戏法的使用应相对减少。

（3）把握游戏目标的实现，发挥游戏的作用。在遵循儿童兴趣的基础上，将儿童的注意力吸引到游戏上，保证游戏作用的充分发挥。

---

① 卢新予，柳阳辉. 学前教育学［M］. 郑州：郑州大学出版社，2012：145.

6. 多媒体方法

多媒体方法是利用计算机及多媒体软件等现代化技术，将声音、影像、色彩等综合使用的一种先进的教学方法。现代化技术的运用使抽象的知识更加生动活泼、形象逼真，有利于儿童对知识的理解。在使用现代化技术进行教学时，要严格按照教学目标和儿童的实际需要，不能只图热闹，应该给儿童留出充足的思考时间。运用现代化技术必须深入分析实际教学内容和过程，周密考虑使用的步骤和恰当的场合，以达到较好的效果。

总的来说，教学方法的运用应注意以下问题：

（1）教学方法是实现活动目标的手段，应根据活动目标和内容选择合适的教学方法。例如，科学探究活动的主要目标是发展儿童发现问题的能力，发现法是主要的方法。

（2）教学方法要适应儿童的年龄特点。年龄越小的儿童，越要采用游戏法与直观法。

（3）“教学有法，教无定法”，在实际教学中，教师应避免一成不变地运用某种教学方法，而要根据实际，将多种方法合理、恰当地组合，这样才能有效地教学。

（三）幼儿园教学活动实施中应注意的问题

1. 建立平等、民主的师幼关系，实现良好的师幼互动

在具体的教学活动中，教师的角色定位直接影响教师与儿童互动的性质、教师和儿童在互动中各自所处的地位。在教学活动开始前，教师是活动的设计者；在教学活动过程中，教师是观察者与引导者；在教学活动结束后，教师又是评价者与反思者。

教师应时时以关怀、接纳、开放的态度与儿童相处，用心去营造一种温暖、和谐的学习氛围，努力建立平等、亲密、互相信赖的人际关系，形成良好的师幼互动。

2. 引导儿童自主学习

儿童是教学活动的主人，要通过自身的实践活动获得发展。《学会生存——教育世界的今天和明天》中指出教育的使命之一是让人们学会学习，因此，如何指导儿童自主学习，让儿童成为学习的主人，成为教师实施教学活动时必须思考的问题。教师要细心观察儿童在活动中的情况，他们的情绪、注意力、对话、操作、合作、怎样解决问题等，一旦发现问题，教师应给予儿童启发、帮助，可以以合作伙伴的身份参与到探究活动中，积极引导儿童自主学习。

3. 教学实施中，应根据实际情况进行教学计划的调整，确保儿童的安全

在实际教学中，往往会出现许多“意料之外”的状况，教师首先要确保儿童

的安全。例如，在大班科学活动“动物的保护色”中，教师为巩固儿童对保护色的认识，设计了“小动物捉迷藏”的游戏环节。然而，在教学实施中，因教室场地面积过小，“小动物”在躲藏中出现拥挤、磕碰现象。教师发现这一现象后，决定暂停这一个游戏，并向儿童解释原因，告诉儿童在户外活动中可以继续进行这个游戏。

第三节　幼儿园教学活动的评价

教学评价是教育评价的一个具体领域，评价对象主要涉及教学活动的计划、过程和结果。按照评价指向的领域，教学评价可分为学生学业评价、课堂教学评价、教师评价。本节主要阐述课堂教学评价部分，即对幼儿园教学活动实施过程中的对象进行的评价活动，其评价范围包括教与学两个方面。

一、幼儿园教学活动评价概述

（一）幼儿园教学活动评价的含义及功能

幼儿园教学活动评价是幼儿园教育评价中的重要组成部分。幼儿园教学活动评价是指评价者依据一定的客观标准，对教学活动及其结果进行分析、评定、反思的过程。它以参与教学活动的教师、儿童、教学目标、教学内容、活动过程、教学方法、环境与材料等因素的有机组合的过程和结果为评价对象，是对幼儿园教学工作的整体功能所做的评价。教学活动评价贯穿活动前、活动中、活动后等各个环节，评价时要尽量做到客观、全面。

☞什么是幼儿园教学活动评价

幼儿园教学活动评价从整体上调节、控制着教学活动的进行，保证教学活动向预定的目标前进并最终达到该目标。幼儿园教学活动评价的功能主要有：诊断教学问题、提供反馈信息、调控教学方向和检验教学效果。

（二）幼儿园教学活动评价的规范要求

（1）要有目的、有计划、有组织地开展教学活动评价，通过评价活动，使教师获得真实体验，从而提高反思自己教学行为的能力。

（2）幼儿园教学活动评价一般先由执教者自评，然后由富有经验的教师、教研组长、教研员或专家组评，再由听课者评议。

（3）要以求真务实的科学态度进行教学活动的评价，要有理有据、观点鲜明、实事求是，避免“走过场”等不良现象。

（4）各级、各类教学活动评价都应有记录，幼儿园教研组必须详细填写教学活动评价表，评价档案应作为教研组考核和先进教研组评比的依据。

二、幼儿园教学活动评价的实施

（一）幼儿园教学活动评价的标准

评价任何事物都要有一个衡量的尺度。幼儿园教学活动评价标准是衡量教育活动设计、实施及其效果的尺度，也是制订具体评价指标的指标。从宏观上看，我国的《幼儿园教育指导纲要（试行）》和《幼儿园工作规程》规定的保育、教育目标和教育工作的要求是评价幼儿园教学活动的基本标准，但这样的评价标准只体现了教学活动评价的指导思想和原则，评价者通常会基于这些指导思想和原则，根据不同的评价目的，制订具体的评价标准和指标。

幼儿园教学活动评价标准要点如下：

1. 对活动目标的评价

对活动目标的评价包括：活动目标与教育总目标、年龄阶段目标以及单元目标是否紧密地联系；活动目标是否包括了认知、情感与态度、操作技能三个方面的要求；活动目标是否与儿童的实际情况相适应。

2. 对活动内容的评价

对活动内容的评价包括对活动内容的选择和设计两个方面的评价。首先，要评价活动内容的选择是否与学前教育目标一致，是否与学前教育涉及的范围、领域相一致，是否与儿童的能力、水平相一致。其次，评价活动内容的选择还要看所选材料的审美性和艺术性。另外还要对活动内容的设计进行评价：在一个具体的教学活动中各部分内容间的比例关系是否合理，活动内容与形式是否相适应，活动内容的组织与安排是否突出重点、难点，活动内容各个部分之间的过渡、衔接是否顺畅。

3. 对活动方法的评价

对活动方法的评价既包括对教师主动地引导和教学方法的评价，也包括对儿童探索和操作方法的评价。（1）活动方法的选择和运用是否与活动目标和内容相呼应；（2）活动方法的选择和运用是否强调并体现了儿童的自主性和主体性；（3）活动方法是否注意到了与活动环境和有关设备相联系。

4. 对教学活动过程的评价

主要包括评价教师的行为、师幼互动的情况、活动的结构安排。

教师的行为主要包括:（1）教师讲解的适宜性。教师对特定活动内容的讲述、解释是否适宜，是否有利于儿童进一步的学习和促进儿童思考。讲解不清晰和低层次的、重复的讲解都是不合适的。（2）教师教学策略的适宜性。教师面对特定的教学问题情境，尤其是面对儿童的学习状况所采用的激励、指导、传授、帮助、启发的具体策略是否合适。（3）教师对儿童的关注。包括对儿童的现实需要、兴趣、活动投入度、遇到的具体问题等方面的关注。衡量教师对儿童关注程度的主要标准是对活动过程中儿童出现的一些状况是否注意并采取包括忽略在内的有效策略。（4）教师总结和评价的适宜性。教师在活动过程及活动结束后，是否根据需要，开展适当的评价。教师的评价可以针对个别儿童，也可以针对小组或全班儿童。

师幼互动的情况主要包括:（1）体现儿童在学习活动中的主体地位。（2）创设了宽松、民主的教学氛围，教师与儿童的关系融洽。

活动的结构安排主要包括:（1）活动环节时间分配和衔接是否恰当，有没有“前松后紧”或“前紧后松”的现象。（2）指导与练习时间搭配是否合理；幼儿个人活动、小组活动和集体活动时间分配是否合理；有没有集体活动过多，关注个体的时间过少的现象。

5. 对环境和材料、设备的评价

对环境和材料、设备的评价主要包括对心理环境、物质环境的创设、材料、设备的选择的评价。例如，环境的创设是否能激发儿童积极参与活动的愿望？活动中是否最大限度地利用了材料、设备所具有的功能？活动区的规划是否适宜，不至于产生相互干扰现象？活动区内的各种材料是否可供儿童自由选用？材料的摆放是否有利于儿童取用？材料的布置与整理是否让儿童参与？

6. 对活动效果的评价

对活动效果的评价主要是指从儿童方面反映出来的教育结果。（1）儿童在活动过程中的参与程度和学习态度——注意力是否集中，表现是否主动积极;（2）儿童在活动过程中是否精神饱满，情绪是否愉快和轻松;（3）活动的预期目标是否达成。

（二）幼儿园教学活动评价常用的评价表

幼儿园教学活动评价表通常采用定量式（如打分、分等级）和定性式两种。当采用打分的方式时，不同的标准、指标会有不同的权重，比如，有的指标总分为 5 分，有的指标的总分可能是 15 分。当采用分等级的方式时，等级可能是三等级（表 8-1）、四等级、五等级或其他。定性式评价表则会更开放、灵活一些（表 8-2）。

表 8-1　定量式评价表（等级式）[1]

评价要点		评价等级		
		A	B	C
目标	目标的年龄适宜性			
	目标的可落实性			
	目标的和谐性			
	目标实际的达成度			
内容	内容的年龄适宜性			
	内容与目标的一致性			
	相关环境、材料的适宜性			
	内容的实际完成情况			
	内容的科学性			
	内容的生活性			
教师	教师讲解的适宜性			
	教师教学策略的适宜性			
	教师对儿童的关注			
	教师评价的适宜性			
儿童	儿童的投入程度			
	儿童的互动机会			
	儿童面临的挑战			
	儿童的学习习惯			

表 8-2　定性式评价表[2]

时间：	内容：	班级：	执教：
材料：			活动形式：
活动过程			评析
小结			

① 鄢超云．学前教育评价［M］．北京：高等教育出版社，2011：207．
② 鄢超云．学前教育评价［M］．北京：高等教育出版社，2011：208．

【实践训练】

幼儿园教学实施中应注意的问题

大一班教师想教给儿童生活中常见的测量方法，就组织儿童开展“扔沙包”游戏。教师带儿童到户外，先让儿童扔沙包，然后引导儿童思考：“怎样才能知道沙包扔了多远？你可以用什么方法知道呢？”在教师反复提问和要求下，儿童想出了可以用棍子、跨步、绳子、布条等多种方法来测量，教师很满意这种结果，认为教学目标达到了。

案例分析：案例中，教师认为教学目标实现了，然而，整个过程对儿童而言，却变得索然无味！教师把原本生动有趣的游戏变成了枯燥无味的“课”。教师应放手让儿童玩扔沙包游戏，因为儿童最初的兴趣在扔沙包本身，然后教师再适时提出“怎样才能知道扔得多远”的问题，儿童再边玩边讨论。儿童可以记录、可以更换活动地点、可以用他能想到的自然的测量工具进行大胆探索。

——资料来源：郑健成. 学前教育学[M].
上海：复旦大学出版社，2007.

【做中学】上述案例中，教师为什么这样做？这样做会对儿童产生什么影响？

【学而思】请结合本章所学，思考如何才能将儿童的兴趣与教师的计划相结合。

【思而行】请运用本章所学内容，以“有趣的测量”为主题，设计一个完整的教学活动方案。

【学习自测】

1. 什么是幼儿园教学活动？它有何特点？
2. 幼儿园教学活动应遵循哪些原则？并谈谈对其中任意一条原则的理解。
3. 一个完整的教学过程包含哪几部分？
4. 活动目标的设计应注意哪些问题？
5. 幼儿园常用的教学方法有哪些？选择其中一种，举例说明。
6. 什么是幼儿园教学活动评价？

【理解·反思·探究】

1. 小班儿童对老母鸡的叫声非常熟悉，一说到“母鸡”，他们便会自发地学母鸡叫“咯嗒，咯嗒，咯咯嗒”。但教师仍花了一个课时的时间，一遍又一遍地重点训练儿童对母鸡叫声的掌握。

问题：你认为上述案例中教师违反了什么教学原则?

2. 关于教学内容的选择，你认为幼儿期学什么是最有价值的？谈谈你的理解。

3. 试以某一本绘本为例，设计一份小班社会领域的教案。

第九章

幼儿园环境

【学习目标】

知识目标：

- 了解幼儿园环境的概念、构成、意义。
- 理解幼儿园环境创设的原则。
- 熟悉幼儿园物质环境创设的内容。
- 领会幼儿园心理环境创设的重要性。

能力目标：

- 能运用环境创设的基本原则进行幼儿园环境创设。

【知识导图】

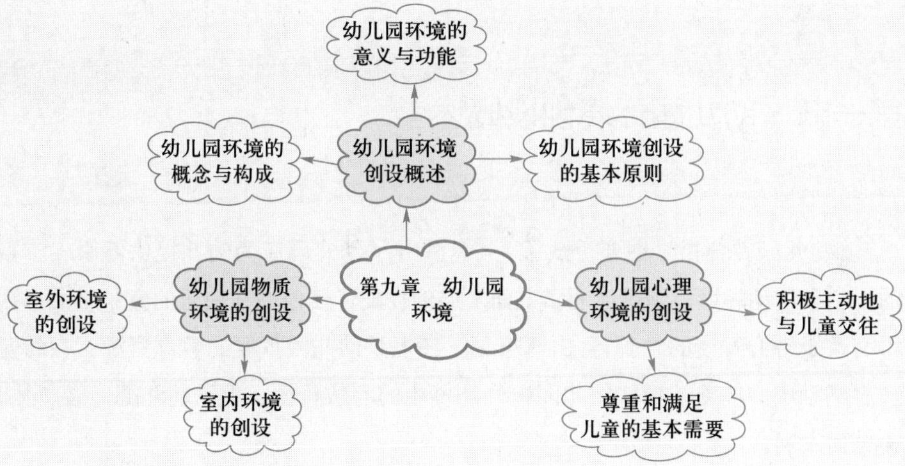

走在宽敞的幼儿园中，到处可见整洁、崭新而充满童趣的各类装饰与设施。在体能锻炼区，一群中班小朋友在一幅色彩鲜艳的壁画下愉快地、自由自在地做各种各样的攀爬动作，有几个还高低不齐地附在“画”上，有的脚踩“长颈鹿”的头，有的手抓“熊猫”的身子，有的站在大树的枝丫上，有的则伸手摸到天空中飞翔的“小鸟”……这是我们第一次见到这样的可以攀爬的“画”，所以立即引起了我们浓厚的兴趣。随行的苏老师热情指点，说这是一堵攀爬墙，主要锻炼孩子的体能及动作协调能力；攀爬墙故意做成一幅好像“原始大森林”的画，寓意环境保护的重要性；“原始大森林”中的各种花草树木及动物根据需要有意凸出其中的某部分，以方便孩子攀爬。我问一个孩子为什么喜欢在这儿玩，一群小朋友围过来七嘴八舌地回答，“好玩。”“好攀。”其中一个虎头虎脑的小男孩说：“因为我可以摸到最高点。”[①]

环境对于儿童的成长具有重要价值。皮亚杰的认知发展理论认为，儿童的认知结构是在与环境的对话和互动中不断发展起来的。幼儿园环境以及丰富可操作的材料是儿童赖以学习、生活的基础。《幼儿园工作规程》明确地把“创设与教育相适应的良好环境”作为幼儿园教育的重要原则。《3—6岁儿童学习与发展指南》也强调，幼儿的学习是以直接经验为基础，在游戏和日常生活中进行的。因此，创设一个具有充足的、可操作的材料的学习环境对幼儿的学习与发展具有特别重要的意义。我们必须认真思考如何创设良好的幼儿园环境，什么样的环境才是适合学前儿童教育的环境。

第一节　幼儿园环境创设概述

《幼儿园教育指导纲要（试行）》中指出：“幼儿园应为幼儿提供健康、丰富的生活和活动环境，满足他们多方面发展的需要，使他们在快乐的童年生活中获得有益于身心发展的经验。”由此可见，环境是幼儿园重要的教育资源，在幼儿教育活动中，应善于抓住幼儿园内外环境中的有效资源，促进幼儿德、智、体、美全面发展。

---

① 陈彩燕. 新环境　新起点　新发展：记广州市人民政府机关幼儿园［J］. 教育导刊，2002（12下）：42.

一、幼儿园环境的概念与构成

（一）幼儿园环境的概念

幼儿园是儿童接受教育的重要机构，这就决定了幼儿园环境的创设，必须与学前教育的特点和需要相适应。随着现代学前教育的发展，环境已成为除幼儿、教师以外的构成现代学前教育的第三个基本要素。一般而言，幼儿园环境有广义和狭义之分。

从广义来讲，幼儿园环境是指支持与影响幼儿园教师与儿童在园活动的一切外部条件的总和。它既包括人的要素又包括物的要素；既包括幼儿园内的小环境，又包括与幼儿园教育相关的园外的家庭、社会、自然的大环境。

从狭义来讲，幼儿园环境仅指幼儿园的内部环境，即指在幼儿园中，对儿童身心发展产生影响的一切物质环境和心理环境的总和。它是由幼儿园的全体工作人员、儿童、各种物质器材、设备条件、人事环境以及各种信息要素，通过一定的文化习俗、教育观念所组织、综合的一种动态的、教育的空间范围与事件。本章所涉及的幼儿园环境，如无特别说明之外，都指狭义的幼儿园环境。

（二）幼儿园环境的构成

幼儿园环境主要由物质环境和心理环境两个部分组成，这两个部分实际上都是由“物”与“人的活动”这两种要素构成。物质环境虽然是构成幼儿园内部环境的要素之一，但是对物的要素的运用与创设，仍然是通过人的活动实现的。心理环境更是人的活动的直接结果与产物。人的活动对幼儿园环境创设起着决定作用。例如，一个幼儿园有很好的物质条件，但是这不意味着这个幼儿园环境创设的质量就一定好，园长、教师的儿童观、教育观、专业知识和技能等也直接影响着幼儿园环境创设的质量。

二、幼儿园环境的意义与功能

（一）幼儿园环境的意义

幼儿园环境的意义在于运用环境进行教育，环境是儿童成长中的“第三位教师”，有准备的环境间接地、潜在地影响着儿童。教师需要充分利用环境中各种有价值的信息、要素对儿童进行生动、直观、形象而又综合的教育。通过环境可以激发儿童社会、情感和认知方面的学习。

（二）幼儿园环境的功能

幼儿园作为专门的教育机构，其环境是在教育目标的指引下，有目的、有计划，针对儿童的特点而精心创设的。遵照《幼儿园工作规程》中“创设与教育相适应的良好环境”的要求，幼儿园将各种条件加以优化、合理组合，“让幼儿园的每一平方都发挥教育功能”，把教育意图渗透在环境之中。

幼儿园环境具有以下功能：

1. 教育功能

幼儿园环境是教育者根据教育目的与要求及儿童的发展特点，有目的、有计划、有组织地精心创设的。在幼儿园教育中，环境是教育者实现教育意图的重要中介，教育者将教育意图隐藏在环境中，让环境去引发儿童应有的行为。如在图书角铺上柔软的地毯，放上舒适的坐垫，书架上整齐地排列着各种图书，这样的环境创设“无声”地告诉儿童，他可以安静地坐在地毯上读书，而不能大声喧哗。

2. 制约功能

制约功能是指幼儿园的环境因素在儿童的发展过程中所起的限制作用和导向作用。一般情况下，环境对儿童的制约作用表现在两个方面，即制约儿童的行为方式和制约儿童的发展方向。[①] 环境制约儿童的行为方式的功能是显而易见的，有什么样的环境创设，就有什么样的行为方式。如在幼儿园里，当所有小朋友都认真地坐在一起听教师讲故事，有一个孩子特别想和别的小朋友说话时，这种特定的环境气氛就会潜移默化地制约着他保持安静，坐在那里听教师讲故事。幼儿园作为儿童日常生活的重要场所，在制约着儿童行为方式的同时也制约着儿童的发展方向，幼儿园阶段是儿童德、智、体、美全面发展的启蒙阶段，良好的学习方式和行为习惯直接影响着儿童今后的学习阶段，因此，环境制约着儿童的发展方向。

3. 激发功能

激发功能指幼儿园环境中的各种信息和存在对儿童的认知、情感、社会性等方面发展所起的启发、刺激和引导的作用。如环境中任何小的变化都能激发儿童强烈的好奇心，他们会问“幼儿园里的花怎么掉了啊”“小草的妈妈是谁啊”等。这些在我们看起来很平常的东西，却能使儿童产生强烈的求知欲。由此可见，环境是儿童最好的启蒙老师，它对启迪儿童智力、强化幼儿的积极情绪具有不可估量的作用。

4. 调节功能

调节功能主要表现在环境可以满足儿童的物质需要和精神需要，一方面，儿

---

① 阎水金. 学前教育学［M］. 上海：上海教育出版社，1998：188-189.

童有物质的需要，如幼儿童对于玩具的需要。幼儿都希望拥有充足的、新奇的玩具，但不是所有家庭都能第一时间满足儿童对于玩具的需求。幼儿园可以解决这一矛盾，在幼儿园中，儿童可以共享玩具、师幼之间可以自制玩具。另一方面，儿童也有精神上的需求。在幼儿园中，儿童有自己的同伴群体，他们共同分享喜怒哀乐，有助于情绪的调整。

三、幼儿园环境创设的基本原则

☞幼儿园环境创设的基本原则

幼儿园环境创设包括以下原则：

1. 安全性原则

由于儿童年龄小，生活经验不足，缺乏对安全隐患的判断力，且自我保护意识较差，因此，幼儿园环境创设首先应符合国家有关法律法规的相关规定，贯彻落实“安全性原则”。一是物质环境的安全。如幼儿园自然环境的卫生和安全，幼儿园房舍及其附属设备（窗户、桌椅、电线、电灯、插座、开关、供暖设备等）的卫生标准和安全，幼儿园活动场地、活动器材和活动材料（包括玩教具）的卫生和安全等。在幼儿园环境创设中，必须对上述方面进行经常性的检查。二是精神环境的安全。教师对儿童的态度、儿童间的交往关系、合理的生活制度和常规要求等都是构成儿童心理安全的重要因素。因此，安全性原则的实施，要求幼儿园努力创设一个宽松、和谐、平等、自由的环境，以促进儿童身心的健康发展。

2. 目标导向原则

要使空间为教育服务，非常重要的一点是要有达到目的的具体想法。幼儿园环境创设要蕴含一定的目标，没有目标的环境不能充分发挥教育功能。因此，在具体创设环境时，教师应该让环境的每一部分都有利于儿童德、智、体、美各方面的全面发展。例如，设计环境时不能偏重智育，忽视其他方面。在创设环境时也应目标明确，而且要把目标落实到月计划、周计划、日计划以至每个具体的活动中，以目标为依据来创设环境。对干扰环境教育性的各种因素要坚决抵制，如环境的商业化色彩、不良文化侵入等。蒙台梭利曾说过：“在教育上，环境所扮演的角色相当重要，因为孩子从环境中吸收所有的东西，并将其融入自己的生命中。”因此，环境的目标意识是非常重要的。

3. 发展适宜性原则

环境创设要符合儿童的年龄特征及身心健康发展的需要，幼儿园小班、中班、大班儿童在身心发展上的特点存在明显差异，因此，教师要根据儿童的年龄特征提供相应的环境创设，促进每个儿童全面、和谐的发展。这要求教师：一是要对儿童的身心发展特点有透彻的了解，既要了解儿童的一般特征，也要了解儿童的个别差异；二是对构成环境的各种因素的教育和发展价值有充分的了解；三是具有灵活的调控环境的能力，才能让环境不断地满足每个儿童的需要。蒙台梭利曾说过，“儿童生活环境中所配置的设施及用具，应与他们的身体高矮和力量大小成比例，比如，家具应轻便，易搬动；食品柜要低到孩子能用手臂够得着；锁要易使用的；给柜子带上小的脚轮；门要轻便且易开关；墙上可以钉上高度适中的衣架；使用的刷子是他们的小手能握得住的；肥皂块的大小要适当；脸盆的大小正好适于儿童盛水与倒水；扫帚是圆柄的，要轻巧；衣服要容易穿脱。这就是我们所称的可以刺激孩子自发活动的环境。在这样的环境中儿童可以在没有丝毫疲劳感的状态下逐步完善其动作的协调性，并学会人所特有的优雅与灵巧。”[①]

4. 儿童参与的原则

在幼儿园环境创设过程中，教师和儿童要共同合作、共同参与。儿童参与环境创设可以为其提供表达自己意见、看法的权利和表现自己能力的机会，可以加强儿童对幼儿园和自己班级的认同感和归属感，儿童参与创设环境的过程，也是获取经验、发展能力、学会创造、行使自身权利的过程。日本在 1997 年的“全国幼儿园课程研究会”上，把环境的创设定位在“和儿童一起创造充实的生活”。也就是说，环境创设是教师与儿童合作、儿童能以小主人的身份亲自参与的教育过程，这一过程将向儿童传递一个对其终身成长都极为重要的信息：“我们能影响自己的生活！我们的力量能使环境发生改变！”而仅仅由教师单方面策划、忙碌，布置好了之后对儿童说一声“请进”的做法，只会在无形之中扼杀儿童的主体性和参与精神，使环境的教育性打折扣。

5. 经济性原则

幼儿园环境创设应因地制宜，从当地实际出发，就地取材、废物利用、一物多用，力求以最小的投入，发挥最大的教育效益。如在不少农村幼儿园，教师与儿童利用沙、石、水、土、玉米棒、竹片等，共同制作玩具、教具，设计游戏；一些城市幼儿园废物利用，用废纸盒、空塑料瓶、废旧纸箱和泡沫填充料等为儿童创设各种发展其想象力、创造性的活动角。

第二节　幼儿园物质环境的创设

幼儿园物质环境是指幼儿园内为满足学前儿童的生长发育需要，促进其

① 玛利亚·蒙台梭利．发现孩子［M］．胡纯玉，译．北京：中国发展出版社，2006：108.

体、智、德、美全面发展所提供的一切物质条件总和，包括园舍建筑、园内装饰、场所设施、设备条件及各种材料的选择与搭配等。幼儿园物质环境具有可见性、有形性等特点，它是幼儿园教育赖以正常进行的物质基础。一个良好的物质环境能陶冶儿童的性情，激发儿童的好奇心，鼓励儿童的探索行为，使儿童在操作和摆弄各种材料的过程中，学习知识，获得各种社会行为，实现个人的发展。[①] 因此，科学创设和利用幼儿园的物质环境是幼儿园教育工作的重要内容。

一、室外环境的创设

☞室外环境的创设

幼儿园室外环境主要指室外活动场地的环境，主要包括室外场地、游戏设施、庭院绿化等。儿童在室外活动，可以亲近大自然、认识周围的事物，可以接受阳光的照射，呼吸新鲜空气，增强对外界环境的适应能力，促进生长发育。《托儿所、幼儿园建筑设计规范》明确规定，托儿所、幼儿园室外游戏场地应满足下列要求：

（1）必须设置各班专门的室外游戏场地，每班的游戏场地面积不应小于 60 m^2。各游戏场地之间宜采取分割措施；

（2）应有全园共有的室外游戏场地，其面积不宜小于下列计算值：室外共有游戏场地面积 /m^2 = 180 + 20（N－1）（注：N 为班数，乳儿班不计）。

室外环境的创设需要注意以下方面：

（一）地面

室外环境是儿童进行奔跑追逐、攀登、钻爬、跳跃的场所，因此，室外环境的创设首先要注意地面的卫生、安全和适用（图 9-1）。一般来说，地面以平整的土地、沙地、草地为宜。在北方地区，雨水较少，土壤含沙量高，渗水性强，因此，幼儿园室外活动场地多以平整的土地作为室外活动场地，既经济实用又安全。南方地区雨水较多，土壤黏性大，渗水性差，地面下应设置排水设备，以免雨天积水，有条件的幼儿园可以铺设一些渗水性较好的塑胶地。同时根据《托儿所、幼儿园卫生保健制度》，应坚持室外环境“每天一小扫，每周一大扫”的制度。

① 李季湄．幼儿教育学基础［M］．北京：北京师范大学出版社，1998：135.

图 9-1

（二）器械设备

室外器械设备对于儿童的成长是非常重要的。配备器材时首先应根据儿童的身体发育特点，以便于儿童利用为原则，选择适合不同年龄班儿童使用的器械设备。设备数量可参照《幼儿园教玩具配备目录》，并以不妨碍儿童活动为原则。其次，室外器械应有利于促进儿童各种动作的全面发展，同时还应配备一些有利于儿童合作活动的器械游戏。再次，配备器械设备时，还应坚持经济性原则，鼓励教师和儿童自制器械设备。如可以利用废旧轮胎做一些秋千挂在大树上或堆一些土坡供儿童活动。最后，选择配备的器械设备要符合国家制定的卫生要求和规格标准，幼儿园应经常检查器械设备是否牢固，定期维护检修等。

（三）游戏场地的结构

在设计游戏场地时，首先应该考虑活动的动静交替和每个儿童的需要。在安静的、活动量较小的区域，可以设置水箱、沙坑、钻圈、拱形门等，在吵闹的、活动量较大的区域，可以设置滑梯、跷跷板、秋千等。其次，应当在促进动作和运动能力发展的同时，促进幼儿智力的发展，尤其是想象力、创造力的发展。最后，要尽量利用地形、地貌的自然特点，尽量减少不必要的人工修饰，让儿童在接近大自然的环境中愉快地游戏。

（四）绿化

幼儿园室外环境要进行适当的绿化，这样做不仅可以美化环境，而且可以改善园内的小气候，营造一个充满生机、绿意盎然的室外环境。儿童对大自然有特殊的感情，园内的一花一草都是儿童认识大自然的老师。

1. 草坪

绿化应是幼儿园室外环境的突出特色。《幼儿园工作规程》明确要求“根据幼儿园特点，绿化、美化园地”，《城市幼儿园建筑面积定额（试行）》中规定，绿化用地每生不少于 2 m^2，有条件的幼儿园要结合活动场地铺设草坪，尽量扩大绿化面积。绿化一方面可以改善幼儿园内的空气质量，创造一个温柔宁静的氛围；另一方面还可利用草坪等让小班的儿童练习攀爬、跳跃等。

2. 树

在场地允许的情况下，可在幼儿园的角落或边界处种上几棵大树。树木的种类应结合幼儿园的实际情况以及树木的习性，综合考虑。如树叶形状不同的落叶树，在秋天儿童可以捡各种样式的落叶做标本或书签；高大乔木可以作为屏障以及“遮阴伞”。

3. 花

利用花坛、花箱、花带等营造五彩缤纷的花卉景观，可以为幼儿园的室外环境增添绚丽的色彩与活泼的气氛。鉴于安全性原则，在选择花时应该选择少粉、无绒毛、无刺的花。所选花的品种最好是生命力强、多年生的。生命力强的花不需要太多的照顾，容易存活，同时还具有让儿童学习坚忍不拔精神的教育意义。

在绿化的过程中，植物尽量选择无刺激性气味、无毒、无刺的，除此之外，具有极强染色特性的植物也不适合种植。

二、室内环境的创设

幼儿园室内环境一般包括：教学活动室、盥洗室、卧室、楼道、走廊等。其中教学活动室的创设是室内环境创设的重点。

室内环境创设要注意以下几个方面：

（一）面积与空间利用

足够大的面积与空间是儿童在室内开展各种活动的必要条件。合理的空间设计会减少儿童的攻击性行为，增加儿童的社会性交往活动。《城市幼儿园建筑面积定额（试行）》明确规定，如果活动室与寝室分设，活动室的使用面积不小于 54 m^2。如果寝室与活动室不分设，则活动室面积应为 90 m^2。按每班 25～30 名儿童计算，其中包括设备占用面积（如家具等），人均占 3～3.6 m^2。《幼儿园工作规程》规定，除活动室外还应设儿童厕所、盥洗室、保健室、办公用房和厨房；有条件的幼儿园可单独设置音乐室、游戏室、体育活动室和家长接待室；寄宿制幼儿园应设寝室、隔离室、浴室、洗衣间和教职工值班室等。在空间设计时，要充分利用空间，尽量减少不必要的设备，争取为儿童腾出更多的活动空间。

（二）活动区的创设

活动区创设应符合以下标准：

1. 活动区数量、面积适宜

活动区也称活动角，活动区的创设是教师以教育目标、儿童感兴趣的材料为依据，将活动室的空间划分为不同区域。在活动区，儿童的活动往往采取自由组合小组的活动形式。一般来说，活动区所容纳的儿童人数不宜超过 5 个，太多的儿童在一起活动，每个儿童活动的面积会减少，儿童之间的争吵行为会增加，影响活动的开展，不利于儿童的学习和探索。

2. 各活动区的活动互不干扰

活动区一般可以划分为阅读区、娃娃家、科学区、美工区、音乐区等。在活动区开展的活动有静有动，因此，教师应将具有相同或类似活动性质的活动区安排在邻近区域，并与不同性质的活动区间隔开（图 9-2）。这样，一方面可以尽量避免不同性质的活动区之间的相互干扰，另一方面可以便于教师的及时辅导及对儿童活动的观察。

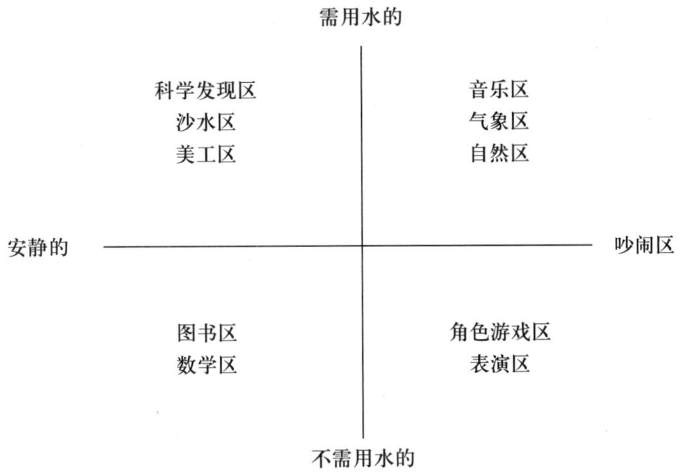

图 9-2　活动室区域划分示意图[①]

3. 材料的投放

材料是儿童在活动中的操作对象，是儿童发展和活动的媒介，材料是教育意图的物质载体，蕴含着教育意义。

（1）各活动区必备的材料

积木区：大中型号的积木若干。需要的话，还可以搭配其他玩具，如易拉罐、小汽车、小船、人物模型、各种小动物造型等。

角色扮演区：道具、服装、家具等。

科学区：量杯、尺子、放大镜、地球仪等。

美工区：剪刀、水彩笔、蜡笔、橡皮泥、颜料、剪纸等。

娃娃家：娃娃、娃娃床、娃娃车、各式小衣服、小电话、小型厨房模型等。

小超市：各种生活用品、废旧的洗发水瓶、饮料瓶、各种品种的水果道具等。

总之，材料的投放应满足儿童活动的需要，应符合儿童的身心发展的特点，同时还应考虑活动区的需要。

（2）材料投放适宜性的评价标准

① 材料的安全性。幼儿园工作的首要任务是保证儿童健康发展，保证幼儿活动时的卫生和安全。

② 材料的稳定性和变化性。稳定性是指每一个活动区的材料投放相对于另一个活动区而言是相对稳定的。变化性是指要根据活动内容，儿童的兴趣等因素不断地对活动区的材料进行调整，常用的方法有添加材料和删减材料。添加材料主要是根据需要，通过适时增加相应材料，拓展原有材料的探索空间，提高任务

① 刘焱. 幼儿教育概论［M］. 北京：中国劳动社会保障出版社，1999：198.

的难度，进而实现材料潜在多种功能的挖掘与利用。删减材料主要是根据需要，通过适时减少一些材料，拓展原有材料的探索空间，激发儿童进行更富有挑战性的探索活动。

▶案例 9-1

粉刷匠[1]

两周来，大二班孩子一直在美工区里忙碌着，看来今天能把最后一幢房子粉刷完毕。活动即将结束时，教师忽然发布了新信息，订货者中一班需要购买用“彩色瓷砖”铺满外墙的房子。随即一块块“白瓷砖”（印有田字格的纸）运来了，刚想离开的“粉刷匠”们一下子兴趣盎然，积极商讨起来，用什么颜色，如何排列，怎样粘贴，如何分工等，气氛十分热烈。看来，这又得让大二班的孩子忙上一阵子了。

不久，在粉刷角附近又陆续出现了告示：

小班预定滑梯

老师办公室预定废纸箱……

请分析案例 9-1 中教师的指导有哪些值得学习的地方，填写在下面表线上：

____

____

提示：在案例 9-1 中，由于教师认识到材料对游戏进行的影响，才促使了儿童美工区游戏的继续进行。“白瓷砖”是增添的新材料，而“告示”则是新信息，它们的出现带来了新的要求，丰富和延长了原有的内容和过程，新内容包涵了操作、交往、合作等多方面的目标，大大拓展了儿童的视野，提升了原有活动的价值。

▶案例 9-2

整理扑克牌[2]

明明正在学整理扑克牌，今天他花的时间特别多，他不解地问在一旁理牌的佳佳：“还是不对，我怎么理不好？”佳佳便和他一起理了起来，他们按花样把牌分完，依次数了数，有两种花样都不对。佳佳把自己的牌也数了数，是对的。他们把两副牌反复地数，然后按数字顺序排起对来做比较，终于发现明明的牌少了方块 4 和梅花 9。他们向教师提

① http://www3.060s.com/site/html/46/n-13946.html
② http://www3.060s.com/site/html/46/n-13946.html

意见："这副牌少了两张，不能用。""缺了什么？能补上吗？"于是两人急着找笔、纸等，准备裁两张纸画出来。"怎么画？"两人商量着找出方块4来做范例，试着做起来。

第二天，第三天，扑克牌又少了两张牌……

请分析案例9-2中教师的指导有哪些值得学习的地方，填写在下面表线上：

____

____

提示：少掉的牌是教师故意设置的情境，教师用减去材料的方法使原先单纯地整理完一副牌的活动出现了困难和问题，从而使儿童相继产生了互动、比较、寻找、制作等行为。而在制作中，他们必定会遇到更多的问题，如纸张的大小、裁剪、书写等，这就对儿童提出了更大的挑战。

③ 材料的丰富性和可探索性。材料的丰富性体现在材料的数量和种类上，可探索性体现在提供的材料应能够吸引儿童对材料的兴趣和丰富儿童的探索经验。

④ 材料使用的多样性，教师提供给儿童的材料要体现"一物多玩"的特点，这样能促进儿童智力的发展。

⑤ 儿童和教师应共同参与材料的提供和投放，体现投放者的多元化。

（三）壁面布置

壁面布置也称墙面环境创设，壁面布置在幼儿园环境创设中有着重要的地位和价值。壁面的布置应注意以下几个方面：

（1）壁面是活动室学习环境的一部分，壁面的创设可以辅助儿童进行有效的学习。因此壁面布置要紧密配合课程内容，体现一定的教育目的。如在介绍海洋生物时，可以布置"海底世界"的主题墙，提供儿童对海洋生物认识和探索的机会。

（2）壁面布置要让儿童参与。当儿童参与布置壁面时，能增强自主意识，学习时会更加投入，而且会更加懂得珍惜和爱护环境。因此，教师要让儿童参与创设环境，如可以让儿童把自己的绘画作品贴在墙上。

（3）壁面布置要考虑儿童的审美趣味，适合儿童的认知层次。

（4）壁面布置从形式上看，其色彩、形式等要素应与室内整体环境（地面的颜色、窗帘的色调等）之间相和谐，体现柔和、简单，而不是突出、繁杂。

（5）壁面要定期更换，保持整洁清新。皮亚杰认为，儿童的认知发展是在不断地与环境相互作用中获得的，因此，壁面需要定期地调整，教师也应努力创设不断与幼儿相互作用的壁面。如可以根据不同的节日进行调整，儿童节时可以是“快乐的节日”，春节可以是“热热闹闹过大年”等。另外，壁面是儿童每日随时可以接触的地方，他们会用小手去摸、用鼻子去闻，所以保证壁面整洁也是必要的。

第三节 幼儿园心理环境的创设

☞幼儿园心理环境的内涵

“心理环境”这一概念最早是由美国心理学家勒温提出来的，指的是一切影响一个人现实心理活动的各种因素，包括现实作用于一个人的刺激或信息及其系统和一个人自己的心理状态、意识倾向。[①]

幼儿园心理环境与幼儿园物质环境的区别在于，幼儿园物质环境是具体的、直观的、可操作的、可量化的。而幼儿园心理环境更强调的是一种心理氛围，是指幼儿园内对儿童发展产生影响的一切心理因素的总和，具体是指幼儿园的人际关系、精神氛围、教师的教育观念等。在幼儿园中，儿童对教师往往有一种很强的依赖心理，因此，创设健康、良好的心理环境具有重要的意义。幼儿园心理环境的创设应注意以下方面：

一、尊重和满足儿童的基本需要

1. 尊重与满足儿童的生理需要

教师应了解儿童的生理发育特点，多观察、了解儿童。如小班的儿童吃饭不熟练，有的吃得慢，而且掉食物。在这种情况下教师不应该过多地指责，应该给予儿童更多的关心和鼓励，这样可以拉近儿童和教师的心理距离。

2. 尊重与满足儿童的情感需要

教师在幼儿园日常活动的组织和实施过程中，应当给予儿童情感上的关怀和爱护，使儿童感到安全与温暖。教师提供的环境要认可儿童的感受，鼓励儿童去感知、思考并讨论自己的感受，要确保所提供的环境对情绪发展具有支持性。

3. 尊重与满足儿童的交往需要

儿童渴望得到同伴的友谊、尊重等，渴望参与集体活动。因此，幼儿园需要

---

① 金竟明，高飞．学校心理环境的建设［M］．昆明：云南教育出版社，1995：1.

为儿童提供尽可能多的与同伴接触的机会，以满足其对参与群体性生活的需求。同时，提供给他们接触社会生活的机会，以满足其社会化的要求。

4. 尊重儿童的人格，满足儿童自尊自信的需要

这一时期的儿童已经开始根据别人的评判来评价自己的行为了，特别是教师和伙伴的评判，即使只是一句话、一个眼神，对他们而言，都有很大的意义。而此时的儿童心灵还极其脆弱，容易受到伤害。因此，需要别人对他们的肯定、鼓励、理解和尊重。作为学前教育工作者，必须以极宽容的态度理解儿童的需要，为他们创造一个积极的活动环境。

二、积极主动地与儿童交往

幼儿园是儿童脱离家庭，进入社会的第一个集体环境。由于年龄特点，儿童特别需要教师的关爱。所以，教师应该以亲切的态度，积极主动地与儿童交往。这样一方面可以使儿童在心理上消除对教师的隔阂和畏惧，另一方面可以使儿童感受到教师的关注，密切师生关系。教师在与儿童的交往中，切忌以居高临下的姿态对待儿童，对儿童发号施令，强制儿童服从。

教师与儿童交谈，包括问候、讨论、聊天等，是教师与儿童相互了解、密切感情的重要途径。在运用言语沟通方式与儿童进行交往的过程中，教师容易犯以下错误：

（1）单向说教。教师只顾自己讲，很少考虑与顾及儿童的感受。

（2）否定性语言多于肯定性语言。

教师在与儿童的交往过程中，应掌握以下与儿童沟通的基本技能：

（1）尊重、平等、亲切的态度。

（2）积极主动地与每一个儿童交往。

（3）熟记每一个儿童的名字。

（4）和儿童说话时要有视线交流。

（5）蹲下身子和儿童说话。

（6）要仔细、主动地倾听。

（7）适当的身体接触。

（8）说话语调自然、速度恰当。

（9）经常微笑。

（10）不出恶言恶语。

【实践训练】

建好“娃娃家”——创设生活化的环境[①]

在开展小班“娃娃家”的区域活动时，我们的环境创设是以温馨氛围呈现的：在“小兔一家人”的区域里，窗户上贴了兔宝宝和兔爸爸、兔妈妈的合影，温馨又亲切；两只松软又可爱的小熊宝宝和小孩衣服鞋子、梳子、发卡等物品，可以让幼儿随时体验为动物宝宝穿衣打扮的乐趣；丰富的娃娃家餐具、灶具、各类玩具蔬菜等，可以让幼儿体验过家家做饭的乐趣。

“娃娃家”的“爸爸”“妈妈”们都忙得不亦乐乎。小妞妞买来了“芹菜”正准备放在锅里炒，庆庆问：“你的菜洗过了吗？”“还没有呢！我到水池那去洗洗。”“不行，你得先择一择，再洗一洗，切一切，才能炒呢！”……幼儿的生活经验得到了一定的迁移。这样不仅可以进一步激发幼儿学习的动力，也可以为幼儿提供相互学习的平台。

案例分析：刚入小班的幼儿离开关心、呵护他们的父母，情感特别脆弱，容易产生情感缺乏感，创设一种家庭式的氛围就显得尤为重要。亲切、自然、充满人情味的环境能使幼儿适应生活、获得经验、得到发展。在这样的环境中，幼儿的家庭生活经验得以拓展和整合。幼儿在一个可供选择的、富有情趣的环境中容易被激发出探索的兴趣，从而在与环境的互动中引出新的活动、新的问题。

【做中学】案例中教师是如何营造小班“娃娃家”环境的？

【学而思】在上述案例中，教师创设小班的环境为什么以温馨氛围呈现？

【思而行】请结合本章所学，思考大班“娃娃家”的环境如何创设。

【学习自测】

1. 什么是幼儿园环境？
2. 什么是幼儿园物质环境？什么是幼儿园心理环境？
3. 教师在创设室内环境时应注意哪些问题？
4. 教师该如何营造良好的幼儿园心理环境？

① http://rou.sohu.com/20120429/n342003455.shtml

【理解 · 反思 · 探究】

1. 为什么《幼儿园工作规程》明确把“创设与教育相适应的良好环境”作为幼儿园教育的重要原则?

2. 幼儿园区域活动的材料投放应该注意哪些问题?

3. 结合实习实践活动，调查当地幼儿园教师对室内环境的认识以及创设情况，并结合相关理论进行分析。

第十章　学前教育的衔接与合作

【学习目标】

知识目标：

- 理解幼儿园教育与家庭教育的区别与联系。
- 理解幼儿园与家庭、社区及小学合作与衔接的意义。
- 熟悉家园合作的策略。
- 了解幼儿园与社区合作的内容。
- 了解幼小衔接中存在的问题。
- 熟悉幼小衔接的策略。

能力目标：

- 能采用多种策略促进家园合作共育。
- 能运用多种策略保证幼小衔接的顺利进行。

【知识导图】

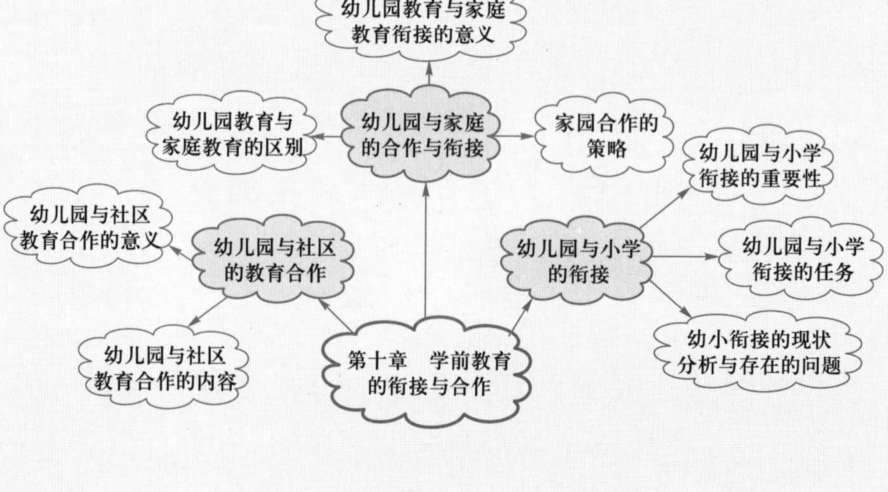

四岁的琪琪是家里的掌上明珠，今年刚升入中班。琪琪在小班养成了良好的一日常规，吃饭不大声喧哗，对老师彬彬有礼，与其他小朋友也能和谐相处，在所有老师眼里是一个十分乖巧懂事的孩子。但在家里，她却是令爸爸妈妈头疼的孩子，如同一个小霸王，如果琪琪要什么，家长没有及时满足她，就会大发脾气，哭闹不止，直到家人满足她的要求。她常常会一个人霸占着电视、平板电脑等，不允许其他人使用。

不少家长都遇到过上述问题，琪琪在幼儿园的表现和在家中的表现截然不同，这种强烈的反差体现出幼儿园教育与家庭教育的严重脱节。我国独生子女众多，越来越多的家庭将生活重心放在孩子身上，使孩子集全家宠爱于一身，但家长这样的教育方式往往容易出现偏差，会导致越来越多的孩子出现不同程度的身心问题。可见，让儿童接受到良好的教育是摆在学前教育机构、家庭，甚至整个社会面前的重要任务。《幼儿园教育指导纲要（试行）》在总则中明确指出："幼儿园应与家庭、社区密切合作，与小学相互衔接，综合利用各种教育资源，共同为幼儿的发展创造良好的条件。"那么幼儿园与家庭、社会以及小学有哪些关系呢？它们之间的衔接与合作具有什么意义呢？它们该如何协调一致、如何配合、如何衔接，才能形成最大的教育合力？本章将围绕这些问题展开探讨。

第一节　幼儿园与家庭的合作与衔接

家庭是社会的基本单位，是人类最基本的社会生活组织形式，千千万万个小家庭组成了整个庞大的社会集体。对于儿童来说，家庭是他们重要的生活基地与教育场所，家庭教育对每个个体发展都起着至关重要且不可替代的作用。所谓家庭教育，一般是指父母或其他年长者在家庭中自觉地、有意识地在日常生活中对子女施加教育影响的过程。儿童在日后接受到的学校教育及各种社会教育都是在家庭教育基础上的一种延伸、扩展和提高。

一、幼儿园教育与家庭教育的区别

☞幼儿园教育与家庭教育的区别

学前教育是一项系统工程，将学前教育简单地等同于幼儿园教育或者家庭教育，都是片面而不可取的。要全面系统地看待学前教育，就应将对儿童成长发育起到教育作用的各个方面组成协调一致的整体，这才是提高学前教育质量的有效途径。而幼儿园教育和家庭教育都是学前教育的重要组成，因此，幼儿园与家庭的有效配合举足轻重，不容忽视。无论是幼儿园教育，还是家庭教育都将提高儿童的全面素质，使其成长为国家之栋梁作为教育目标。但是两者又拥有以下不同的特点：

（一）教育的时段不同，家庭教育具有持续性，幼儿园教育具有阶段性

家庭教育从孩子还未出生的胎儿期就开始了。我国古代的家庭教育理论家颜之推在《颜氏家训・教子篇》中提到："古者圣王，有'胎教'之法，怀子三月，出居别宫，目不邪视，耳不妄听，音声滋味，以礼节之。"胎儿一旦出世，便与父母朝夕相处，所受的教育影响更是长期的、反复不断的。而且，家庭教育是一种终身教育，家庭教育的进行贯穿于家庭日常生活之中，只要是与孩子有关的家庭长者，都客观上承担着教育的责任，人们的一生自始至终都受到家庭的影响，这是一个漫长的连续过程。

幼儿园是学校教育的奠基阶段，面对的是3—6岁的适龄儿童，又根据儿童的生理与心理特点，将这段年龄严格地划分为3—4岁（小班），4—5岁（中班），5—6岁（大班）。相对来说，家庭的教育时间是漫长的，而幼儿园的教育时间是短暂的。幼儿园要在短暂的教育时间内产生良好的教育效果，这是幼儿园教育面临的重要挑战。

（二）教育的内容不同，家庭教育具有随意性，幼儿园教育具有系统性

家庭教育的内容往往是家长随意确定，没有固定的大纲和教材。有些内容能够促进孩子的发展，有些可能事与愿违，表现出家庭教育的随意性。

幼儿园教育内容是依据《幼儿园工作规程》中提出的教育任务、培养目标以及不同年龄阶段儿童的身心发展水平和需求、班级儿童的实际情况来选择、确定的，有专门的课程和教材供选择和安排，活动内容形式多样，方法科学合理，因而更具系统性。

（三）教育的形式不同，家庭教育具有情境性和个别性，幼儿园教育具有组织性和集体性

家庭教育的主要形式是通过家长的言传身教，家庭成员间互敬互爱，与周围邻居和睦相处、互相帮助，以及家长的敬业精神和温馨的家庭氛围，在特定的情境中对孩子起到积极的、潜移默化的熏陶作用。个别教育机会比较多。一般没有什么计划，不受时间、空间的限制，具有较大的随机性。

幼儿园教育主要以游戏活动、生活活动、教学活动等形式对儿童进行教育。

比如，教师通常会以儿童的支持者、合作者的身份，跟儿童一起看看、摸摸、玩玩，帮助儿童学习知识，获得发展。这些活动一般都是有组织、有计划地进行。另外，目前大多数幼儿园仍将集体教育作为主要的教育形式，一名教师面对着几十个孩子，对儿童的交往能力的发展也有一定的益处。

（四）教育者的专业程度不同，家庭教育具有情感性，幼儿园教育具有权威性

父母是孩子的第一任老师。父母与子女有着天然的血缘关系，父母在养育子女的过程中灌注充分的关爱、呵护使双方建立了浓厚的感情，因此，许多时候家庭教育更富有情感色彩，家长会不自觉地在教育的过程中加入自己的感情，更容易以情育人。但同时，由于部分家长的文化程度不高，即使是文化程度高的家长，也可能较少受过学前教育的专门训练，易受感情的支配走入教育的误区。

幼儿园教师接受过专业的训练，而且教师在儿童心目中享有很高的威信。通常，当家长和教师对儿童的某种要求不一致的时候，儿童会以老师的要求作为行动的准则。此外，教师在幼儿园集体里不断地对学前教育问题进行探究，因而比一般家长具有更多的保教知识和专业素养。幼儿园教师能更加客观地看待每个儿童，更科学、有针对性地帮助每个儿童成长，因此幼儿园教育更具有权威性。

二、幼儿园教育与家庭教育衔接的意义

《幼儿园教育指导纲要（试行）》明确指出：“家庭是幼儿园重要的合作伙伴。应本着尊重、平等、合作的原则，争取家长的理解、支持和主动参与，并积极支持、帮助家长提高教育能力。”

（一）家园共育是学前教育的基本立足点

家园共育早已成为世界学前教育界的共识，且越来越受到重视。这一学前教育的基本立足点是由学前儿童的年龄特点和学前教育的规律所决定的。陈鹤琴先生说过：“幼稚教育是一种很复杂的事情，不是家庭一方面可以单独胜任的，也不是幼稚园一方面能单独胜任的，必定要两方面共同合作方能得到充分的功效。”①

（二）家园共育整合双方优势，为儿童的成长提供更为有利的条件

一方面，儿童的成长离不开家庭的照顾与支持，家长是影响儿童身心发展的

① 庞丽娟．教师与儿童发展［M］．北京：北京师范大学出版社，2001：18．

关键所在，良好的家庭物质环境与精神环境能够促进儿童的健康成长。家长是教师了解儿童的最佳渠道，家长的育儿经验也是教师值得学习的资源。

另一方面，幼儿园在促进儿童身心健康方面也发挥着重要作用。幼儿园可以通过各种方式向家长传播科学的育儿知识，增强家园合力。

幼儿园教育与家庭教育的衔接表现为一种横向的关系。这种关系的协调与发展对儿童的健康成长，起着非常重要的作用。

家庭和幼儿园对儿童来说，是两个截然不同的环境，主要表现在以下几个方面：第一，生活方式不同。在家庭中，儿童的生活比较自由，一般没有“时间”“常规”之类的概念。而在幼儿园内，儿童的生活起居都要按照一定的作息制度，使每一个儿童理解集体生活需要大家的共同配合，并逐步养成良好的生活习惯。第二，儿童所担任的角色不同。在家庭里，大多数的独生子女面对的只是比自己年纪大的长辈。而在幼儿园里，儿童只是众多孩子中的一员，既要适应同伴之间的关系，又要适应师幼之间的关系。第三，所受到的教育影响不同。如儿童的教育地位，在相当多的家庭中，儿童唯一的角色就是教育对象，处于被动的客体地位。而在幼儿园中，主张“教学相长”，儿童既是教育过程中的客体，又是教育过程中的主体，儿童处于主动的地位，既是教育的对象，又是教育的主人。

因此，在这样不同的环境下，家庭教育和幼儿园教育衔接及其相互补充的作用，对儿童的健康成长是十分必要的。幼儿园要与家庭保持密切的联系并积极做好家长工作，既要鼓励家长积极参与幼儿园的管理工作，又要做好宣传与指导工作，通过与家庭教育衔接对儿童的发展产生一致的、积极的影响。

三、家园合作的策略

☞ 家园合作的策略

幼儿园和家庭是影响儿童发展的重要因素，幼儿园教育和家庭教育的协调合作对儿童的发展有重要意义。幼儿园需要采取多种方式和途径与家长密切沟通、合作，同时家长也需要为孩子更好地适应幼儿园生活做好心理准备、能力准备等。下面主要介绍几种常见的幼儿园与家长合作的方式。

（一）畅通集体联系渠道

1. 家长委员会

家长委员会是从家长中选出具有教育经验、关心幼儿园教育的家长代表，成立一个督促、协助幼儿园工作的委员会。幼儿园家长委员会一般由家长推选和自荐产生，是联系幼儿园与家长的桥梁，一方面为家长们提供了表达教育意见和教育要求的途径以及参与幼儿园管理的平台，有利于加强对幼儿园教育质量的监督；另一方面有利于促进幼儿园与家长持久有效的联系和沟通，宣传幼儿园对家庭教育的要求，帮助家长认识、理解幼儿园的教育理念和教育要求，发挥协助幼儿园教育工作的作用。

2. 家长会议

家长会议是幼儿园普遍采用的家园联系方式，是与家长进行集体沟通的一种重要形式。从规模上来分，有全园家长会、年级家长会和班级家长会。全园家长会是针对全园所有儿童家长召开的，主要是介绍幼儿园的教育理念、教育计划和家长需要了解的规章制度等。年级家长会通常召集同一年龄班儿童的家长，将本年度该年龄段的幼儿园工作、家长需要做的准备等内容传达给家长，并与家长进行交流。班级家长会是幼儿园开展频率最高的家长会，这类会议是以班级为单位，由本班教师召集全班儿童家长所开的会议。班级家长会有着很强的针对性，主要是将本班孩子的发展状况和存在的普遍问题向家长汇报。教师和每位家长可以进行更加充分的沟通，了解家长的要求并向家长提出针对每个儿童的教育建议。

除此之外，幼儿园还会不定期地开展不同主题的小型家长会，如保健类、生活类、行为类等，针对班级的不同情况和薄弱环节召开家长会可以及时解决班级中存在的问题。

3. 家长学校

家长学校是广大家长了解儿童生理、心理发展，掌握科学的教育方法和技巧，协助幼儿园共同促进儿童健康成长的主要窗口。家长学校的任务是系统地向家长讲授教育子女的科学知识，帮助家长更好地了解儿童成长的历程和特点，明确他们以及儿童在家庭及社会中的角色，解决家长在学前教育中的困惑及问题。

4. 家长园地

家长园地是幼儿园布置的某些为家长提供一些教育信息和要求的区域，比如在入园处张贴作息时间表、一周食谱、收费标准、近期集体活动等。它不仅是反映保教工作情况和进行教育交流的一扇窗户，更是教师与家长沟通的一座桥梁，通常每个班级都会在教室外设置家长园地，将教学计划、主题内容和要求及时告知家长，介绍科学的教养知识、书籍推介、常见流行病预防等内容。

5. 家长开放日

家长开放日是指幼儿园定期或者不定期地向家长开放半日活动，邀请家长来园参观儿童的活动，这也是深受家长欢迎的一种互动形式。这样的活动可以直观地增强家长对幼儿园工作的认识，了解幼儿园日常的教育工作和安排；在观察儿童活动的过程中，比较全面地了解自己孩子的发展状况；在观看教师组织工作的过程中，增进对教师工作的了解，进一步做好教育配合工作。为帮助家长提升参观质量，使活动达到预期的效果，幼儿园可以事先与家长做一些沟通，介绍一些观察的基本方法，发放相关的观察图表。幼儿园可以根据自身的教学安排和管理，灵活地安排这种开放日，在不影响幼儿园正常工作和方便家长的前提下，确定合适的开放时间。

6. 家园网络互动平台

信息技术、互联网技术和智能手机的发展，为教师和家长带来了更广阔、更便捷的信息渠道。幼儿园可建立园所网站，开通全园微博、微信平台，每个班级也可组建 QQ 群或微信群，构建家园互动的多种平台。家长通过网站能够浏览到幼儿园的最新资讯，园长、教师通过微博或微信平台定期与家长互动交流，不断提高幼儿园的教育教学以及服务管理水平。

此外，幼儿园还可以定期或不定期地向家长赠送园报园刊，通过离园前的小广播宣传育儿知识，发放家长问卷了解家长对班级或全园工作的意见和建议等。

（二）加强个别沟通指导

1. 家园联系册

家园联系册是一种简便而有效的实现个别联系的形式。当今许多家长工作繁忙，难以抽出时间与教师经常面谈，在这种情况下使用家园联系册就显得尤为重要。家园联系册一般是每个儿童一本，一般包括以下内容：园历、教师简要信息、幼儿园教育目标、作息制度、主要活动安排、儿童在园表现、家庭基本情况、家长主要情况、儿童在家表现等。家长可以通过教师的描述，了解本周孩子在园表现的基本情况、存在的问题及教师的教育建议等；教师也可以通过家长的反馈，了解儿童在家的表现情况以及家长的需求。

2. 个别谈话

个别谈话是进行家长工作最简便、最经常、最及时的方法。教师可以利用家长接送孩子的时间与家长简单交流孩子的情况，这种交流时间比较短，内容不宜过多，如有重要的事情或需要较长时间的交谈时可以“预约谈话”。

同时，随着社会的不断发展，人们工作、生活的节奏加快，很多儿童通常由老人或保姆接送，父母与教师直接接触的机会较少，对幼儿园的要求也缺乏一定的了解，所以电话访问也是一种简洁、有效的与家长沟通的方式。

3. 家庭访问

家庭访问是一种常用的进行个别家庭教育指导的有效方式，简称家访。教师一般在家访中与家长沟通情况、交流感情、密切关系，共同商讨教育儿童的方式方法。这种方式比较灵活，便于实施，且教师指导得比较具体，更具有针对性。以下四种情况需教师适时进行家访：（1）新入园的儿童；（2）儿童发生意外事故或有严重的行为问题；（3）儿童家庭发生重大变故，或长期缺勤；（4）家长教养态度、方式出现严重偏差导致儿童出现问题行为。

4. 家长咨询

家长咨询是通过个别咨询、团体咨询、电话咨询、网络在线咨询、现场咨询等方式为家长解答教育中的疑难问题。这是一种面对面的家庭教育指导方式。接待家长咨询的人一般为幼儿园有实践经验的管理者、教师，或是幼教专家。这样解答问题更有针对性及科学性，能够帮助家长分析问题产生的原因并指导家长今后应如何做。

（三）盘活家长资源

每位家长都有教育孩子的优势和强项，许多儿童家长也有参与幼儿园管理的主观意识。因此，幼儿园需要积极创造条件，让家长深入教育过程。通过组织家教经验交流、开展丰富多彩的亲子活动、家长助教、家长志愿活动等方式，充分发掘家长资源，促进家长主动协同幼儿园开展各种工作。

第二节　幼儿园与社区的教育合作

若干社会群体（家庭、氏族）或者社会组织（机关、团体）聚集在某一地域里，形成一个生活上相互关联的大集体，就是我们常说的“社区”。幼儿园是社区中的一个组成部分，而社区也是社会大环境中与幼儿园关系最密切的一部分。随着社会经济的发展，充分开发和利用社区教育资源，建立新型的教育体系，成为当前幼儿园教育改革的重要方面。

一、幼儿园与社区教育合作的意义

☞幼儿园与社区教育合作的意义

陈鹤琴先生早就指出：“我们要利用大自然、大社会做我们的活教材。”[①] 幼儿园周围的社区是儿童十分熟悉的地方，社区的自然环境和人文环境，在儿童的成长中，特别是精神的成长中有着特殊的意义。幼儿园与所在社区是一种互惠互利的双向服务关系，搞好园所与社区的关系，是幼儿园生存与发展的基本条

① 陈鹤琴．陈鹤琴全集：第五卷［M］．南京：江苏教育出版社，2008：1.

件。社区是儿童发展中影响最大、最直接的微观环境。幼儿园要改变封闭的格局，除了与家庭合作之外，与其所处的社区合作也是必由之路。社区与幼儿园之间需要密切沟通、联系，利用各自的优势，共同促进儿童的发展。社区的教育资源分为有形教育资源和无形教育资源，有形教育资源包括人力、物力、财力、信息、组织等，无形教育资源包括社区意识、社区归属感、良好的社区氛围、社区互助的伦理规范等。这些有形或无形的教育资源，如果能够被幼儿园充分利用，将在很大程度上促进儿童的发展。幼儿园与社区合作的意义具体表现在以下两个方面：

（一）充分开发利用社区的物质、文化资源，提升幼儿园的教育质量

社区是一个有着丰富物质环境和文化资源的载体。社区如果能够对幼儿园开放其丰富的资源，必将大大拓展幼儿园教育的深度与广度。社会情境中的交流与合作对于儿童的学习是有巨大教育意义的。因此，把儿童带入社区，让儿童在社会情境中去感知、学习，并且获得经验，是一种颇具深意的社会情境学习，是一种深层次的资源整合。教师应及时地去发现、去挖掘、去利用，有目的地选择儿童感兴趣的题材，适时地把儿童从“课堂中”带到“社会情境中”去。

从物质资源来看，社区的自然环境可以成为儿童探索自然最好的环境，而社区内的各种硬件设施则能够对幼儿园教育提供一些保障，如社区的医院、超市、菜市场、邮局等都可以成为儿童直接获取社会认知的资源。从文化资源来看，社区的历史文化、人物都可以成为丰富儿童学习经验的有效途径。如幼儿园可以邀请社区内各行各业的人们来幼儿园为儿童演示并答疑解惑，帮助儿童认识各种职业。这些活动都可扩展儿童的生活空间，丰富儿童的生活体验，也在一定程度上提升了幼儿园的教育质量。

（二）幼儿园发挥自身优势，推动社区居民学前教育意识和水平的提高

作为专门的学前教育机构，幼儿园具有得天独厚的教育优势，拥有精心设计的教育环境，聚集着众多受过专业训练的学前教育工作者，并汇集了多种专门的教育资源。幼儿园作为社区内的教育机构，应积极发挥其自身优势，为提升社区的物质环境和精神环境做出应有的贡献。如定期或不定期地举办家长培训班，普及科学育儿知识；节假日向社区开放活动设施，举办家庭联谊活动、亲子运动会等，促进社区内家庭之间的交往。通过丰富多彩的活动，不断提升社区居民的学前教育意识和水平。

二、幼儿园与社区教育合作的内容

☞幼儿园与社区教育合作的内容

幼儿园与社区的教育合作主要可从以下方面进行：

（一）“走出去，请进来”，发掘社区资源，服务幼儿园教育

社区优美的环境、完善的绿化设施、各种社会服务机构以及工作人员都是对儿童进行教育的可利用资源。幼儿园教师可以经常带儿童到社区街道、广场去散步，如为了丰富儿童的日常生活经验，培养儿童的口语表达能力和社会交往能力，教师可带儿童到超市观察，通过“1 元钱购物”活动激发儿童的兴趣，培养其独立意识。

教师可以运用家庭和社区的人力资源，提高教育的质量。如邀请消防队员向儿童演示火灾逃生的方法，邀请社区的民间皮影戏艺人来园向儿童介绍皮影的制作和表演，还可以邀请牙医给儿童讲解保护牙齿的知识，邀请理发师来园演示理发的过程等。

同时，社区的本土文化资源也可促进幼儿园各主题活动的开展。每一个地区都蕴含着丰富的本土文化资源，教师可以将这些本土特色资源根据儿童的年龄特点进行精心选择、设计，并运用到课堂教学中。如在大班开展的“今日东营”的主题活动中，通过亲子活动，让孩子们参观生态湿地公园及胜利油田，了解石油的来历。利用本土文化资源开展活动，儿童不但开阔了视野，而且激发了热爱家乡的感情。

（二）幼儿园与社区资源共享，为社区服务

幼儿园在社区中发挥自身作为专门学前教育机构的优势，向社区辐射教育功能。如节假日向社区开放幼儿园，供社区的儿童使用园内的设施；举办学前教育讲座提高社区成员的教育水平；辅导社区内的学前教育活动等。同时，社区中非正式学前教育的发展需要幼儿园的帮助和指导等。

幼儿园也应为社区的精神文明建设服务，为优化社区的文明作贡献，如美化幼儿园环境，提高幼儿园教师、工作人员的素质，培养儿童的良好文明习惯等。有的幼儿园开展环境教育，如废物利用、节约用水用电、爱护公共卫生等，不仅使儿童养成了良好的行为习惯，也给社区环境保护以积极的推动。社区文化也通过多种途径在影响幼儿园，幼儿园积极汲取了优秀的社区文化，利用社区精神文明的优秀成果，将之转变为幼儿园自身文化的一部分，让社区成为幼儿园精神文明建设的促进者。

（三）社区主动参与幼儿园活动，协助幼儿园工作

幼儿园为社区服务，社区支持幼儿园，互助互利，才能实现幼儿园与社区的

有效结合。幼儿园的工作在专业人员——园长和教师负责的基础上，应有社区参与协助幼儿园的管理与教育，以提高办园的质量和条件，与社区共同发展。为此，可建立社区教育委员会，以协调各方面的教育工作。社区教育委员会是一个跨行业、跨系统的横向群众组织。其功能是了解与沟通幼儿园与社区的联系，改善办园条件，发动社会力量来关心和支持学前教育，为儿童的健康发展创造一个良好的社会环境。幼儿园在社区教育委员会的支持下，与社区内其他机构互相协调，依靠社区各方面的力量共同做好幼儿园的工作。

幼儿园的发展需要与社区经济、文化、教育的发展相符，社区应主动和幼儿园联络，参与教育管理工作，让园长明确社区的规划，进而商讨幼儿园发展规划，并适时反馈社区居民的意见与建议。社区也应及时帮助幼儿园解决一些实际问题，如常用设备设施维修，加强对幼儿园周边的治安管理等。

☞瑞吉欧教育与家庭社区的合作案例

此外，社区也要优化社区内的教育环境，在社区内为儿童建立各种活动点，如兴趣小组、游乐场、儿童图书馆，让儿童园外活动也丰富起来。

因此，幼儿园要本着依托社区，服务社区的宗旨，从实际出发，开展衔接工作，为儿童的健康成长营造一个良好的、具有时代特征的社区教育环境。

第三节　幼儿园与小学的衔接

幼小衔接，即幼儿园与小学这两个教育阶段的衔接，是学前儿童能够为进入小学做好各方面准备，可以顺利地完成角色转换，进而能够很好地适应小学生活的过程。这是儿童学习、生活中的一次很重要的过渡，因此，幼儿园与小学衔接的重要性不容忽视。了解幼小衔接的任务、现状以及存在的问题，有利于幼儿园与小学衔接的顺利进行。

一、幼儿园与小学衔接的重要性

不同教育阶段之间的衔接是非常重要的，如皮亚杰的认知发展理论发现个体的认知发展具有阶段性；埃里克森的人格发展理论不仅划分出人格发展的阶段，还特别强调每一阶段的冲突是否能够得到良好的解决，这些冲突的解决不仅对本阶段有影响，还会影响个体以后各阶段的发展。

幼儿园与小学是相邻的两个教育阶段，它们既有联系，又有区别。它们在环境设置、学习安排和生活制度方面都存在着很大差异。在我国，幼儿园的教育是以游戏为主要形式，学前期的儿童主要以具体形象思维为主，心理活动具有随意性，各种能力没有明显的分化；小学的儿童思维开始由具体形象思维向抽象逻辑思维过渡，心理活动的有意性增强，各种能力有了一定程度的分化，学校教育以正规的课业学习为主要形式，并以严格的学习与作息制度来保证，这种差异在客观上形成了幼小衔接中的坡度。教育工作者帮助儿童顺利度过这一衔接阶段，不仅适应并满足儿童发展的需要，还可以为其今后的学习、生活的顺利进行奠定良好的基础，对儿童个体的知识、能力、态度的发展，乃至人格的养成都具有重要的意义。

二、幼儿园与小学衔接的任务

从幼儿园来说，当儿童入园起，就开始为其升入小学做准备，从这个意义上说，幼小衔接贯穿在整个幼儿园教育的全过程。

（一）全面做好入学准备

幼儿园教育是基础教育的基础，之所以这样说，是因为幼儿园的教育负责把一个身体和心理发展都处于萌芽状态的儿童逐步培养成可以接受正式学校教育的学生，所以整个幼儿园教育都要为入学做准备，需要做好如下工作：

1. 保证儿童身体动作的健康发展

儿童上小学需要有较好的体质、耐力、抵抗力和动作协调能力，这样才能承担紧张的脑力劳动和独立完成作业。在幼儿园阶段要为儿童提供合理的营养和膳食，保证儿童生活制度的规律性和充足的睡眠，防治疾病，保障安全。同时，要保护和训练儿童的感官和感觉能力，尤其是视觉和听觉，充分锻炼他们的小肌肉的动作能力。此外，还需要关心儿童的心理健康，训练他们独立生活的能力。

2. 培养儿童的学习兴趣和学习能力

幼儿园不仅要教会儿童掌握日常生活的基本知识和技能，而且要激发儿童的学习兴趣，组织各种生动有趣的活动吸引儿童主动地学习，体验学习中得到的满足和愉快。同时充分保护和支持儿童的好奇心、想象力和求知欲，发展儿童重要的学习能力和创造性思维，使儿童在入小学时能较快适应小学的学习方式。

3. 发展儿童的语言表达能力和动手操作能力

语言能力涉及社会交往和思维能力，有良好的语言能力，如发音准确、口齿清楚、态度大方、语句完整连贯，叙述有条理等，可以帮助儿童顺利地与教师和同伴交流，听懂教师的讲解。在思维方面，语言可以帮助儿童的思维摆脱具体形象的局限，通过语言来进行分析、归类、比较，形成初步的概念。

动手操作能力不仅有助于儿童智力的发展，还关系到儿童独立性和自信心的形成。是否会做事，是否能把事情做成，是儿童独立能力的标志，也影响儿童的自我评价和自信心的形成。为了做好入学准备，教师要对关乎儿童独立性和自信心的生活自理能力予以重视，引导儿童逐渐学会自理生活、自主学习。

4. 培养儿童良好的个性品质

乐观开朗的个性品质可以帮助儿童较好地适应新环境和新事物，所以教师在幼儿园要注意培养儿童以下品质：引导儿童经常保持愉快的情绪，能与人友好相处，乐于与人合作和分享；在游戏和劳动中态度积极认真，愿意承担一定的任务，遇到挫折和困难也能有始有终，坚持完成任务；学习遵守纪律，形成良好的生活卫生习惯和文明礼貌的行为，有一定的是非观念和自我约束能力。这些品质会帮助儿童尽快地适应小学生活。

（二）在大班进行专门的入学准备工作

在儿童入学前一年，更需要重视对儿童进行入学准备教育。教师可以采用多种方法集中和有针对性地组织丰富的活动，帮助儿童做好体力、智力、品德、意志、行为习惯方面的准备。

1. 培养儿童向往上小学的情感、动机和态度

大班儿童向往小学生活，但是他们并不真正懂得入小学后的主要任务是学习。这种入学愿望虽然幼稚，但给教师提供了教育引导的契机。教师应鼓励儿童努力学习，有计划地向儿童介绍小学生的学习和生活、各种行为规则等，借助故事、实例（请小学生介绍），帮助儿童了解小学生可能遇到的困难和问题，明确小学生的主要任务是学习。

2. 帮助儿童提高学习能力，培养责任感

从大班开始，教师要帮助儿童把学习和游戏分开，提出一些学习任务，要求儿童独立完成，如背诵儿歌、复述故事。还可以布置一些家庭作业，如绘画、书写、收集某一个问题相关的素材等。

3. 锻炼意志，培养自制力，养成良好的学习习惯

儿童入小学之后要担负起紧张的学习任务，要能在课堂中集中注意，这需要在幼儿园就开始有意识地锻炼儿童的意志，培养自制力，养成良好的学习习惯。儿童能做的事尽量让他们独立去做，还可以将活动室布置为类似小学的样子，调整作息时间，增加教学活动的时间和智力活动的强度，以利于儿童入小学后的适应。

三、幼小衔接的现状分析与存在的问题

（一）幼小衔接中的不适应及其原因

☞幼小衔接中的不适应及其原因

儿童离开幼儿园步入小学，或多或少都会对小学生活产生各种不适应。由于上课时间长，作业多，部分小学生出现了身体疲劳、睡眠不足、食欲缺乏、精神萎靡等现象，以致心理压力大，精神负担重，甚至有些小学生的课堂违纪现象增多、自信心下降、学业失败率高等，使有些小学生留恋幼儿园的生活，产生厌学等负面情绪。

造成这种不适应的原因很多，但其中的一个重要原因，在于幼儿园与小学的差异性较大，幼小衔接没能顺利完成。

1. 社会要求的提高

幼儿园是保教并重的机构，以游戏为主要活动，灵活性、趣味性强，没有严格的规范性和约束性；小学实施的是义务教育，以上课为主要形式，根据教学大纲的要求，制订教学计划，进行系统教学，要求每个学生达到相应的标准要求。幼儿园的活动以具体形象性为主，学习常常渗透在儿童感兴趣的活动中，儿童不会紧张、劳累，学习结果无统一的评分标准；小学的学习具有社会义务，学习成绩常以分数来衡量，分数的高低直接影响周围人的评价和奖惩，因而儿童容易精神紧张，且有压力。

2. 生活制度的不同

幼儿园的活动是动静交替的，每天的教学活动不超过一个小时，且多为游戏化的教学，其余时间以游戏为主；小学生主要是以课堂学习为主，按时上下课，不允许迟到早退。课间的自由活动和游戏时间很短。生活制度的急剧变化，智力活动的时间骤然增加，使得儿童的神经系统负担加重，许多儿童倍感疲劳，有的上课打瞌睡，有的对学习的兴趣消失，甚至出现厌学情绪。

3. 人际关系的差异

幼儿园教师和儿童整天相伴，参与儿童的游戏、学习、运动等各项活动。儿童对教师在心理上有较大的依赖感，彼此之间较平等融洽，个别接触和谈话的机会较多。在小学，教师主要把精力放在教学上，重视完成教学进度、批改作业以及抓课堂纪律。教师和学生的接触主要在课堂上，较少与学生进行个别接触。在幼儿园，儿童之间经过 3 年的共同生活、学习，相互间已非常熟悉。步入小学，儿童进入新的班集体，需要重新建立新的同伴关系，且由于座位相对固定、课间休息时间较短，交际多局限在前后桌范围。

4. 学习环境的改变

幼儿园的活动室里有各种活动角，如自然角、图书角等，供儿童学习、游戏，儿童有较多的选择余地，相互之间合作交往的机会多；小学的教室里只有成套的

课桌椅，座位相对固定，没有或很少有与同伴讨论或自己选择学习方式的机会。

5. 教育内容、方式与评价的差异

幼儿园儿童的各种活动大多是发展其口头语言能力，学习周围环境和日常生活中的粗浅知识、技能，不强调系统性；小学的学习内容逐步从口头语言过渡到书面语言，学习的知识更加系统化，抽象概括性加强，注重读、写、算等基本训练。

幼儿园的教学活动依据儿童思维具体形象性的特点，常用直观的教具、游戏的方式、多样的设计吸引儿童参与活动；小学以课堂教学为主，纪律严谨，约束性大。幼儿园教师能从生活、学习等各个侧面考虑，客观地对一个儿童进行综合评价，偏重定性评价；小学教师则比较注重学生的学习成绩，偏重量化评价。

正是幼儿园和小学的这些差异性，造成了儿童入学后的不适应，故需幼儿园和小学双方的共同协调方能解决。但在幼小衔接过程中，由于种种原因，如对"幼小衔接"认知偏差等导致幼儿园与小学不能正常衔接。

（二）幼小衔接中存在的问题

《幼儿园工作规程》中明确指出："幼儿园和小学应当密切联系，互相配合，注意两个阶段教育的相互衔接。"但长期以来，幼小衔接中存在许多问题，主要表现在以下方面：

1. 幼儿园教育小学化现象严重

在实现幼小衔接的过程中，最突出的问题就是将幼小衔接理解为"提前学习"或者是"小学化"教育。幼儿园教育小学化是指幼儿园教育的管理、方法及内容偏重于小学阶段，注重知识的传授而没有关注儿童的生理及心理发展，在幼儿园阶段直接向幼儿传授小学阶段才应该接受的知识、技能。这其实是对《幼儿园工作规程》的片面理解，认为幼儿园的教育要为儿童入小学做准备，就是要提前学习小学教学内容，忽视了儿童在游戏中的主动性、探索性学习，忽视了儿童的全面发展，过早地使儿童投入纯知识、纯课堂教学活动，影响了儿童的身心健康。这种提前学习，容易造成儿童入小学后缺乏学习的兴趣和积极性，教育效果不升反降。

2. 幼小衔接的片面化和表面化

在幼小衔接的时间上，只从大班开始注重，在衔接的内容上，只注重智育的衔接，尤其是对大班儿童进行知识、技能的强化训练，忽视了对儿童发展同样至关重要的体育、德育、美育等方面的衔接，特别是忽视儿童社会适应能力的衔接。在智育中，重视知识，特别是语文、数学知识的衔接，忽视学习兴趣、学习能力、学习习惯的衔接和生活经验的积累。实际上，非智力因素在儿童个体发展中的作用非常重要，健康的身体、积极的学习态度、浓厚的学习兴趣、人际交往能力、独立性、挫折承受力等对儿童顺利适应小学生活是至关重要的。

3. 幼小衔接的单向性

不少幼儿园把幼小衔接当作一项重要工作，无论是在教学要求、内容、方法还是作息时间方面都主动向小学靠拢，而有些小学教师认为幼小衔接是幼儿园的事儿，与小学无关，形成幼小衔接的一边倒。刚从大班升入小学一年级的儿童心理必定会经历兴奋、紧张、焦虑，如果小学忽视衔接工作，新入学的儿童就无法顺利渡过这些时期，难以适应小学的学习生活节奏和方式。

4. 家长教育理念落后

幼小衔接在很大程度上要有家长的参与才能很好地完成。由于传统的观念与教养态度等多方面的偏差与不当，造成很多家长重视知识和技能的训练而忽视孩子的全面发展，重视短期成效而忽视终身发展。家长“不让孩子输在起跑线”的急切心态，致使家长在幼儿园阶段就对孩子进行超前训练。这样极易导致儿童在入学后，感觉学习很轻松，上课就会不专心、做作业也不认真，形成了不良的学习态度和习惯。随着学习内容的加深，难度的增大，“储备知识”用尽了，又缺乏良好的学习习惯，就会出现学习困难的现象。

因此，做好幼小衔接工作，要注意保持幼儿园本身的特点，注意儿童的发展规律和特征，不能把幼儿园教育与小学教育等同起来，重视儿童的全面健康发展和个性需求，与小学保持有效的教育联系，做好家长工作，共同做好幼小衔接工作。

（三）幼小衔接的策略

☞ 幼小衔接的策略

1. 幼儿园与小学要加强合作，让儿童更好地熟悉小学环境

幼儿园可以联系周边小学，组织儿童尤其是大班儿童入校参观；请已入学的小学生重返幼儿园，详细描述小学生活。同时，小学可以统一组织一年级新生熟悉学校环境，分派高年级学生帮助新生熟悉小学生活。

2. 小学教师，尤其是一年级教师，要多与学生沟通

小学教师往往有较多的教学任务，因而一般只在课堂上才有机会与学生交流，且这种交流多为单向的，这对已经习惯各方面都与教师在一起的新生来说是很难适应的。因此，小学一年级的教师应多走下讲台，蹲下来与儿童进行接触，进行真诚的沟通，让学生感受到教师的关爱，建立和谐的师生关系，帮助新生更好地适应班级生活。

3. 在教育中促进儿童角色的转换，使其更好地适应“小学生”这一角色

（1）加强儿童入小学应具备的素质培养

儿童进入小学出现的种种不适应，除了需要学前教育机构和小学双方在环境、对儿童的要求以及教育教学方法等方面缩小差异外，还需要提升儿童的适应

能力，包括培养儿童的主动性、独立性、人际交往能力、规则意识和任务意识。此外还应发展儿童的动作，增强儿童的体质，以适应小学脑力活动增多、学习压力增大的变化。

（2）做好儿童入学前的准备工作

☞《关于规范幼儿园保育教育工作防止和纠正“小学化”现象的通知》

到了大班下学期，幼儿园教师应有意识调整一日活动作息制度，改变活动室环境的布置等，缩小与小学教育的差异；带领儿童参观小学，开展幼小联谊活动等，开展培养儿童小学适应性方面的教育，让儿童更充分地认识小学。

（3）将小学一年级的课程设置、课时安排以及教学组织形式做适当调整，缩小小学与幼儿园的“坡度”

小学的课程设置应适应新生好动的特点，增加活动课或兴趣课；在课堂中间让新生做一些简单的游戏，既可以减轻新生上课的疲劳，也可以提高新生的学习兴趣。

此外，各地教育部门要积极为幼小衔接创造便利条件，加强两个教育阶段的联系，同时国家应加强学前教育立法，提高学前教育整体质量。

☞国外幼小衔接的方案

总之，做好幼小衔接工作，要以儿童的长远发展为着眼点，以促进儿童综合素质的提升为目标，充分发挥教师的集体智慧，让儿童快乐地走进小学，融入小学生活中。

【实践训练】

让幼儿大胆说话

观察片段一：教师大多与家长在晨间接待和下午放学时联系，但我们班的特点是爷爷、奶奶来接的比较多。因此，与父母的正面联系并不多，有些爷爷、奶奶不会说普通话，孙子、孙女们就跟着学，到了大班说的话还是半方言半普通话，栋栋就是典型例子。

观察片段二：栋栋有时候说话会“语无伦次”，语句颠来倒去叫人听不懂。跟他奶奶沟通后才发现，原来他奶奶不会说普通话，一紧张也开始“语无伦次”。

观察片段三：小朋友们经常会到我这里来告状：“老师老师，栋栋又骂人了！”栋栋总是对着小朋友说“笨蛋”“去死”之类粗俗的话。通过家长联系册才发现原来他的爸爸、妈妈也经常在家里说这些话，在潜移默化中孩子也就脱口而出了。

通过了解，我决定采取几种措施对栋栋加以引导，首先开展小广播活动，让幼儿轮流担任今日播报员；其次向栋栋的家长提出要求，尽量用规范的普通话与孩子对话；最后通过家园合作等多种途径提升幼儿的言语修养。

案例分析：案例中的栋栋经常由不会说普通话的奶奶接送，到了大班还是方言和普通话夹杂。在爸爸、妈妈潜移默化地影响下还经常说粗俗的话，惹得小朋友们经常向教师告状。面对这样的幼儿，教师采取了一系列措施提升幼儿的言语修养，真正做到了家园共育。

【做中学】当本班幼儿出现不愿意说话或说话不文明、不礼貌的现象时，教师首先是怎么做的？

【学而思】在上述案例中，教师为什么要采取这些措施？

【思而行】请结合本章所学，思考：作为一名幼儿园准教师，你遇到类似的情况应该如何处理？

【学习自测】

1. 幼儿园教育与家庭教育的区别是什么？
2. 幼儿园可以通过哪些方式与家长沟通、合作？
3. 幼儿园与社区的合作有何意义？主要可从哪些方面进行具体的合作？
4. 为什么幼儿园与小学的衔接很重要？
5. 幼小衔接中存在什么样的问题？应该怎么解决这些问题？

【理解·反思·探究】

1. 请分析以下案例，谈谈如何做好家长工作，解决这类问题。

每到幼儿离园时间，门外就挤满了接孩子的家长，只要一开门，家长们就一拥而上。门卫人数较少，组织家长困难，这就大大加重了班级教师的工作负担，不仅要关注儿童，而且要接待很多家长，难免会出现离园时的安全问题。这让整个幼儿园都比较苦恼。

2. 除了幼儿园需要做好家园共育，请你谈谈家长需要做好哪些与幼儿园衔接的准备。

3. 举例说明社区中有哪些无形的教育资源。

4. 如果你是家长，你是否会追随社会的潮流，让孩子接受幼儿园“小学化”教育？

5. 试分析幼儿园“小学化”现象的成因。

主要参考文献

[1] 高岚. 学前教育学 [M]. 2版. 广州：广东高等教育出版社，2001.

[2] 黄人颂. 学前教育学 [M]. 北京：人民教育出版社，1989.

[3] 黄希庭. 心理学导论 [M]. 北京：人民教育出版社，1991.

[4] 岳亚平. 学前教育原理 [M]. 北京：高等教育出版社，2014.

[5] 秦金亮. 儿童发展概论 [M]. 北京：高等教育出版社，2008.

[6] 梁志燊. 学前教育学 [M]. 2版. 北京：北京师范大学出版社，1998.

[7] 刘金花. 儿童发展心理学 [M]. 上海：华东师范大学出版社，2001.

[8] 郑健成. 学前教育学 [M]. 上海：复旦大学出版社，2007.

[9] 王雪萍. 幼儿教育学 [M]. 北京：中国人民大学出版社，2014.

[10] 蔡元培. 蔡元培美学文选 [M]. 北京：北京大学出版社，1983.

[11] 蔡迎旗. 学前教育概论 [M]. 武汉：华中师范大学出版社，2006.

[12] 傅建明. 学前教育学 [M]. 北京：中央广播电视大学出版社，2007.

[13] 刘晓东，卢乐珍，等. 学前教育学 [M]. 3版. 南京：江苏教育出版社，2009.

[14] 柏拉图. 理想国 [M]. 吴献书，译. 北京：商务印书馆，1957.

[15] 王恬，张瑛. 学前儿童健康教育 [M]. 北京：高等教育出版社，2013.

[16] 张岩莉. 学前儿童社会教育 [M]. 上海：复旦大学出版社，2012.

[17] 周梅林. 学前儿童社会教育活动指导 [M]. 上海：复旦大学出版社，2005.

[18] 陈帼眉，刘焱. 学前教育新论 [M]. 北京：北京师范大学出版社，2000.

[19] 成有信. 教育学原理 [M]. 沈阳：辽宁大学出版社，2007.

[20] 弗洛姆. 为自己的人 [M]. 孙依依，译. 北京：生活·读书·新知三联书店，1988.

[21] 杨丽珠，刘文. 毕生发展心理学 [M]. 北京：高等教育出版社，2006.

[22] 刘焱. 幼儿园游戏教学论 [M]. 北京：中国社会出版社，2000.

[23] 石筠弢. 学前教育课程论 [M]. 北京：北京师范大学出版社，2012.

[24] 虞永平，王春燕. 学前教育学 [M]. 北京：高等教育出版社，2012.

[25] 钟启泉. 课程与教学论 [M]. 广州：广东高等教育出版社，2008.

[26] 李生兰. 浅谈幼儿园课程内容的构建 [J]. 学前教育研究，1996（2）.

[27] 王春燕. 学前课程内容的构建 [J]. 幼儿教育，2004（7）.
[28] 黄瑾. 幼儿园教育活动设计与指导 [M]. 上海：华东师范大学出版社，2007.
[29] 李哥，等. 学前教育学 [M]. 北京：航空工业出版社，2014.
[30] 卢新予，柳阳辉. 学前教育学 [M]. 郑州：郑州大学出版社，2012.
[31] 杨小薇. 教育学基础 [M]. 上海：华东师范大学出版社，2010.
[32] 毛乃佳，王等等. 教育学理论与实践 [M]. 2 版. 兰州：兰州大学出版社，2006.
[33] 金竟明，高飞. 学校心理环境的建设 [M]. 昆明：云南教育出版社，1995.
[34] 潘扬. 学前教育学 [M]. 南京：河海大学出版社，2001.
[35] 阎水金. 学前教育学 [M]. 上海：上海教育出版社，1998.
[36] 庞丽娟. 教师与儿童发展 [M]. 北京：北京师范大学出版社，2001.
[37] 牟映雪. 学前教育学 [M]. 北京：教育科学出版社，2012.

后 记

我自 1998 年讲授“学前教育原理”课程以来，积累了很多经验，也有了很多思考。2013 年“学前教育原理”成为教师教育国家级精品资源共享课，本书是其配套教材。本书的大纲经过全体撰稿人多次讨论才确定下来，各章节也根据各位作者的研究专长进行了合理的分工。在此，对各位作者的辛勤工作表示诚挚的感谢！

在这里也要感谢国内外相关专家、学者，本书借鉴、参考了他们许多研究成果和资料，并尽力做了注释和说明，这些研究成果和资料对本书的完成具有不可缺少的启发和帮助作用。还要感谢高等教育出版社的刘晓静女士在本书的具体编写过程中给予的诸多宝贵的意见，以及在编辑加工过程中的大量精细工作。同时，也要感谢陕西师范大学学前教育专业 2013 级研究生李焕霞、罗喆、王红叶，2014 级研究生高曼青、刁迎雪、谢哲搜集了大量资料，尤其是李焕霞还协助了本书的统稿工作。

掩卷之时，圆梦之刻。在《学前教育原理》一书的构思、撰写和统稿过程中，尽管尽了很大努力，但由于能力所限，肯定还有不少缺点，希望读者和教育界同行专家不吝赐教。

李少梅

2016 年 3 月于西安